본다는 것의 의미

존 버거

박범수 옮김

東文選 文藝新書 399

본다는 것의 의미

John Berger

ABOUT LOOKING

This edition was published by arrangement
with the Author
through Imprima Korea Agency, Seoul

차 례

제1부 왜 동물들을 구경하는가?
1. 왜 동물들을 구경하는가? 9

제2부 사진술의 이용
1. 신사복과 사진 49
2. 고통의 장면들을 보여주는 사진들 63
3. 폴 스트랜드 69
4. 사진술의 이용 79

제3부 체험된 순간들
1. 프리미티브와 전문 화가 103
2. 밀레와 소농 계급의 농부들 111
3. 세케르 아흐메드와 숲 127
4. 라우리와 산업화된 북부 지역 139
5. 랄프 파사넬라와 도시에서의 경험 153
6. 라 투르와 인본주의 163
7. 프랜시스 베이컨과 월트 디즈니 175
8. 하나의 신조 187
9. 두 콜마르 사이에서 199
10. 쿠르베와 쥐라 지방 211
11. 터너와 이발소 225
12. 루오와 파리 근교 237
13. 마그리트와 불가능한 것들 247
14. 할스와 파산 257
15. 자코메티 271
16. 로댕과 성의 지배 281
17. 로맹 로르케 295
18. 벌 판 305

제1부
왜 동물들을 구경하는가?

평행선을 그리고 있는 삶으로 인해,

동물들은 인간에게

인간끼리의 그 어떠한 교류와도 다른

친구로서의 관계를 제공하게 된다.

다르다는 것은,

그것이 하나의 종으로서의 인간이 가지고 있는

외로움에 대하여 제공되는 친구 관계이기 때문이다.

1

왜 동물들을 구경하는가?

질 아요드를 위하여

19세기 들어서 서유럽과 북미 지역에서는, 오늘날 20세기의 기업 자본주의에 의해 완성되고 있는 것으로서 전에는 인간과 자연 사이를 중재해 온 모든 전통을 파괴시키는 하나의 과정이 시작되었다. 이러한 단절이 일어나기 이전에는 동물이 인간을 둘러싸고 있는 첫번째 집단을 구성하고 있었다. 이렇게 말하는 것은 동물이 인간으로부터 어쩌면 이미 너무도 멀리 떨어져 있음을 암시하는 것이 될 수도 있다. 그들은 인간과 함께 인간 세계의 중심에 자리잡고 있었다. 그처럼 중심을 차지하고 있다는 사실은 물론 경제적·생산적 이유에서였다. 생산 수단과 사회 조직에 있어서의 변화가 그 어떤 것이었건, 인간은 식품과 노동·수송·의복 등을 동물들에 의지했다.

하지만 동물들이 고기나 가죽, 또는 뿔로서 인간의 상상 속에 맨 처음 자리잡게 되었다고 상상하는 것은 수천 년의 세월을 거슬러 올라가면서 그 전체에 19세기적 태도를 투영시키는 행위이다. 동물이 맨 처음 인간의 상상 속에 등장한 것은 전령이나 약속으로였다. 예를 들면 들소떼를 길들이는 것은 단순히 젖이나 고기를 얻으려는 기대

코끼리타기, 런던동물원

에서 시작된 것이 아니었던 것이다. 가축이 된 동물들은 마술적인 기능을 가진 것으로서 그것은 때로는 신탁 같은 것, 때로는 희생 제의와 관련된 것이었다. 그리고 어떤 주어진 종(種)을 마술적인 것, 길들일 수 있는 것, 영양분을 얻을 수 있는 식품 등으로의 선택은 원래 문제가 되고 있는 동물의 습관·근접성, 그리고 '매력'에 의해 결정되었다.

> 훌륭한 흰 황소는 나의 어머니
> 그리고 내 누이의 일족인 우리들,
> 니아리아우 불의 일족들……
> 친구여, 양옆으로 뻗은 뿔을 가진 훌륭한 황소인,
> 무리 가운데서 언제나 큰 소리로 울어대는,
> 불 말로아의 아들의 황소여.
> (에번스 프리처드, 〈누에르족: 나일 강 유역의 한 부족의 삶의 양식과 정치제도
> 에 관한 설명〉에서)

동물들은 어미에게서 태어나고, 감각이 있으며, 유한한 생명을 가진다. 이러한 점들에 있어서 동물들은 인간을 닮았다. 동물들은 외면적인 해부학적 구조에 있어서——심층적인 해부학적 구조에 있어서는 그 정도가 덜하지만——습관에 있어서, 수명에 있어서, 신체적 능력에 있어서 인간과 다르다. 동물들은 인간과 같으며, 또한 다르기도 한 것이다.

우리는 동물들이 하는 일과 비버와 곰·연어, 그리고 다른 생물들이 필요로 하는 것들에 대해 알고 있는데, 그것은 언젠가 우리 부족의 남자들이 그들과 결혼을 했었고, 그들은 이러한 지식을 그들의 아내인 동물들로부터 얻게 되었기 때문이다.

(《야만적 사고》에서 레비 스트로스가 하와이 원주민들에 관해 인용한 부분)

동물이 사람에 대해 주시할 때, 그것들의 시선은 정중하고 조심스럽다. 그 동물은 당연히 다른 종의 동물을 마찬가지의 방식으로 쳐다보게 된다. 그 동물은 인간을 주시하는 특별한 시선을 따로 가지고 있는 것이 아니다. 하지만 인간을 제외한 그 어떤 다른 종의 동물도 그 동물의 시선을 친근한 것으로 인식하지 않을 것이다. 다른 동물들도 그러한 시선을 고수한다. 인간은 자기 자신이 그러한 시선에 답례하고 있다는 사실을 깨닫게 된다.

　동물은 몰이해라는 좁은 심연의 건너편에서 인간을 뚫어져라 본다. 이것이 왜 인간이 동물을 놀라게 하는지의 이유이다. 하지만 동물 또한——비록 길들여진 것이라 할지라도——인간을 놀라게 할 수 있다. 인간 또한 유사한, 그러나 동일하지는 않은 몰이해의 심연 건너편에서 바라보고 있는 것이다. 그리고 이 점은 그가 어디를 보건 마찬가지이다. 그는 언제나 무지와 공포를 건너 바라다보고 있다. 따라서 그가 동물들에 의해 보여짐을 당할 때, 그는 그의 주위 환경이 그에 의해 보여짐을 당하는 것과 마찬가지로 그도 보여짐을 당하는 것이다. 이러한 사실에 대한 그의 인지가 동물의 시선을 친근하게 느껴지도록 만드는 것이다. 그럼에도 불구하고 동물은 별개의 종이며, 결코 인간과 혼동될 수 없는 것이다. 이처럼 동물은 인간의 권능과 비교될 수 있는 것이지만, 결코 그것과 일치하지는 않는 하나의 힘을 가지고 있는 것으로 여겨질 수 있다. 동굴이나 산·바다의 비밀과는 달리 동물은 특별히 인간의 몫으로 돌려진 비밀을 가지고 있는 것이다.

　이러한 관계는 어떤 하나의 동물과 또 다른 인간의 시선을 비교함으로써 보다 분명한 것이 될 수도 있다. 두 인간 사이에 있는 두 개의 심연들은, 원칙적으로 언어에 의해 다리가 놓이게 된다. 그러한 만남이 적대적인 것이거나, 말이 사용되지 않을 경우에조차도(그 둘이 서로 다른 언어를 사용할 경우에조차도) 언어라는 것의 존재는 최소한 그들 중 한쪽이, 양편 모두가 서로 그러한 것은 아닐지라도 다른 한쪽에 의해 확인을 받을 수 있게 해주는 것이다. 언어는 인간들이 자신들 스스로에 대해서와 마찬가지로 서로간에 대해서도 생각해 볼 수 있게 해준다. (언어에 의해 가능해진 이러한 확인에 있어서, 인간의 무지와 공포 또한 확인될 수 있다. 동물들에 있어서 공포라는 것은 징후에 대한 반응인 반면, 인간에 있어서 그것은 국지적 공통성을 가지고 있는 것이다.)

그 어떤 동물도 인간을 긍정적이거나, 또는 부정적이거나, 그 어느 쪽으로도 확인을 하지 않는다. 동물은 그것이 가지고 있는 에너지가 사냥꾼이 이미 가지고 있는 에너지에 보탬이 될 수 있도록 죽여서 식량으로 사용할 수 있는 것이다. 동물은 농부에게 식량을 공급하고, 노동력을 제공할 수 있도록 길들여질 수 있다. 하지만 동물이 공통적인 언어를 가지고 있지 못하며 침묵한다는 사실은, 언제나 그것이 인간으로부터 거리를 두게 되는 것, 인간과는 별개의 종이라는 것, 인간으로부터 배제되는 것 등을 확실하게 만든다.

그러나 이러한 별개의 종이라는 바로 그 사실 때문에, 인간의 삶과 결코 혼동되는 일이 없는 동물의 삶은 인간의 그것과 평행선을 이루면서 지속된다는 것을 알 수 있는 것이다. 오직 죽음을 통해서만 그 두 개의 평행을 이루고 있는 선들은 한 점에 모이게 되는데, 어쩌면 죽은 다음에 다시 평행선을 이룰 수 있게 교차할 수도 있으며, 따라서 영혼의 윤회에 대한 광범위한 믿음이 생겨나게 된 것이다.

평행선을 그리고 있는 삶으로 인해, 동물들은 인간에게 인간끼리의 그 어떠한 교류와도 다른 친구로서의 관계를 제공하게 된다. 다르다는 것은 그것이 하나의 종으로서의 인간이 가지고 있는 외로움에 대하여 제공되는 친구 관계이기 때문이다.

그처럼 말을 나누지 않는 친구 관계는 너무도 동등하게 느껴지는 것이어서, 우리는 동물들과 대화를 할 수 있는 능력이 부족한 것은 바로 우리 인간이라고 확신하게 되는 때가 자주 있으며, 그런 까닭에 오르페우스처럼 동물들의 말로 동물들과 대화를 할 수 있었던 특별한 인간에 대한 이야기나 전설이 존재하게 되는 것이다. 동물이 인간과 유사한 점의, 그리고 인간과는 다른 점의 비밀은 무엇인가? 이 비밀이 존재한다는 것은 인간이 동물의 시선을 해석하자마자 인식할 수 있는 그러한 것이다.

한 가지 의미에 있어서, 자연 상태에서 문화를 지닌 상태로의 전이를 다루는 인류학 전체가 그러한 물음에 대한 답이 된다. 하지만 또한 일반적인 답도 존재한다. 동물들에 대한 모든 비밀은 인간과 그의 기원 사이에서 중재를 해주고 있다는 것이 그것이다. 19세기 유럽의 특징으로서 이미 지울 수 없을 정도로 각인되어 버린 다윈의 진화론은 그럼에도 불구하고 거의 인간 자신만큼이나 오래된 것인, 하나의 전통에 속해 있는 것이다. 동물들은 인간과 자신들의 기원 사이에서 중재를 하게 되는데, 그 까닭은 그것들이 동시에 인간과 같기도 하고 다르기 때문이기도 하다.

동물들은 그러한 지평 너머에서 유래한 것이다. 그것들은 거기에 속해 있으며, 여기에 속해 있기도 한 것이다. 마찬가지로 그것들은 유한한 생명을 지닌 것이기도 하고, 영원불멸한 것이기도 하다. 동물도 인간처럼 피를 흘렸지만 그것의 종은 끊기지 않았으며, 사자는 사자로, 황소는 황소로 남아 있었다. 어쩌면 최초의 존재에 관한 이원성일 수도 있는, 이것은 동물들에 대한 취급에 반영되어 있다. 그것들은 지배의 대상이면서 동시에 숭배의 대상이고, 길러지는 것이면서 동시에 희생의 제물로 바쳐지는 것이기도 했다.

오늘날 이러한 이원성의 흔적은 동물과 친밀한 관계를 유지하면서, 그리고 동물에 의지하여 살고 있는 사람들 가운데에 여전히 남아 있다. 어떤 농부는 자신의 돼지를 아주 좋아하게 되고, 그리고 그는 그것의 고기를 기꺼이 소금에 절여 버린다. 중요한 것은, 그리고 도시 출신의 문외한이 이해하기에는 너무도 어려운 것은 이 문장 속에 들어 있는 두 개의 진술이 '그러나'가 아니라 '그리고'에 의해 연결되어 있다는 점이다.

그것들의 유사하면서/유사하지 않기도 한 삶에 대한 이러한 비교는 동물들이 최초의 질문들 중 일부를 제기하고, 그에 대한 답을 제공할 수 있게 했다. 최초로 회화의 주제가 된 것은 동물이었다. 어쩌면 최초의 안료는 동물의 피였을 수도 있다. 그보다 앞서서, 최초의 은유는 동물이었을 것이라고 가정하는 것도 그다지 터무니없는 것만은 아닐 터이다. 《언어의 기원에 관한 소론》에서 루소는 언어 그 자체는 은유로 시작된 것이라고 주장했다. "인간이 말을 하도록 유도하게 된 최초의 동기는 정서였기 때문에 그의 최초 발화는 비유(은유)였던 것이다. 맨 처음 생겨나게 된 것은 비유적 어법이며, 진정한 의미는 맨 나중에 발견되도록 되어 있었다."

만약 최초의 은유가 동물이었다면, 그것은 인간과 동물 사이의 본질적인 관계가 은유적이기 때문이었다. 그러한 관계 안에서 이 두 개의 항목—— 인간과 동물——이 공통으로 가지고 있는 것은 무엇이 그것들을 구별지어 주는지를 드러내 준다. 그리고 그것들을 구별지어 주는 것들은 그 관계 안에서 인간과 동물이 공통으로 가지고 있는 것이 무엇인지를 보여주게 된다.

토템 숭배에 관한 저서에서, 레비 스트로스는 루소의 추리에 대해 다음과 같이 논평한다. "맨 처음 인간은 그 자신과 유사한 모든 존재들(루소가 분명하게 밝히고 있듯이, 그것들 중에는 동물도 포함되어야 한다)과 자신을 동일한 존재로 느꼈기 때문에 자신이 그것들을 구별짓는 것처럼 스스로를 구별짓는, 즉 사회적 분화에 대한 개념적인 뒷받침으로써 종의 다양성을 이용하는 능력을 얻게 된 것이다."

물론 언어의 기원에 대한 루소의 설명을 받아들이기 위해서는 어떤 논점을 옳은 것으로 가정해 놓은 상태에서 논의를 진행해야 한다. (언어가 크게 발전하는 데 필요한 최소한도의 사회적 조직체는 무엇이었는가?) 하지만 이제까지 기원에 대한 그 어떤 탐색도 충분히 만족스러운 것으로 나타난 적이 없다. 그러한 탐색에서 동물들의 중재는 너무도 흔한 것이 되고 있는데, 그 까닭은 바로 동물들은 여전히 모호한 존재로 남아 있기 때문이다.

궁극적인 기원에 대한 모든 이론들은 뒤따르는 것들을 보다 낮게 정의하기 위한 방법들일 뿐이다. 루소의 견해에 동의하지 않는 사람들은 역사적 사실이 아닌, 인간에 대한 견해를 놓고 다투고 있는 것이다. 우리가 정의를 내려 보고자 하는 것은 그러한 경험이 거의 사라져 버렸기 때문에, 우리 세계가 가지고 있는 그 경험을 더듬어 추적하는 것에 일반적으로 사용되고 있는 동물로 이루어진 기호들에 대해서이다.

황도대를 나타내는 12궁도에서는 여덟 개를 동물이 차지하고 있었다. 그리스인들 사이에서는 하루 중 12시간에서 각 시간을 나타내는 기호가 동물들이었다. (맨 처음은 고양이, 맨 마지막은 악어이다.) 힌두교도들은 이 지구가 코끼리 등에 지워져 있고, 그 코끼리는 거북의 등에 올라서 있다고 상상했다. 수단 남부의 누에르족들은 다음과 같이 생각했다. "인간을 포함, 모든 생물은 원래 친구처럼 한곳에서 살았다. 여우가 몽구스에게 사주하여 코끼리의 얼굴에 몽둥이를 집어던지도록 한 이후에 불화가 시작되었다. 반목은 계속되었고, 동물들은 서로 헤어지게 되었으며, 각각의 동물들은 제 갈 길로 가게 되어 현재와 같은 모습으로 살게 되었고, 서로 죽이기 시작했다. 맨 처음에는 스스로 숲속에서 살고 있던 위장(stomach)이 인간의 몸속으로 들어왔고, 현재처럼 언제나 굶주리게 되었다. 인간의 몸과는 별개의 것으로 존재하고 있었던 성기들도 각기 남자와 여자의 몸에 붙게 되어, 그것들로 하여금 끊임없이 서로를 원하게 만드는 원인이 되었다. 코끼리는 인간에게 수수를 빻는 방법을 가르쳤고, 그렇게 해서 인간은 오로지 쉬지 않고 노동을 해야만 굶주림을 면할 수 있게 되었다. 생쥐는 남자에게는 자식을 잉태시키는 것을, 그리고 여자에게는 아이를 임신하는 것을 가르쳤다. 그리고 개는 인간에게 불을 가져다 주었다."(로이 윌리스, 《인간과 야수》)

그러한 예들을 다 들자면 끝도 없다. 어디에서나 동물들은 설명 거리를 제공했다. 아니 좀 더 정확히 말하자면, 그들의 이름과 성격을 모든 특질들과 같이 그 본질에 있어서는 신비스러운 하나의 특질에 빌려 주었던 것이다.

동물들로부터 인간을 구별지어 주었던 것은 인간이 상징적으로 생각할 수 있다는 능력, 즉 낱말은 단순한 기호가 아니라 어떤 물건들 그 자체가 아닌 것을 나타내 주는 기표들이 되는 언어의 발달에 있어서 불가분의 관계에 있는 능력 때문이었다. 하지만 최초의 표상은 동물들이었다. 동물들로부터 인간을 구별지어 주었던 것은 인간들이 동물들과 맺고 있는 관계에서 생겨난 것이었다.

《일리아스》는 현재 우리가 이용할 수 있는 가장 고대의 문헌들 가운데 하나이며, 그 안에서 사용되고 있는 은유는 인간과 동물의 근접성, 즉 은유 그 자체가 생겨나게 된 근접성을 여전히 드러내 주고 있다. 호메로스는 전장에서의 한 병사의 죽음과 한 마리 말의 죽음에 대해 묘사하고 있다. 호메로스의 눈에는 두 개의 죽음이 동일하게 투명한 것이며, 어느 한쪽에 다른 한쪽보다 더 많은 굴절이 존재하지 않는다.

"한편 이도메네우스는 자신의 가차없는 청동제 창으로 에리마스의 입을 공격했다. 창날은 뇌 바로 밑인 그의 두개골 아랫부분을 그대로 관통했고, 흰 뼈들이 부서졌다. 그의 이들은 산산조각이 났고, 양눈은 피로 채워졌으며, 그의 콧구멍과 벌어진 입은 피를 내뿜었다. 그 다음 검은 구름과 같은 죽음이 그에게 내려앉았다." 이것은 인간의 죽음을 묘사한 것이었다.

세 쪽 정도 더 넘어가면, 이번에는 쓰러져 죽는 것이 말이다. "사르페돈이 두번째로 던진 빛나는 창은 파트로클로스를 맞히지 못하고 빗나가 그가 타고 있는 말인 페다소스의 어깨에 박혔다. 말은 죽음의 고통에서 울음소리를 냈고, 다음 땅에 쓰러져 커다란 한숨과 함께 숨을 거두었다." 이것은 동물의 죽음을 묘사한 것이었다.

《일리아스》 제17편은 트로이군이 전리품으로 갑옷을 벗겨 가지 못하도록 하기 위해 메넬라오스가 파트로클로스의 시신을 양다리 사이에 끼고 서 있는 장면으로 시작된다. 여기서 호메로스는 상이한 순간들이 가지고 있는 지나친, 혹은 과장된 특질들을 역설, 혹은 찬탄과 함께 전달하기 위해 동물을 은유적 지시 체계로 사용한다. 동물들을 예로 들 수가 없다면, 그러한 순간들은 묘사할 수 없는 것으로 남아 있었을 것이다. "메넬라오스는, 첫새끼를 세상에 내놓은 암소가 안절부절 못하면서 새끼를 다리 사이에 끼고 서 있는 것처럼, 그의 시신을 다리 사이에 끼고 서 있었다."

한 트로이 병사가 위협하자, 얄궂게도 메넬라오스는 제우스에게 크게 소리친다. "당신께서는 일찍이 그러한 오만함을 보신 적이 있습니까? 우리는 모든 짐승들 중에서 가장 씩씩하며, 스스로를 의지하는 동물들인 표범과 사자, 그리고 무시무시한 멧돼지의 용기가 어떤 것인지 알고 있지만, 그것은 이 판토스의 아들들이 지니고 있는 용맹함에 비하면 아무것도 아닌 것으로 여겨집니다…!"

그런 다음 메넬라오스는 자신을 위협한 트로이 병사를 죽이는데, 아무도 감히 그에게 가까이 접근하지 못한다. "그는 스스로의 힘을 믿어, 풀을 뜯고 있는 무리에서 가장 멋진 세 살이 못 된 어린 암소를 덮치는 산 사자와 같았다. 사자가 암소의 목을 자신의 강력한 턱으로

부러뜨리고는, 암소를 갈기갈기 찢어 피와 내장을 먹어치우는 동안 그를 둘러싸고 있는 목동들과 그들의 개들은 야단법석을 떨지만 가까이 다가가지는 못하고 거리를 유지한다 —— 그들은 사자에 대해 정말로 겁을 먹고 있기 때문에 그 어떤 것도 그들이 사자를 향해 가까이 다가오도록 만들지 못할 것이었다."

호메로스의 시대 이후 수세기가 지난 뒤, 이 주제에 대한 최대의 과학적 연구서인 《동물사》에서 아리스토텔레스는 인간과 동물과의 비교적인 관계에 대한 계통을 세우고 있다.

엄청나게 많은 동물들에 있어서 신체적 특질들과 태도의 흔적들이 존재하는데, 그 특질들은 인간들의 경우에 있어서보다 뚜렷하게 차이를 나타내 주게 되는 것들이다. 왜냐하면 마치 우리가 신체기관들에 있어서의 유사점을 지적했던 것처럼 다수의 동물들에 있어서 우리는 온순함과 사나움, 온후함 또는 심술궂음, 용기 또는 수줍음, 두려움 또는 자신감, 원기왕성함 또는 야비한 교활함, 그리고 이해력에 관해서는 총명함에 가까운 것들을 관찰하게 된다. 인간에 있어서 이러한 특질들 중 일부는 동물들에 있어서 이에 상응하는 특질들과 비교할 때, 단지 양적으로만 차이를 보인다. 말하자면 인간은 이러한 특질을 더 많이, 혹은 보다 적게 가지고 있으며, 동물은 다른 특질들을 보다 많이, 혹은 보다 적게 가지고 있고, 인간에게 있어서의 다른 특질들은 동일한 것이 아닌 유사한 특질에 의해 묘사되는데, 예를 들면 인간에게 있어서 우리는 지식과 지혜, 그리고 영리함을 발견하게 되며, 마찬가지로 다른 어떤 동물들에게 있어서 그러한 것들과 비슷한 다른 자연적 가능성이 존재한다. 이

진술이 가지고 있는 박진성은 만약 우리가 어린 시절에 겪게 되는 몇 가지 현상들에 대해 고려해 본다면 보다 분명하게 이해할 수 있게 될 것이다. 즉 아이들에게 있어서 우리는, 비록 심리적으로 아이는 한동안 동물과 거의 다를 바가 없는 것이지만, 언젠가는 심리적인 관습으로 굳어지게 될 어떤 것의 흔적과 씨앗을 관찰할 수 있기 때문이다…….

발췌한 이 글은 '교육을 받은' 오늘날의 대부분 독자들에게, 내가 생각하기에는 뛰어난 것이긴 하지만 지나치게 인격화된 것으로 여겨지게 될 그러한 것이다. 독자들은 온순함·심술궂음·총명함 등이 동물들에게 속한 것이라고 생각할 수 있는 도덕적 특질들이 아니라고 주장할 수도 있는 것이다. 그리고 행동심리학자들은 이러한 반대를 뒷받침해 줄 것이다.

그러나 19세기까지 인격화는 인간과 동물 사이의 관계에서 없어서는 안 될 부분이었으며, 그 둘 사이의 근접성에 대한 표현이었던 것이다. 인격화는 지속적으로 사용된 동물을 이용한 은유의 잔재였다. 지난 2세기 동안 동물들은 점차 사라졌다. 오늘날 우리는 동물들이 존재하지 않는 삶을 살고 있다. 그리고 이러한 새롭게 도래한 고독 속에서 인격화라는 것은 우리를 이중으로 거북하게 만들고 있다.

결정적인 이론적 단절은 데카르트와 함께 찾아왔다. 데카르트는 동물에 대한 인간의 관계에 함축되어 있는 이원성을 인간의 내부로 내면화했다. 육체와 영혼을 완전히 나눔에 있어서, 그는 육체를 물리학과 기계학의 법칙에 넘겨 주었고, 동물들은 영혼을 가지고 있지 못한 것이기 때문에 기계적 모형으로 격하되었다.

데카르트가 가져온 단절의 결과는 단지 천천히 뒤에 나타나게 되었다. 1세기가 지난 후, 위대한 동물학자인 뷔퐁은 비록 동물들과 그것들의 능력을 분류하기 위해 기계라는 모형을 받아들이고 사용했지만, 그럼에도 불구하고 일시적으로나마 동물을 동료로서 복권시키는 식으로 동물들에 대한 애정을 표시하고 있다. 이러한 애정의 절반은 질투가 섞인 것이다.

인간이 동물을 능가하기 위하여, 인간 자신의 내면에 들어 있는 기계적인 측면을 초월하기 위하여 해야만 하는 것과, 인간의 독특한 영적인 측면이 인도하는 것은 흔히 고뇌이다. 따라서 비교에 의해서, 그리고 기계라는 모형에도 불구하고 인간에게 동물은 일종의 천진함을 누리고 있는 것으로 여겨지는 것이다. 동물은 경험과 비밀을 가지고 있지 않은 것으로 여겨져 왔으며, 이러한 새롭게 꾸며낸 '천진함'은 인간에게 일종의 향수를 자극하기 시작하는 것이다. 최초로, 동물들이 멀어져 가는 과거에 자리잡게 된 것이다. 비버에 대한 글에서 뷔퐁은 이렇게 말한다.

인간이 자연 상태에서 자신을 이끌어 올려왔던 것과 동일한 정도로 동물들은 그 이하로 추락했다. 정복되어 노예로 전락하거나, 또는 반란자로 취급되면서 강제로 해산되어 그것들의 사회는 소멸했으며, 그것들의 근면함은 생산성이 없는 것이 되었고, 그것들의 불확실한 기예는 사라져 버리게 된 것이다. 각각의 종은 그것이 보편적으로 가지고 있던 특질들을 상실하게 되고, 그것들의 일부는 본보기나 모방·교육에 의해서, 그리고 다른 일부는 생존을 위해 끊임없이 경계를 하는 동안 공포와 필요에 의해 발달시키게 된 그것들만의 독특한 능력을 간직하게 되었다. 이들 영혼이 없는 노예들이, 이들 권능을 빼앗긴 과거의 유물들이 어떤 희망과 계획을 가질 수 있을 것인가?

한때는 놀라운 것이었던 그들의 근면성의 흔적들만이 인간이 살지 않는 멀리 떨어진 곳에서 수세기 동안 인간에게 알려지지 않은 채 남아 있으며, 여기서 각각의 종은 영속하는 그것들의 사회 안에서 자유롭게 그것들의 자연적 능력을 사용하고, 평온 속에서 그것들을 완성시켰다. 어쩌면 비버들은 유일하게 남아 있는 본보기이며, 동물들의 지적 능력에 대한 최후의 기념비인 것이다……

비록 동물에 대한 그러한 향수가 18세기적 발명품이긴 하지만, 동물들이 무시당하는 존재가 되어 주변으로 밀려나기에 앞서 헤아릴 수 없는 생산적인 발명품들——철도, 전기, 컨베이어 벨트, 통조림 산업, 자동차, 화학비료——이 여전히 필요했다.

20세기가 지속되는 동안 내연기관 엔진은 거리와 공장에서 짐을 끄는 동물들을 대신하게 되었다. 점점 더 증가하는 비율로 커지는 도시들은 주위를 둘러싸고 있는 시골 지역을 교외 지역으로 탈바꿈시켜 그곳은 야생이건 가축이건, 짐승들이 희귀한 장소가 되었다. 어떤 종들에 대한 상업적 약탈(미국 들소, 호랑이, 순록)은 그것들을 거의 멸종에 이르게 만들었다. 살아남은 그러한 야생동물들은 점차 국립공원이나 동물보호구역 안에 갇혀 지내야 하게 되었다.

마침내 데카르트의 모형을 능가하게 되었다. 산업혁명 첫번째 단계에서 동물들은 기계처럼 사용되었다. 인간의 아이들 또한 마찬가지로 사용되었지만 말이다. 뒤에 가서, 소위 후기 산업사회라는 시기에는 동물들이 원료 취급을 받았다. 식품으로 소용되는 동물들은 대규모로 제조되는 상품처럼 가공되었다.

현재 노스캐롤라이나에서 개발하고 있는 중인, 또 다른 대형 품종(식물)은 총 15만 헥타르를 뒤덮게 될 것이지만 매15헥타르당 1명꼴로 겨우 1천 명만을 고용하게 될 것이다. 낟알을 파종하고, 기르고, 수확하는데는 비행기까지 포함하여 기계를 사용하게 될 것이다. 그것들은 5만 마리의 소와 돼지들의 사료로 사용될 것이며…… 이들 동물들은 절대로 한번도 땅을 밟는 일이 없을 것이다. 그것들은 특별하게 고안된 우리에서 태어나고, 젖이 먹여지고, 사육될 것이다.

　　(수잔 조지,《어떻게 해서 가난한 자들이 죽는가》)

경제적인 것뿐만 아니라 이론적 역사를 가지고 있는 동물에 대한 이러한 격하는, 인간이 고립된 생산과 소비 단위로 격하되도록 만들어 온 것과 동일한 과정의 일부이다. 실로 이 시기 동안 동물에 대한 접근은 인간에 대한 접근을 예시해 주는 것이 되는 경우가 흔했다. 동물의 작업 능력을 기계적인 측면에서 보는 견해가 나중에는 인간인 노동자들의 작업 능력에 대해서도 적용되게 되었다. 시간과 동작을 연계시키는 연구와 산업의 '과학적인' 경영을 그 내용으로 하는 '테일러리즘'을 개발해낸 F. W. 테일러는, 작업은 그(노동자)가 "정신적 구조에 있어서 그 어떤 다른 유형이 아닌 황소에 더 가깝게 닮은 것"이 될 정도로 작업이 '아주 멍청하고' 아주 무기력한 것이 되어야 한다고 주장했다. 사회 적응의 거의 모든 현대적 기술은 맨 처음 동물 실험을 통해 정해졌던 것이다. 소위 지능검사라는 방법들도 또한 그러한 실험을 통해 정해졌던 것이다. 오늘날 스키너와 같은 행동심리학자들은 인간이란 바로 그 개념을 자신들이 인위적인 동물 실험을 통해 결론을 내린 것의 테두리 안에 가두고 있는 것이다.

동물들이 사라져 버리는 대신에, 계속해서 증식할 수 있는 방법이 한 가지도 없단 말인가? 오늘날 부유한 국가의 여러 도시들에서 볼 수 있는 것처럼 집에서 기르는 애완용 동물들이 많았던 적은 일찍이 없었다. 미국에는 4천만 마리의 개들, 4천만 마리의 고양이들, 1천5백만 마리의 새장에 넣어 기르는 새들, 그리고 1천만 마리의 다른 애완용 동물들이 있는 것으로 추산된다.

과거에는 각 계급에 속한 가정에서 가축을 소유하고 있었는데, 그 이유는 그것들이 유용한 목적—— 경비 및 수렵용 개, 생쥐 퇴치용 고양이 등—— 에 소용되기 때문이었다. 동물을 그 유용성의 여부에 관계없이 기르는 관행, 즉 정확히 말하자면 애완용 동물(16세기에 pet 이라는 말은 대개 사람의 손으로 길러지는 새끼양을 지칭하는 것이었다) 을 기르는 것은 오늘날 새롭게 생겨난 것이며, 오늘날 존재하는 사회적 척도에서 본다면 독특한 것이다. 그것은 외부 세계로부터의 추억 거리로 장식된, 또는 그러한 것이 공급된 비사교적인 소규모 가족 단위로의, 보편적이지만 개인적인, 후퇴의 일부분으로서, 그러한 것은 소비자 중심 사회의 그토록 두드러진 특징이 되고 있는 것이다.

소규모 가족 생활 단위에는 공간이나 대지, 기타의 동물들, 계절, 자연적인 기온 등등이 존재하지 않는다. 애완용 동물은 거세되었거나 성적으로 고립되어 있으며, 운동도 극도로 제한되어 있고, 거의 모든 다른 동물들과의 접촉을 박탈당한 상태이며, 인공적인 먹이를 얻어먹게 된다. 이것은 애완용 동물이 그의 주인, 또는 여주인을 닮게 된다는 자명한 이치의 이면에 놓여 있는 필수적인 과정이다. 그것들은 그것들의 소유자가 가지고 있는 생활 방식의 산물인 것이다.

마찬가지로 중요한 것은 보통의 애완용 동물 소유자들이 자신의 애완용 동물을 대하는 방식이다. (아이들은, 잠깐 동안이지만, 어느 정도 다르다.) 애완용 동물은 그에게 만약 그렇지 않았다면 확인되지 않은 채로 남아 있게 되었을 성격의 여러 측면들에 대한 반응을 제공함으로써 그를 완성시킨다. 그는 자신의 애완용 동물에게 그밖의 누구와도, 혹은 어떤 것과도 같지 않은 존재가 될 수 있는 것이다. 더욱이 그 애완용 동물은, 또한 이러한 것을 마치 인지하고 있는 것처럼 반응하도록 조건지을 수가 있는 것이다. 애완용 동물은 만약에 그렇지 않다면 결코 비추어질 수 없는 부분을 비춰 보도록 자기 주인에게 하나의 거울을 제공한다. 하지만 이러한 관계에서 쌍방의 자율성은 상실되어 왔기 때문에(그 주인은 '오직 자신의 애완용 동물에게만 특별한 존재인 인간'이 되어 왔기 때문에, 그리고 그 동물은 자신의 주인에게 물질적으로 필요한 모든 것을 의존해 왔기 때문에) 그들의 독립된 삶이 이루고 있던 평행선이 파괴되었다.

동물들이 문화적으로 무시당하는 존재가 되어 주변으로 밀려나는 것은, 물론 그들이 신체적으로 무시당하면서 주변으로 밀려나는 것보다는 더 복잡한 과정이다. 정신을 가지고 있는 동물은 그토록 쉽사리 흩어져 사라질 수 없는 것이다. 속담이나 꿈·경기·이야기·미신·언어 그 자체 등이 그들을 다시 불러모으게 되는 것이다. 정신을 가진 동물들은 흩어져 사라지는 대신에 다른 범주를 자신들이 속한 범주에 흡수하여 동물이라는 범주에서 그것이 가지고 있는 중심적인 중요성을 상실하게 만들어 왔던 것이다. 대개 동물들은 가족에, 그리고 구경거리에 흡수되어 왔다.

가족으로 흡수된 동물들은 어느 정도 애완용 동물과 닮게 된다. 하지만 애완용 동물들이 그러한 것과 같은 물질적인 필요, 또는 제한이 없기 때문에 그것들은 아주 인간의 꼭두각시로 변형될 수 있게 된다. 베아트릭스 포터의 책에 실린 그림들은 초기의 본보기이고, 동물이 등장하는 디즈니 산업의 모든 작품들은 보다 최근의, 그리고 보다 극단적인 본보기가 된다. 그러한 작품들에서 현재의 사회적 관행이 갖고 있는 사소함은 동물계에 투사됨으로 인해 보편적인 것이 된다. 도널드 덕과 그의 조카들 사이에 오가는 다음의 대화는 그러한 점을 충분히 표현해내고 있다.

도널드 봐라 애들아, 정말 멋진 날씨구나! 낚시를 하거나, 뱃놀이를 하거나, 데이트를 하거나, 아니면 소풍을 가기에 더할나위없는 날씨잖니? 다만 내가 이런 것들 중에서 그 어떤 것도 할 수가 없다는 게 탈이지만 말이다!

조 카 왜죠, 도널드 아저씨? 무엇 때문에 주저하시죠?

도널드 생명의 양식 때문이지 뭐냐, 애들아! 늘 그렇듯이 수중에는 땡전 한푼 없는데, 급료를 받게 될 날까지는 까마득하게 남았으니 말이다.

조 카 산책을 하시면 되잖아요, 도널드 아저씨. 들새 관찰을 하러 가

세요.

도널드 (신음 소리!) 그래야만 할지도 모르겠구나! 하지만 먼저 우편
배달부를 기다려 봐야겠다. 우편배달부가 뭔가 좋은 소식이 될 만한 것
을 가져올지도 모르니 말이야.

조 카 돈 마을(Moneyville)에 사는 낯모르는 친척이 보낸 수표 같은
거 말씀인가요?

그것들의 물리적 특징들을 별개의 문제로 한다면, 이들 동물들은
소위 침묵하는 대중들이라는 것에 흡수되어 온 것이다.

구경거리로 변형된 동물들은 또 다른 방식으로 사라졌다. 크리스
마스 때 서점들의 진열장에 진열되어 있는 책들의 3분의 1은 동물들
이 그려진 그림책들이다. 카메라는 꼬마 올빼미나 기린을, 비록 카메
라를 통해서는 전체가 다 보이긴 하지만 구경하는 사람은 결코 들어
갈 수 없을 그러한 영역에 고정시켜 놓고 있는 것이다. 모든 동물들
은 수족관의 판유리를 통해서 들여다본 물고기처럼 보인다. 이렇게
되는 이유는 기술적인 것과 이념적인 것 두 가지 모두에 의해서이다.
즉 기술적으로는 언제나 보다 더 이목을 끄는 영상들을 얻기 위해 사
용된 장치들——감춰진 카메라, 망원 렌즈, 전등, 리모컨 등등——
이 정상적인 상태에서는 눈에 보이지 않으리라는 것을 시사하는 수
많은 징후들을 지니고 있는 사진들을 만들어내기 위해 결합되는 것
이다. 이러한 영상들은 오로지 기술적인 천리안의 존재라는 것 덕분
에 나타날 수 있는 것이다.

최근에 나온 것으로, 동물 사진을 싣고 있는 아주 잘 제작된 책(프

레데리크 로시프의《야생의 축제》)의 서문에서는 다음과 같이 밝히고 있다. "이 각각의 사진들이 실제로 지속된 시간은 3백분의 1초도 못 되는 것으로서, 인간의 눈이 가지고 있는 능력을 훨씬 뛰어넘는 그러한 것이다. 우리가 여기서 보게 되는 것들은 전에는 결코 볼 수 없었던 것들인데, 그 까닭은 그것이 전적으로 우리 눈에 보이지 않는 것이기 때문이다."

부수되는 이념에서 동물은 언제나 관찰되는 대상이 된다. 동물들이 우리들을 관찰할 수 있다는 사실은 모든 의미를 상실해 왔다. 동물들은 우리의 언제나 확장되기만 하는 지식의 대상인 것이다. 우리가 동물들에 대해 알고 있는 것은 우리가 가지고 있는 권능의 지수이며, 그렇게 해서 우리를 동물들로부터 구별하도록 만드는 것의 지수가 되는 것이다. 우리가 더 많이 알게 되면, 그것들은 더 멀리 떨어지게 되는 것이다.

하지만 루카치가 그의《역사와 계급 의식》에서 지적하고 있는 것처럼 동일한 이념 속에서 자연은 또한 가치 개념이기도 하다. 인간의 자연적 본질을 박탈하고 인간을 속박하는 사회적 제도에 대립하는 가치인 것이다. "따라서 자연은 인간 문명의 인위적 구조와 대조를 이루어 유기적으로 성장해 온 것, 인간에 의해 창조되지 않은 것이라는 의미를 획득하게 된다. 동시에 그것은 자연적인 상태로 남아 있는, 또는 최소한 다시 한 번 자연적인 상태로 돌아가려는 경향을 보이거나, 혹은 열망하는 인간의 내면성의 그러한 측면으로 이해될 수 있는 것이다." 이러한 자연관에 따르면 야생동물의 삶은 하나의 이상, 즉 억압된 욕망을 둘러싸고 있는 반감으로써 내면화되어 있는 하나의 이상인 것이다. 야생동물의 모습은 백일몽을 꾸는 사람이 자신의 등을 돌려 떠나 버리는 지점, 즉 백일몽의 출발점이 되는 것이다.

관련된 혼란의 정도는 다음의 뉴스 기사에 의해 예증된다. "런던에 거주하는 주부 바바라 카터는 '소원을 들어주기'라는 자선 경연에서 1등을 하게 되자, 사자에게 키스하고 껴안아 주고 싶다고 했다. 수요일 밤, 그녀는 쇼크 상태로 목에 상처를 입고 병원에 입원해 있었다. 46세인 카터 부인은 수요일 뷰들리에 있는 사파리 공원의 사자 우리로 인도되었던 것이다. 그녀가 수키라고 불리는 암사자를 쓰다듬기 위해 몸을 굽히는 순간, 사자는 그녀를 덮쳐 땅바닥에 쓰러뜨렸다. 나중에 관리인들은 말했다. '우리가 크게 잘못 판단했던 것 같습니다. 우리는 그 암사자가 언제나 완벽할 정도로 안전하다고 생각해 왔거든요.'"

19세기 낭만주의 회화에서의 동물에 대한 표현 방법은 이미 그것들의 박두한 실종을 인정하는 것이었다. 그 장면들은 동물들이 상상 속에서만 존재하는 야생의 세계로 물러나는 모습에 대한 것이다. 그러나 막 발생하려는 변형에 빠져 있으며, 그의 작품은 그것에 대한 섬뜩한 예가 되고 있는 19세기의 화가가 한 명 있었다. 그랑빌(프랑스의 삽화가, 풍자만화가)은 1840년에서 1842년 사이에 〈동물들의 공적·사적 생활〉이라는 연재물을 발표했다.

일견하여 성장(盛裝)을 한 채 남자와 여자의 역할을 해내고 있는 그랑빌의 동물들은, 그 또는 그녀의 성격이 가지고 있는 어떤 한 측면을 보다 분명하게 드러낼 수 있도록 사람을 동물로 묘사하는 이전의 전통에 속해 있는 것으로 보인다. 이러한 장치는 가면을 쓰는 것과 같지만, 그것이 수행하는 기능은 가면을 벗는 것과 같은 것이다. 사자는 절대적 용기를, 산토끼는 호색을 나타내는 것처럼, 동물은 문제가 되고 있는 인물의 특색의 최고점을 나타낸다. 그 동물은 한때 그러한 특질의 기원 가까이 살고 있었던 적이 있는 것이다. 그러한 특질을 최초로 인식할 수 있게 된 것은 그러한 동물을 통해서였다. 따라서 동물은 그 특질에 자신의 이름을 빌려 주게 된 것이다.

하지만 우리가 계속해서 그랑빌의 판화를 보고 있노라면, 우리는 그것들이 전해 주고 있는 충격은 사실상 우리가 처음 가정했던 것과는 반대인 움직임으로부터 유래하는 것임을 깨닫게 된다. 이 동물들은 사람에 대한 것을 설명하기 위해 '차용된' 것이 아니며, 반대로 가면이 벗겨지고 있는 것은 아무것도 없는 것이다. 이들 동물들은 그것들이 강제 징집을 당해 온 인간의, 또는 사회적 상황이라는 것 속에서 포로가 되어 왔던 것이다. 집주인으로서의 대머리수리는 조류로서의 대머리수리보다 한층 더 지독하게 탐욕스럽다. 식탁에서 식사를 하고 있는 악어들은 그것들이 강에 있을 때보다 더 게걸스럽다.

여기서 동물들은 기원을 생각나게 해주는 것으로써, 또는 도덕에 관한 은유로써 이용되고 있는 것이 아니라, 그것들은 통틀어서 각 상황에 '사람을 거주하게' 하는 데 이용되고 있는 것이다. 디즈니 만화의 진부함으로 그 끝을 보게 되는 이 움직임은, 그랑빌의 작품에서 불온하고 예언적인 꿈으로써 시작되었던 것이다.

그랑빌의 동물수용소 판화에 등장하는 개들은 결코 개가 아니다. 그것들은 개의 얼굴을 하고는 있지만, 그들이 고통을 받는 것은 마치 사람처럼 감금을 당했다는 사실 때문이다.

〈곰은 좋은 아버지〉라는 작품에서는, 곰이 여느 인간인 가장처럼 풀이 죽어 유모차를 끌고 있는 모습을 보여주고 있다. 그랑빌의 책들 중 제1권은 다음과 같은 말로 끝을 맺는다. "그럼 안녕히 주무십시오, 친애하는 독자여! 집에 가서 당신의 우리를 잘 잠그고, 푹 자면서 즐거운 꿈을 꾸십시오. 내일이 될 때까지." 동물들과 사람들은 같은 것을 의미하게 되어가는데, 그것은 말하자면 동물들이 사라져 가고 있다는 것이다.

손님을 기다리기, 그랑빌

〈증기선 방주에 들어가고 있는 동물들〉이라는 표제가 붙여진 그랑빌의 후기 그림 한 점에는 그러한 점이 분명하게 나타나 있다. 유대교적·그리스도교적 전통에서 노아의 방주는 처음으로 동물과 인간이 질서정연한 회합을 가진 것이 된다. 그러한 회합은 이제 끝났다. 그랑빌은 우리에게 거대한 출발을 보여주고 있다. 부둣가에는 각기 다른 종의 동물들이, 우리에게서 등을 돌린 채로 길게 한 줄로 늘어서서 천천히 행진하고 있다. 그 동물들의 자세는 낯선 곳을 향해 떠나는 이주자들이 마지막 순간에 갖게 되는 온갖 회의(懷疑)를 암시해 주는 그러한 것이다. 원경 쪽에는 방주에 걸쳐져 있는 이동식 계단을 이용해 열의 앞쪽에 선 동물들은 미국의 증기선처럼 보이는 19세기의 방주에 벌써 들어서 있다. 곰. 사자. 당나귀. 낙타. 닭. 여우. 이렇게 동물들은 퇴장한다.

《런던 동물원 편람》에 따르면 "1867년 무렵, 위대한 밴스라고 불렸던 뮤직홀 쇼에 출연하던 가수가 〈동물원 산책, 그거 괜찮지〉라는 노래를 불렀고, '동물원'이란 낱말이 일상적으로 쓰이게 되었다. 런던 동물원은 또한 '점보'라는 말이 영어에 편입되게 만들기도 했다. 점보는 1865년에서 1882년까지 런던 동물원에서 지낸 엄청난 크기의 아프리카 코끼리이다. 빅토리아 여왕도 이 코끼리에 대해 관심을 표시할 정도였고, 마침내 이 코끼리는 미국 전역을 순회하면서 공연했던 유명한 바넘 서커스의 스타로서 생을 마감했는데, 그의 이름은 거대한 크기를 가진 사물을 묘사하는 것으로 계속 존속하고 있다."

일반인들을 위한 동물원은 일상 생활에서 동물들이 사라져 버리는 시기가 시작되면서 존재하게 되었다. 사람들이 동물을 만나고, 관찰하고, 구경하기 위해 찾아가는 동물원은, 사실 그러한 만남의 불가능성에 대한 하나의 경계가 되는 표시이다. 오늘날의 동물원들은 인간이 존재해 온 것만큼이나 오랜 하나의 관계에 대한 묘비명인 것이다.

동물원들에 대하여 제기되는 물음들이 잘못된 것이었기 때문에 이제까지 동물원들은 그렇게 여겨지지 않고 있었던 것이다.

1828년에 세워진 런던 동물원, 1793년에 세워진 파리 식물원, 1844년에 세워진 베를린 동물원처럼 그것들이 세워졌을 때, 그것은 한 국가의 수도에 대해 상당한 명성을 가져다 주었던 것이다. 그 명성은 왕궁의 사설 동물원들로 인해 생겨나는 것과 별반 다르지 않은 그러한 것이었다. 금으로 만들어진 식기류, 건축, 교향악단, 연극배우들, 가구, 난쟁이들, 곡예사들, 제복, 말, 미술품, 음식 등과 아울러 이러한 사설 동물원들은 황제들, 또는 왕들의 권력과 부를 과시하는 수단이 되어 왔다. 19세기에 있어서도 마찬가지로 일반인들을 위한 동물원들은 근대 식민지 개척국가들의 국력을 보증해 주는 것이었다. 동물들의 포획은 멀리 떨어진 이국적인 땅의 정복을 상징적으로 나타내 주는 것이었다. '탐험가들'은 호랑이나 코끼리들을 사로잡아 고국에 보내는 것으로 자신들의 애국심을 증명했다. 대도시의 동물원들에 이국적인 동물들을 기증하는 것은 굴욕적인 외교 관계를 상징하는 것이 되었다.

하지만 그밖의 모든 19세기의 공공 단체와 마찬가지로 동물원들은, 그것들이 아무리 제국주의적 이념에 잘 협력하는 것이라 할지라도 독립적인, 그리고 시민들을 위한 기능을 가져야 한다는 주장을 해야만 했다. 이 주장은 그것이 또 다른 종류의 박물관으로서 그것의 목적은 보다 지식을 넓히고, 일반인들을 계도하기 위한 것이었다. 따라서 동물원에 대해 최초로 던져진 물음은 박물학에 속한 것으로서, 당시에는 자연 상태 속에서의 동물들의 생활에 관한 연구가 그처럼 자연 상태와는 거리가 있는 조건에서조차도 가능한 것이라고 생각되고 있었던 것이다. 1세기가 지난 후, 콘라드 로렌츠와 같은 좀 더 세련된 동물학자들은 행동심리학적이고, 생물행동학적(ethological)인 물음들을 제기하게 되었기 때문에, 동물원의 존재 목적은 실험적인 조건하에 있는 동물들의 연구를 통해서 인간 행동의 원천들에 대해 보다 많은 것을 알아내고자 하는 것이라고 주장되었다.

한편 매년 수백만 명의 사람들이 호기심에서 동물원을 찾는데, 그 호기심이라는 것은 너무도 광범위하고, 너무도 막연하며, 너무도 개인적이기도 한 것이기 때문에 단 하나의 질문으로는 표현하기가 힘든 그러한 것이다. 오늘날 프랑스에서는 매년 2백 개의 동물원에 2천2백만 명의 관람객들이 찾아오고 있다. 관람객들의 높은 비율은 아이들이 차지하고 있었으며, 현재도 그 점은 마찬가지이다.

산업화된 세계에 살고 있는 아이들은 장난감, 만화, 영화, 온갖 종류의 장식들과 같은 동물의 형상들에 둘러싸여 있다. 그 어떤 형상의 근원도 동물이라는 형상의 근원과는 경쟁을 시작할 수조차 없는 것이다. 아이들이 동물에 대하여 가지고 있는 자연적인 것으로 보이는 흥미는 우리가 그것이 언제나 그래 왔다고 상상하게끔 만든다. 확실히 고대의 장난감들(장난감이라는 것이 대다수 사람들에게 알려져 있지 않았던 때인) 중 일부는 동물들이었다. 마찬가지로 전세계적으로 아이들의 놀이는 실제의 동물들, 또는 동물을 가장한 것들이 포함된다.

하지만 동물 모양을 본뜬 제품이 중산층 아이들의 어린 시절을 장식하는 일상적인 부분이 된 것은 19세기에 들어서고 나서부터였으며 ―― 다음으로 20세기에 들어서면서 디즈니사와 같은 광범위한 전시 및 판매 조직의 도래와 함께 ―― 그것은 모든 계층의 아이들에게 다 해당되는 것이 되었다. 지난 수세기 동안 동물 모양을 본뜬 장난감의 비율은 적은 것이었다. 그리고 이러한 점은 사실적인 면을 흉내낸 것이 아닌 상징적인 것이었다. 그 차이는 전통적 죽마(竹馬)와 흔들목마(rocking horse) 사이에 존재하는 것, 즉 전자는 아이들이 빗자루 손잡이처럼 가랑이에 끼고 달리게 되어 있는, 흉내만 낸 말머리에 막대기를 단 그러한 것이었고, 후자는 사실적으로 페인트칠을 하고, 가죽으로 된 진짜 고삐와 진짜 털로 된 갈기가 달려 있고, 전속력으로 달리는 말의 움직임과 비슷하게 움직이도록 고안된, 말의 정교한 '복제품'이었던 것이다. 이 흔들목마는 19세기의 발명품이었다.

동물 장난감에 있어서 실제와 가깝게 만들어진 제품에 대한 이러한 새로운 수요는 다른 제조 방식들로 이어지게 되었다. 속을 채워넣은 최초의 동물 장난감이 생산되었고, 그러한 것들 중 가장 비싼 것은 진짜 동물의 가죽 ―― 대개는 사산한 송아지의 가죽이었다 ―― 으로 싸여진 것들이었다. 이와 같은 시기에 나타난 것은 ―― 곰・호랑이・토끼처럼 ―― 부드러운 촉감의 동물 장난감으로서, 아이들이 잠을 잘 때 침대에 가지고 들어갈 수 있는 그러한 것들이었다. 이처럼 실제 동물과 닮은 동물 장난감의 제조는, 어느 정도까지는 일반인들을 위한 동물원들이 세워지는 것과 일치한다.

동물원을 찾는 가족들에게 있어 그것은 박람회나 축구 경기를 구경하러 가는 것보다는 흔히 더 감상적인 경우이다. 어른들이 아이들을 동물원에 데려가는 것은, 아이들에게 그들이 가지고 있는 '복제품' 원물(原物)을 보여주기 위해서, 그리고 어쩌면 또한 자신들이 어린 시절부터 기억하고 있는 그러한 복제된 동물들의 세계가 가지고 있는 천진함을 재발견해 보려는 희망에서인 것이다.

그 동물들은 어른들의 기억에 걸맞게 살아가고 있는 경우가 드물며, 한편 아이들의 눈에 비친 동물들의 모습은 대개는 예상 밖으로

초록빛의 내부, ©질 아요드

무기력하고 활기가 없는 그러한 것이다. (동물원에서 동물들이 울음소리만큼이나 빈번하게 듣게 되는 소리는 다음과 같이 채근하는 아이들의 외침소리이다. 어디 있죠? 왜 움직이질 않나요? 죽은 건가요?) 따라서 우리는 대부분의 관람객들이 느끼기는 했지만 딱히 표현하지는 않은 질문을 이렇게 요약해 볼 수 있을 것이다. 왜 이 동물들은 내가 그러하리라고 여기고 있었던 것에 미치지 못하는 것일까?

그런데 전문적이지도 못하고, 제대로 표현된 것도 못 되는 이 질문은 그것에 대한 답변을 해볼 만한 가치가 있는 것이다. 동물들을 구경하고 관찰하고 연구할 수 있도록 동물원은 가능한 한 많은 종의, 그리고 갖가지의 동물들을 모아 놓는 장소이다. 원칙적으로 각각의 우리는 그 안에 들어 있는 동물 주위에 둘러 놓은 테두리이다. 관람객들은 동물들을 구경하기 위해 동물원을 찾는다. 그들은 화랑을 찾은 관람객들이 한 점의 그림 앞에서 멈췄다가 곁에 있는 그림, 또는 그 다음다음 그림으로 이동하는 것과 별반 다르지 않게 우리에서 우리로 옮아간다. 하지만 동물원에서는 조망이 언제나 잘못되어 있다. 마치 초점이 맞지 않은 상(像)처럼 말이다. 우리는 그것을 더 이상 눈치채지 못할 정도로 이러한 것에 익숙해져 있거나, 좀 더 정확히 말하자면 변명이라는 것은 실망이 느껴지지 않도록 습관적으로 실망을 예견하고 있는 것이다. 그리고 그 변명은 이런 식이 된다. 당신은 무엇을 기대하는가? 당신이 구경하러 온 것은 죽어 있는 물체가 아니라 살아 있는 것이다. 그것은 그것 스스로의 삶을 영위하고 있다. 이러한 점이 왜 적절하게 보여질 수 있다는 것과 일치해야 하는가? 하지만 이 변명이 가지고 있는 논거는 부적절한 것이다.

제아무리 당신이 이 동물들을 자세히 본다 하더라도, 비록 그 동물이 당신으로부터 한 발자국도 떨어져 있지 않은 쇠창살에 기대어 사람들을 향해 바깥쪽을 보고 있을 경우에조차도, 당신은 철저히 무시되어 주변으로 밀려난 어떤 것을 바라보고 있는 것이며, 당신이 짜낼 수 있는 모든 집중력을 있는 대로 다 짜낸다 하더라도 그것을 다시 중심에 자리잡도록 만들기에는 결코 충분치 못할 것이다. 왜 그러한가?

제한된 범위 내에서 그 동물들은 자유롭지만, 그 동물들 자신들이나 그것들을 구경하는 사람들 모두 그 폐쇄된 감금 상태를 가정하고 있는 것이다. 유리를 통하여, 쇠창살 사이의 공간을 통하여, 또는 해자(垓字) 위의 빈 공간을 통하여 눈에 보이는 것은 그것들의 실제 모습이 아닌 것이다——만약 그것이 그것들의 실제 모습이라면, 그렇다면 모든 것은 변하게 될 것이다. 이처럼 눈에 보이는 것, 공간, 공기는 상징적인 것으로 전락해 온 것이다.

이러한 요소들을 상징적인 것으로 받아들인다면, 장식들은 때로——작은 동물들이 들어 있는 좁은 우리의 뒷면에 그려진 대평원이나 바위로 둘러싸인 물웅덩이들의 경우에 있어서와 마찬가지로——순수한 환상을 만들어내기 위해서 그러한 요소들을 복제하기도 한다. 때로 그것은 단순히 그 동물이 원래 살고 있었던 풍경의 어떤 것을 암시하는 그 이상의 징표들, 즉 원숭이들을 위한 죽은 나뭇가지, 곰들을 위한 인공 바위, 악어들을 위한 조약돌들이나 얕은 물가와 같은 것들을 더하게 된다. 이러한 추가된 징표들은 두 가지 별개의 목적에 기여하게 되는데, 관람객들을 위해서라면 그것들은 극장의 소품과도 같은 역할을 하게 되며, 동물들을 위해서는 그것들은 동물들이 물리적으로 존재할 수 있는 환경의 최저 수준을 간신히 구성하게 되는 것이다.

서로로부터 격리되고, 다른 종들과의 상호 작용을 할 수 없게 된 동물들은 전적으로 자신들을 돌보는 관리자들에게 의존하게 되어 왔다. 결과적으로 그 동물들이 보이게 되는 반응의 대부분은 변화되었다. 그들의 관심사에서 중요한 위치를 차지하고 있던 것들은 외부에서 가하는 일련의 독단적인 간섭을 수동적으로 기다리는 것에 의해 대체되었다. 그 동물들이 인지하게 되는 것으로서, 그것들 주위에서 일어나는 사건들은 그들이 자연 상태에서 보이게 되는 반응이란 측면에서 본다면 그림으로 그려진 대평원만큼이나 그 실체가 없는 것이다. 동시에 바로 이러한 고립은 (대개) 표본으로서의 그것들의 긴 수명을 보증하고, 그것들을 분류학적으로 정리하기에 용이하도록 만들게 된다.

이러한 모든 점들이 그것들을 주변으로 밀려나게 만들고 있는 것이다. 그것들이 거주하고 있는 공간은 인위적인 것이다. 따라서 그들은 그 공간의 가장자리를 향해 뭉쳐 있는 경향을 보이게 되는 것이다. (그 가장자리 너머에는 진짜 공간이 존재할 수도 있는 것이다.) 일부 우리에서는 조명 또한 마찬가지로 인위적인 것이다. 모든 경우에 있어서 주위 환경은 실체가 없는 가공의 것이다. 그것들 자신의 무기력함, 또는 비정상적일 정도의 지나친 활동을 제외한다면 그것들을 둘러싸고 있는 것은 아무것도 없는 것이다. 그것들은 잠시 동안 공급된 사료를 먹는 것을 제외하면, 그리고 —— 아주 어쩌다가 —— 제

여우, ⓒ질 아요드

공되는 짝을 제외한다면 좇아 행동할 만한 것이 아무것도 없는 것이다. (따라서 그것들이 늘 하는 행동은 목표가 없는, 별로 중요치 않은 것이다.) 마지막으로, 그것들의 의존과 고립은 그것들이 자신들의 주변에서 일어나는 사건들── 대개는 관람객들이 있는 곳인, 자신들의 면전에서 벌어지게 되는──그 어떤 것에 대해서도 별로 중요치 않은 것으로 여기는 반응을 하도록 조건지어져 왔던 것이다. (따라서 만약 그렇지 않다면 전적으로 인간적인── 무관심이라는── 태도를 취하게 되는 것이다.)

동물원들, 실제의 것과 닮은 동물 장난감과 동물 모양을 본뜬 제품의 광범위한 상업적 확산과 같은 것은 모두 동물들이 일상적인 생활에서 떠나게 되면서 시작되었다. 우리는 그러한 새로운 관습들은 보상 심리에서 나오는 것이라고 상상해 볼 수도 있을 것이다. 하지만 실제에 있어, 그러한 새로운 관습들 그 자체는 동물들을 쫓아내어 버렸던 마찬가지의 가차없는 움직임에 속해 있는 것이다. 보여주기 위해 무대장치와도 같은 장식을 갖추고 있는 동물원들은 사실 어떻게 해서 동물들이 철저하게 주변적인 것으로 밀려나게 되었는지를 입증해 주고 있는 그러한 것이다. 이 실제와 닮은 장난감들은 새로운 동물 꼭두각시, 즉 도시 지역의 애완용 동물들에 대한 수요를 증가시켰던 것이다. 영상을 통한 동물의 복제는——출산에 의한 그것들의 생물학적인 번식이 점점 더 찾아보기 힘든 것이 되어가면서——경쟁적으로 동물들을 그 어느 때보다도 한층 더 이국적이고 외롭게 멀리 떨어져 있는 것이 되어가도록 강요하고 있는 것이 되었다.

어디에서나 동물들은 사라지고 있다. 동물원에 갇혀 있는 동물들은 자신들 스스로의 소멸에 대한 살아 있는 경계표가 되고 있다. 그리고 그렇게 되는 과정에서, 그것들은 자신들에 대한 최후의 은유를 촉발시켰다. 《털 없는 원숭이》《인간 동물원》은 세계적인 베스트셀러의 제목들이다. 이 책들에서 동물학자인 데즈먼드 모리스는 갇혀 있는 상태에서 동물들이 보여주는 부자연스러운 행동은 소비자 중심의 사회에서 생활하는 것과 관련하여 받게 되는 스트레스를 우리가 이해하고, 받아들이며, 극복하는 것에 있어서 우리에게 도움을 줄 수 있다고 주장한다.

강제에 의해 주류에서 밀려나는 행위가 이루어지는 모든 장소들
—— 빈민가·판자촌·감옥·정신병원·강제노동수용소 —— 은 동
물원과 공통적인 어떤 점을 가지고 있다. 하지만 동물원을 하나의 상
징으로 이용하는 것은 지나치게 안이하고, 지나치게 현실도피적인
것 둘 다에 해당한다. 동물원은 인간과 동물 사이의 관계에 대한 증
거일 뿐 그밖의 어떤 것도 아니다. 동물들이 주류에서 밀려나게 되는
것의 뒤를 잇는 것은, 오늘날 전체 역사를 통해 동물들과 여전히 친
근한 관계이며, 그러한 친근함에 수반되는 지혜를 지속시켜 오는 유
일한 계층인 중간 또는 소농 계급의 농부들을 주류에서 밀어내고 쫓
아내어 버리는 것이다. 이러한 지혜의 근간이 되는 것은, 인간과 동
물 사이의 관계의 기원이 되는 바로 그 지점에 존재하는 이원성의 수
용이다. 이러한 이원성을 거부하는 것은 어쩌면 근대적인 전체주의
로 향하는 길을 열어 놓는 데 있어서의 한 가지 중요한 요인이 될 수
있는 것이다. 하지만 나는 동물원에 대한 그러한 비전문적이고, 제대
로 표현되지 못한 것이긴 하나 근본적인 것이 될 수 있는 물음의 경
계선을 넘고 싶지는 않다.

동물원은 어쩔 수 없이 실망시키는 것이 될 수밖에 없는 것이다.
동물원의 공적인 존재 목적은 관람객들에게 동물을 구경하는 기회를
제공하자는 것이다. 하지만 동물원에 처음 들어선 사람이 그곳에서
동물다운 동물의 모습을 만나 볼 수 있는 장소란 어디에도 없다. 고
작해야 깜박이며 스치듯 외면해 버리는 동물들의 시선을 만날 수 있
을 뿐이다. 그것들은 곁눈질로 쳐다본다. 그것들은 맹목적으로 먼 허
공을 바라본다. 그것들은 아무런 감정도 없이 뚫어져라 쳐다본다. 그

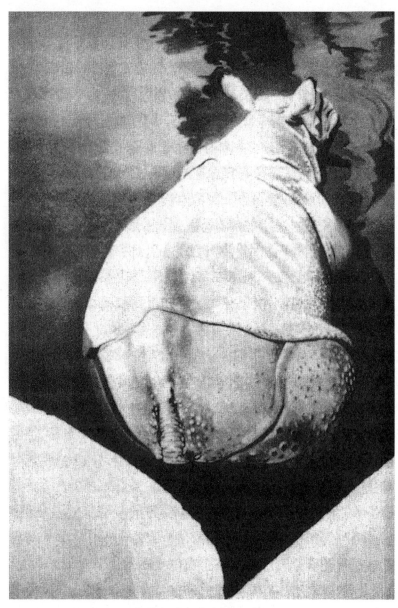

물속에 들어간 하마, ©질 아요드

어떤 것도 그것들의 주의에서 더 이상 중심적인 자리를 차지할 수 없기 때문에 그것들은 뭔가와 만나는 것에 면역이 되어 있는 것이다.

그것들이 주변적인 존재로 밀려나 버리게 되는 것의 궁극적인 결과가 거기에 있는 것이다. 인간사회의 발전에 중대한 역할을 해왔을 수도 있는 것이며, 그 어느 경우에 있어서건 채 1백 년도 못 되는 시기 전까지만 해도 모든 인간들이 살아오면서 늘 겪게 되는 것이었던, 동물과 인간 사이에 오가던 그러한 시선이 단절되어 버린 것이다. 동행이 없이 각각의 동물을 바라보고 있는 동물원 관람객은 혼자인 것이다. 여럿이서 함께 구경을 하고 있는 사람들에 대해서 말해 보자면, 그들은 마침내 고립되어 버린 종에 속해 있는 것이 된다.

동물원이 그 경계표가 되는 이러한 역사적인 상실은 자본주의적 문화에서 이제는 다시 되찾을 수 없는 것이다. (1977년)

제2부
사진술의 이용

카메라는 우리에게서 기억이라는 부담을 덜어 주는 것이다.

그것은 마치 신처럼 우리를 꼼꼼하게 살피며,

그리고 그것은 우리를 대신하여

꼼꼼하게 다른 것들을 살펴 주게 된다.

하지만 이제까지 그 어떤 신도 그토록 냉소적인 적은 없었는데,

그 까닭은

카메라는 잊기 위해 기록하는 것이 되기 때문이다.

1

신사복과 사진

아우구스트 잔더는 사진을 찍기에 앞서 자신의 모델들에게 무슨 말을 하였을까? 그리고 그의 말을 그가 의도한 것과 마찬가지로 그들이 믿을 수 있도록 하기 위해 그는 어떠한 방식으로 그 말을 하였을까?

그들 각각은 눈매가 똑같은 표정을 지은 채 카메라를 응시하고 있다. 차이가 존재한다면, 이러한 것들은 모델들의 경험과 성격의 결과인 것이다 —— 사제는 수표 위조범과는 다른 삶을 살아왔겠지만, 잔더의 카메라는 그들 모두를 동일한 존재로 묘사해내고 있는 것이다.

잔더는 모델들에게 자신들을 촬영한 그 사진이 기록된 역사의 한 부분이 될 것이라고 말했는가? 그리고 그는 자신의 모델들이 허영과 수줍음을 떨쳐 버리고 기괴한 역사적 시제를 사용하여 "나는 이렇게 생겼습니다"라고 말하면서 카메라 렌즈를 응시할 수 있도록 하기 위한 방식으로 역사를 언급했던 것일까? 우리로서는 알 도리가 없다. 우리는 단지 〈20세기 사람들〉이라는 큰 제목을 가지고 있는 것으로 기획된, 그의 작품이 가지고 있는 독창성을 인정해야만 하는 것이다.

그의 완전한 목표는 1876년 자신이 태어난 지역인 쾰른 주위에서 가능한 모든 유형, 사회적 계급, 하위 계급, 품팔이, 생업, 특권 등을 나타내 줄 수 있는 원형을 발견해내는 것이었다. 그는 모두 합쳐 6백 장의 인물 사진을 촬영하고자 했었다. 그의 이러한 계획은 히틀러의 제3제국에 의해 확 줄어들게 되었던 것이다.

사회주의자이며 반(反)나치주의자였던 그의 아들 에리히는 강제노동수용소에 끌려가 거기에서 죽었다. 그의 아버지는 자신이 모아 놓은 사진 기록을 시골에 감췄다. 그렇게 해서 오늘날 남아 있게 된 것은 사회와 인간에 대한 색다른 기록이다. 자기 동족의 인물 사진을 촬영하는 그 어떤 사진작가도 일찍이 그처럼 이해하기 쉬운 기록을 남긴 적이 없었다.

1931년, 발터 벤야민은 잔더의 작품에 대하여 이같이 말하였다.

저자(잔더)는 자신의 엄청난 작업을, 인종에 관한 이론가들, 또는 사회 현상의 연구자들에 의해 자문을 받는 학자로서가 아니라, 그 책의 발행인의 말을 빌리면 "직접적인 관찰의 결과로서" 해냈던 것이다. 그것은 실로 편견이 개재되지 않은 관찰로서, 대담하면서 동시에 섬세한 것이어서 "경험적인 측면의 섬세한 한 형식이 존재하는데, 그것은 그것의 대상과 너무도 밀접하게 그 자체를 동일시하고 있기 때문에 그로 인해 그것은 하나의 이론이 되고 있다"라고 괴테로 하여금 말하게 만든 바로 그 정신과 맥을 같이하는 것이다. 따라서 되블린과 같은 평론가가 이 작품의 과학적인 측면을 정확하게 밝혀내고는, 다음과 같이 지적하고 있는 것은 아주 온당한 일이다. "내장기관의 성질이나 병력(病歷)을 우리가 이해할 수 있게 해주는 비교해부학이 존재하는 것과 마찬가지로, 이

무도회에 가는 농부들, 베스터발트, 1914년, 아우구스트 잔더

사진작가는 스스로를 세부적인 측면에 집착하는 사진작가를 뛰어넘어 자리잡게 해주는 과학적 관점에 도달하게 한 비교사진술을 제시해 왔다." 만약 경제적인 여건이 이처럼 보기 드문 전집을 더 펴내지 못하도록 방해한다면, 그것은 유감스러운 일이 될 것이며…… 잔더의 작품은 단순한 사진첩 이상의 것으로서, 그것은 가르침을 얻을 수 있는 도해서이다.

벤야민의 언급에서 찾아볼 수 있는 것처럼 캐묻기 좋아하는 심적 태도에서 나는, 세 명의 젊은 농부들이 해질 무렵 춤추러 가기 위해 길을 나선 장면을 보여주고 있는 잘 알려진 사진에 대해 검토해 보고자 한다. 설명적인 묘사의 거장인 졸라의 글로 표현된 작품에서 찾아볼 수 있는 것만큼이나 이 이미지에는 많은 설명적 정보가 담겨져 있다. 하지만 난 단지 한 가지에 대해서만, 즉 그들이 입고 있는 신사복에 대해서만 생각해 볼 참이다.

연대는 1914년이다. 이 세 명의 젊은이들은, 기껏해야 일찍이 유럽의 시골 지역에서 그러한 신사복을 입어 본 적이 있었던 사람들의 두번째 세대에 속하는 것이다. 그보다 20년, 또는 30년 앞선 시기에는 농부들이 지불할 여유가 되는 가격으로는 그러한 복장이 존재하지도 않았다. 오늘날의 젊은이들 사이에서 검은 정장 신사복을 입는다는 것은, 최소한 서부 유럽의 촌가에서는 찾아보기 힘든 것이 되었다. 하지만 20세기의 대부분 동안, 대부분의 농부들은——그리고 대부분의 노동자들은—— 조끼가 딸린 검은색 신사복 상하의를 일요일이나 축제처럼 격식을 차려야 하는 때에 입었다.

내가 사는 마을에서 장례식에 가보면 내 또래의, 또는 나보다 나이가 좀 더 든 남자들은 여전히 검은 신사복들을 입고 있다. 바지나 접은 앞깃의 폭, 저고리 길이의 변화처럼 유행에 따른 부분적인 변경 사항은 물론 존재한다. 하지만 신사복이 가지고 있는 신체적 측면과 관계된 특성이나, 그것이 전해 주고 있는 의미는 변화하지 않는다.

먼저 신사복이 가지고 있는 신체적 측면과 관계된 특성들에 대해 생각해 보기로 하자. 아니 좀 더 정확히 말하면, 신사복을 시골 마을의 농부들이 입었을 때 그것이 가지고 있는 신체적 측면의 특성들에 대해 살펴보기로 하자. 그리고 그것에 대한 개괄을 보다 설득력 있는 것으로 만들기 위하여, 마을 악단의 모습을 보여주고 있는 두번째 사진을 한 번 보기로 하자.

잔더가 이 단체 사진을 찍은 것은 1913년이지만, 이 악단은 지팡이를 든 그 세 사람이 거리를 향해 출발하기 위해 길을 나서고 있는 그 무도회의 악단으로서 충분히 어울리는 것이 될 수도 있다. 이제 한 가지 실험을 해보자. 이 악단 단원들의 얼굴을 한 조각의 종이로 가리고 오로지 옷을 입은 그들의 몸에 대해서만 고려해 보기로 하자.

그리 상상력을 발휘하지 않아도 우리는 이 의복을 입은 몸들은 중류 계급, 혹은 지배 계급의 것으로 믿을 수가 있다. 그것들은 농부들의 몸이 아닌 노동자들의 몸이 될 수도 있다. 하지만 그렇다 하더라도 그 점에는 의심의 여지가 없다. 만약 우리가 그것들을 만져 볼 수 있다면 그럴 수도 있겠지만, 그들의 손 또한 단서가 될 수 없다. 그렇다면 왜 그들의 계급이 그토록 분명하게 나타나는 것일까?

그것은 유행과 그들이 입고 있는 신사복 천의 품질에 관계된 물음

마을 악단, 베스터발트, 1913년, 아우구스트 잔더

일까? 실제 삶에 있어서라면 그러한 자세한 부분이 뭔가를 말해 줄
수 있는 것이 될 수도 있으리라. 조그만 흑백 사진에서는 그러한 점
들이 그리 분명한 것이 될 수 없는 것이다. 하지만 이 정지된 사진은,
왜 이 양복들이 그것을 입고 있는 사람들의 사회적 계급을 감춰 주기
는커녕 그것을 분명하게 나타내고, 강조하게 되는지에 대한 근본적
인 이유를 어쩌면 실제 삶에 있어서보다 더욱 생생하게 보여준다.

그들이 입고 있는 신사복들은 그들의 모습을 볼품없는 것으로 만들어 준다. 그것들을 입으면, 그들은 마치 그들이 신체적으로 기형인 것처럼 보이게 되는 것이다. 복장에 있어서 한물간 양식은 그것이 새롭게 유행에 편입되기 전까지는 우스꽝스럽게 보이는 경우가 흔하다. 실로 유행의 경제 논리는 유행에 뒤진 것을 우스꽝스럽게 보이도록 하는 것에 달려 있는 것이다. 하지만 여기서 우리가 일차적으로 마주치게 되는 것은 그러한 종류의 우스꽝스러움이 아니다. 여기서 복장은 그것들이 감싸고 있는 남자들의 몸보다는 덜 우스꽝스러우며, 덜 '비정상적으로' 보이는 것이다.

악사들은 조화되어 있지 않으며, 안짱다리에다가 가슴통이 두툼하고, 엉덩이는 낮으며, 뒤틀려 있거나, 대칭을 이루지 못하고 있는 것과 같은 인상을 주고 있다. 오른쪽에 있는 바이올린 연주자는 거의 난쟁이처럼 보이도록 되어 있다. 그들 중 누구도 극단적일 정도로 비정상적이라고는 여겨지지 않는다. 그러한 점은 동정심을 일으키게 만들지는 않는다. 그러한 점들은 신체적 품위를 해치기에 충분할 정도일 뿐인 것이다. 우리는 거칠고 투박하며, 야만적인 것으로 여겨질 수 있는 몸들을 보고 있는 것이다.

이제 실험을 거꾸로 해보자. 악단 단원들의 몸을 가리고, 그들의 얼굴만을 보라. 그 얼굴들은 시골에서 자란 얼굴들이다. 그 누구도 그들이 법정 변호사들이나 상무 이사들의 단체 사진이라고는 상상하지 못할 것이다. 그들은 한마을 출신의 음악 연주를 즐기는 다섯 남자들로 어느 정도의 자긍심을 가진 채 그 일을 하는 사람들이다. 그들의 얼굴을 보면서 우리는 그들의 몸은 어떻게 생겼을 것인지를 상상할 수 있게 된다. 그리고 우리가 상상하는 것은 우리가 방금 보았던 것과는 상당히 다르다. 상상 속에서 우리는 그들이 없을 때 그들의 부모들이 그들에 대해 상상할 수도 있는 그러한 모습을 보게 된다. 우리는 그들을 그들이 가지고 있는 정상적인 품위에 일치시키는 것이다.

요점을 보다 분명하게 하기 위하여, 이제 맞춤 신사복이 사람을 기형으로 보이게 만드는 대신 신체적 정체성을, 그리고 따라서 그것을 입고 있는 사람이 원래 가지고 있는 권위를 유지시켜 주고 있는 장면에 대해서 고려해 보도록 하자. 나는 의식적으로 구식인 것처럼 보이고, 쉽사리 풍자적으로 개작할 수 있었던 잔더의 사진들을 택했던 것으로, 이 사진은 1931년에 촬영된 네 명의 개신교 선교사들이다.

엄숙함에도 불구하고 그것은 인물들의 얼굴을 가리는 실험을 하는 것을 필요조차 없게 만든다. 여기서 신사복들은 실제로 그것을 입고 있는 사람들의 신체적 존재를 확인해 주고 강화시켜 준다. 의복들은 얼굴들과, 그리고 그것들이 가리고 있는 몸의 내력이 전해 주고 있는 것과 동일한 의미를 전달해 주고 있는 것이다. 신사복과 경험, 사회적 구조와 기능은 일치하는 것이다.

이제 무도회에 가기 위해 길에 나선 세 사람을 다시 보기로 하자. 그들의 손은 지나치게 크고, 그들의 몸은 너무 호리호리하며, 그들의 다리는 너무 짧다. (그들은 마치 그들이 가축을 몰고 가는 중이기라도 한 것처럼 지팡이를 사용하고 있다.) 우리는 앞에서와 동일한 실험을 이 얼굴들에 대해서도 해볼 수 있는데, 그 결과는 악단 단원들에 대해서 했던 실험의 결과와 정확하게 같은 것이 된다. 그들은 단지 모자만은 그들에게 어울리는 것인 양 쓰고 있을 수 있다.

이것은 우리를 어디로 이끌어 가고 있는 것인가? 단순히 농부들은 훌륭한 신사복을 살 수 없으며, 그것들을 제대로 입는 방법도 모른다는 결론을 향해서인가? 그렇지 않다. 여기서 쟁점이 되고 있는 것은, 사소한 것이긴 하지만 그람시가 계급적 패권이라고 일컬었던 것의 시각적 본보기(어쩌면 존재하는 것들 중에서 가장 시각적인 것들 가운데 하나가 될 수도 있는)인 것이다.

대부분의 농부들은, 만약 영양실조에 시달리고 있는 것이 아니라면 신체적으로 강건하고 잘 발달되어 있다. 잘 발달되어 있다는 것은 그들이 아주 다양한 종류의 힘든 육체적 노동을 해내고 있기 때문이다. 신체적 특성들을 열거하는 것은 지나치게 고지식한 것이 되리라——아주 어린 나이였을 때부터 두 손을 사용하는 작업을 해왔기 때문에 넓적해진 손, 물건을 지고 다니는 습관으로 인해 상대적으로 몸통보다 넓어진 어깨 등처럼 말이다. 사실 여러 가지 다양성과 예외들이 존재한다. 그러나 우리는 대부분의 농부들, 여자들과 남자들 모두가 얻게 되는 특징적인 신체적 리듬에 대해서 말할 수 있는 것이다.

이러한 리듬은 하루에 해치워야만 하는 작업량에 의해 요구되는 에너지와 직접적인 관계를 가지고 있으며, 전형적인 신체적 움직임과 자세를 반영하고 있다. 그것은 쭉 뻗어 휘두르는 리듬인 것이다. 그것은 반드시 활기 없는 것만은 아니다. 낫질이나 톱질과 같은 전래의 활동들은 그것에 대한 좋은 예가 될 수도 있다. 농부들이 말을 타는 방식은 또한 그들이 걷는 방식과 마찬가지로 마치 내딛는 걸음걸음으로 땅이 안전한지 시험하듯 하는 특색을 지닌 것이다. 그외에 또 농부들은 특별한 신체적 품위를 지니고 있는데, 이것은 수고로운 일

개신교 선교사들, 쾰른, 1931년, 아우구스트 잔더

을 하는 데 있어서 아주 정통하게 되는 한 방식인 일종의 기능주의에 의해 결정된다.

우리가 그것에 대해 오늘날 알고 있게 된 것처럼, 신사복이라는 것은 19세기가 끝나기 전 마지막 30여 년 동안 전문적인 지배 계급의 복장으로 개발된 것이다. 맨 처음 만든 사람이 누구인지 거의 밝힐 수가 없는 제복으로서, 그것은 전적으로 앉아서 일하는 데서 생겨나는 권력을 이상적인 것으로 만들기 위해 최초의 지배 계급에 속한 사람들이 착용하던 복장이었던 것이다. 행정관과 협상위원들의 권력이 그것이다. 본래 신사복은 토론과 추상적인 평가의 동작을 편하게 하도록 하기 위해 만들어졌던 것이다. (이전의 상류 계급이 착용했던 복장과 비교하면 승마와 사냥, 춤, 결투의 동작을 위한 것이라는 점과는 종류가 다른 것인.)

그 새로운 전형에 함축되어 있는 외견상의 그 모든 제약을 가진 신사복이라는 것을 등장시킨 것은 영국의 신사 계급이었다. 그것은 격렬한 활동을 하지 못하게 막는 복장으로서, 그러한 활동은 그것을 구겨지게 만들거나, 일부러 주름을 잡은 부분이 펴지게 만들거나, 망쳐 놓게 되는 것이었다. "말들은 땀을 흘리고, 남자들에게서는 땀이 배어 나오고, 여자들은 벌겋게 달아오른다." 20세기에 들어서면서, 그리고 제1차 세계대전이 끝난 후 점점 더 신사복은 도시와 시골 지역에서 대량으로 판매할 수 있도록 하기 위해 대량 생산되었다.

신체적인 모순은 명백한 것으로 나타난다. 수고로운 일을 하는 데 있어서 아주 정통한 몸들, 쭉쭉 뻗어 휘두르는 움직임에 익숙해 있는 몸들에 앉아서 일하는 것, 추상적인 것, 힘을 쓰는 수고를 하지 않는 것을 이상적인 것으로 추구하는 의상이 만나게 된 것이다. 나는 전통적인 농부의 복장으로 회귀해야 한다고 섣부르게 주장하지 않을 것이다. 그러한 회귀는 현실도피적인 것이 될 수밖에 없는데, 그 까닭은 이러한 복장이 여러 세대를 거쳐 전해져 내려오는 자산의 한 형태이며, 모든 구석구석이 시장에 의해 지배되고 있는 오늘날의 세계에서 그러한 원칙이라는 것은 시대착오적인 것이 되기 때문이다.

하지만 우리는 농부들의 전통적인 작업복, 또는 예복이 그것들을 착용하게 되는 몸의 특정 성격을 존중했는지에 대해서 주목해 볼 수 있다. 그것들은 대체적으로 헐렁했으며, 보다 자유로운 동작을 할 수 있도록 주름을 잡은 부분만이 꼭 끼도록 되어 있는 것이었다. 그것들은 어느 정도 정지해 있는 몸의 형태에 이상적인 것이 되도록 하는 것을 좇는, 그리고 다음으로는 그 몸에 걸쳐져 있도록 재단되어 있는 맞춤옷과는 정반대가 되는 것이었다.

하지만 누구도 농부들이 신사복을 사도록 강요하지 않았으며, 무도회에 가기 위해 길을 나선 그 세 사람은 자신들의 신사복을 자랑스럽게 여기고 있음이 분명하다. 그들은 신사복을 일종의 장식으로 입고 있는 것이다. 이것이 바로 왜 신사복이 유행을 넘어서는 전통적인 것이 될 수도 있으며, 쉽사리 길들여지는 계급적 패권의 본보기가 될 수도 있는 것인지에 대한 이유이다.

시골 사람들은 —— 그리고 조금 다른 방식으로 도시노동자들은 —— 신사복을 선택하도록 설득되었다. 선전에 의해서. 사진들에 의해서. 새로운 대중매체들에 의해서. 판매원들에 의해서. 새로운 족속의 여행자들을 구경하는 것에 의해서. 그리고 또한 편의 시설이나 국가의 중심적 조직체들의 정치적 발전에 의해서도 그렇게 되었던 것이다. 그 예를 들어 보자. 만국박람회라는 대단한 행사가 열렸던 1900년, 프랑스 각 도시의 모든 시장들은 사상 처음으로 파리에서 열리는 연회에 초대되었다. 그들 중 대부분은 촌락 공동체의 소농 출신의 시장들이었다. 거의 3만 명에 이르는 시장들이 그 연회에 참석했던 것이다!

노동자 계급에 속한 사람들도 —— 하지만 농부들은 그 점에 대해서 노동자들보다는 더 단순하고 더 고지식했다 —— 자신들을 지배하고 있었던 어떤 계급적 기준을 자신들의 것으로 받아들이게 되었는데, 이 경우에 있어서 그 기준은 세련된 맵시 및 의복의 값어치와 관련된 것이었다. 동시에 그들의 바로 이러한 기준에 대한 수용과, 자신들이 물려받은 것이나 자신들의 일상적인 경험 중 그 어느쪽과도 아무런 관계가 없는 규범에 대한 다름 아닌 이러한 순응은, 그들이 그러한 기준 체계 내에서, 그리고 그들보다 상류 계급에게 뚜렷이 인식될 수 있을 만큼 언제나 열등하며, 서투르고, 세련되지 못했으며, 수세에 몰려 있는 듯한 것으로 비쳐지는 운명이 되게 했던 것이다. 그것은 실로 문화적 패권에 굴복하는 것이 된다.

그럼에도 불구하고 어쩌면 우리는 그 세 사람이 무도회에 도착하여 맥주를 한두 잔씩 마시고, 젊은 여자들(그들의 의상은 아직 남자들의 것처럼 근본적으로 변화되지는 않은)을 좀 구경한 다음, 그들은 저고리를 벗어걸고, 타이를 풀고 춤을 추는데, 아마도 아침이 되어 그 다음날의 일을 하러 가게 될 때까지도 모자는 그대로 쓰고 있을지도 모른다고 주장해 볼 수도 있을 것이다. (1979년)

2

고통의 장면을 보여주는 사진들

오늘 아침 신문에는 큰 제목의 베트남 관련 기사는 실리지 않았다. 신문은 단지 미공군이 북베트남을 폭격하여 군 당국의 정책을 체계적으로 수행하고 있다는 소식을 보도하고 있을 뿐이었다. 어제는 2백70차례의 공습이 있었다.

이러한 보도의 이면에는 축적된 다른 정보가 있다. 그저께 미공군은 이 달 들어 가장 맹렬한 공습을 했다. 이제까지 그 어떤 비슷한 기간 동안보다도 더 많은 폭탄이 투하되었던 것이다. 투하되고 있는 폭탄 가운데는 7톤짜리 초강력 폭탄도 있는데, 그것들 하나하나는 대략 8제곱킬로미터를 초토화시키게 되는 것이다. 대형 폭탄과 더불어 온갖 종류의 소형 대인용 폭탄도 투하되고 있다. 한 종류에는 플라스틱제 가시들이 가득 차 있는데, 그 가시들이 살갗을 찢고 들어가 몸에 박히게 되면 엑스레이로도 어디에 박혔는지를 찾아낼 수가 없는 그러한 것이다. 또 한 가지는 스파이더라고 불리며, 만약 건드리면 폭발신관 역할을 하게 되는, 눈에 잘 띄지 않는 30센티미터짜리 안테나가 달린 수류탄처럼 생긴 작은 폭탄이다. 큰 폭격을 받은 곳의 지상에 뿌려지게 되는 이 폭탄들은 불을 끄거나 이미 부상을 당한 사람들을 돕기 위해 달려가는 생존자들을 폭사시킬 수 있도록 고안된 것이다.

오늘 신문에는 베트남과 관련된 뉴스 사진이 실려 있지 않다. 하지만 오늘 아침 보도와 함께 실릴 수도 있었던 사진으로는, 1968년 후에에서 도널드 맥컬린이 촬영한 것이 있다(1972년 런던에서 간행된 도널드 맥컬린의 《파괴 산업》을 볼 것). 이 사진은 한 남자가 어린아이를 안은 채 쪼그리고 앉아 있는데, 두 사람 모두 흑백 사진에서는 검게 나타나는 피를 철철 흘리고 있는 장면을 보여주고 있다.

지난해 말경, 대량 부수를 발행하는 몇몇 신문들이 이전 같았으면 너무도 충격적인 것이라서 삭제되었을 게 분명한 전쟁 관련 사진들을 싣는 것이 정상적인 것으로 여겨지게 되었다. 우리는 이들 신문들이 독자들의 대다수가 전쟁의 공포가 어떤 것인지 이제는 알아차리고 있으며, 그 진실이 어떠한 것인지 눈으로 확인하고 싶어한다는 것을 깨닫게 되었기 때문이라고 주장함으로써 이 새로운 사태를 설명하려 들 수도 있다. 그것이 아니라면, 우리는 이들 신문들은 독자들이 폭력적인 장면에 길들여져 있기 때문에 현재 한층 더 폭력적인 흥미 위주의 보도로써 경쟁을 하게 되었다고 주장할 수도 있을 것이다.

첫번째 주장은 지나치게 이상주의적이고, 두번째 주장은 너무도 빤히 속이 들여다보일 정도로 냉소적이다. 신문들이 현재 폭력적인 전쟁 관련 사진을 싣고 있는 것은, 몇 가지 드문 경우를 제외하면 그것들이 주는 효과가 이전에 한때는 그러리라고 여겨졌던 것에 미치지 못하기 때문이다. 《선데이 타임스》와 같은 신문은, 정치적으로는 그러한 폭력에 책임이 있는 정책들을 지지하는 한편으로는 베트남이나 북아일랜드에 관한 충격적인 사진들을 계속해서 게재하고 있다. 이것이 바로 우리가 왜 다음과 같은 질문을 던져야 하는지 그 이유가 된다. 그러한 사진은 어떤 효과를 내게 되는가?

많은 사람들은 그러한 사진이 정치적 이론이나 사상자수 통계, 혹은 뉴스 방송의 추상성 이면에 가려져 있는 현실을, 생활 속에서 체험했던 현실을 우리에게 충격적으로 일깨워 주는 것이라고 주장할 것이다. 계속해서 그들은 그러한 사진들이 우리가 잊어버리거나 알기를 거부하기로 작정한 것에 드리워져 있는 검은 장막에 인화되어 있는 것이라고 말할지도 모른다. 그렇게 말하는 사람들에 따르면, 맥컬린은 우리가 감아 버릴 수 없는 눈의 역할을 하는 것이다. 하지만 그들이 우리로 하여금 보도록 만드는 그것은 무엇인가?

그러한 사진들은 우리를 갑자기 멈춰서게 한다. 그러한 것들에 적용될 수 있는 가장 직설적인 형용사는 '사람의 이목을 끄는'이라는 것이다. 우리는 그것들에게 붙잡히게 되는 것이다. (그러한 것들을 보지 못한 척하는 사람들도 있다는 것을 알고는 있지만, 그러한 사람들에 대해서는 무어라 할 말이 없다.) 우리가 그러한 사진들을 들여다보게 되면, 타인이 당하는 고통의 순간이 우리를 집어삼키게 된다. 우리의 마음속은 절망, 또는 의분(義憤) 둘 중 하나로 채워진다. 절망은 타인이 당하는 고통 중 일부를 아주 헛된 것이 되게 한다. 의분은 행동을 요구한다. 우리는 사진 속의 순간으로부터 벗어나 다시 우리의 일상으로 돌아오려고 애쓰게 된다. 우리가 그렇게 하면서 느끼게 되는 현격한 차이는, 우리의 일상적인 삶을 다시 시작하는 것이 우리가 방금 본 것에 대하여 절망적이라 할 수 있는 정도의 부적절한 반응을 보이는 것으로 여겨지는 그러한 것이다.

맥컬린의 가장 대표적인 사진들은 갑작스런 고통의 순간들——공포, 부상, 죽음, 비탄의 울음——을 기록해 놓고 있다. 이러한 순간들은 실제로 일반적인 시간과는 완전히 단절되어 있는 것이다. 그러한 순간들은 있음직한 것이며, 시간에 대한 그밖의 모든 경험과는 다르게 '시간'이 맨 앞에 자리잡게 만드는 것인, 그러한 순간들에 대한 예상은 알려져 있는 바이다. 고통의 순간을 격리된 것으로 만드는 카메라는 그러한 순간의 경험이 그 경험 자체를 격리시키는 것 못지않게 폭력적으로 그것을 격리시키게 된다. 장총이나 카메라에 대해 말할 때 사용되는 방아쇠라는 낱말은 순전히 기계적인 것에서 그치는 것이 아닌 하나의 일치된 점을 반영하고 있다. 카메라에 의해 포착된 영상은 두 배로 폭력적인 것이며, 그러한 두 가지의 폭력성 모두는 사진으로 찍힌 순간과 다른 모든 순간들 사이의 대비라는, 앞서 말한 것과 동일한 대비를 더욱 강화해 주게 된다.

사진으로 찍힌 순간으로부터 벗어나 우리의 일상으로 되돌아오게 될 때, 우리는 이 점을 자각하지 못하는 것이어서 우리는 그러한 단절이 우리의 책임이라고 생각하게 되는 것이다. 사실은 그 사진으로 찍힌 순간에 대한 그 어떤 반응도 부적절한 것으로 여겨질 수밖에 없도록 되어 있다는 것이다. 사진으로 촬영되는 그 상황 속에 처해 있는 사람들, 죽어가고 있는 사람의 손을 잡고 있거나, 또는 상처를 지혈시켜 주고 있는 사람들은 우리가 보게 되는 것처럼 그 순간을 보지 못하게 되며, 그들이 보여주게 되는 반응은 전적으로 다른 등급의 것이다. 그 누구도 그러한 순간에 처하여 생각에 잠긴 듯이 보이거나,

더욱 강해진 것으로 나타나게 된다는 것은 불가능한 일이다. 위험스럽기도 하고, 또한 적극적인 '응시'를 하고 있는 맥컬린은 한 사진 밑에 비통하게 이같이 적었다. "나는 그저 내가 칫솔을 사용하는 것처럼 카메라를 사용한다. 그러기만 하면 되니까."

전쟁과 관련된 장면을 찍은 사진에서 나타날 수 있는 모순된 사실들은 이제 분명해진다. 일반적으로 이러한 사진들이 가지고 있는 목적은 관심을 불러일으키기 위한 것이라고 여겨지고 있다. 가장 극단적인 예들은 —— 맥컬린의 작품 대부분에 있어서처럼 —— 최대의 관심을 이끌어내기 위하여 고통스런 순간들을 보여주고 있다. 그러한 순간들은 사진으로 촬영된 것이건 그렇지 않은 것이건, 그밖의 다른 모든 순간들과 단절되어 있는 것이다. 그것들은 그것들 혼자의 힘으로 존재한다. 하지만 그러한 사진에 눈길을 준 적이 있었던 독자들은 이러한 단절을 자기 자신의 개인적인 도덕적 무능함으로 느끼게 되는 경향이 있다. 그리고 이러한 일이 일어나자마자 충격에 대한 그의 느낌마저도 흩어져 사라져 버리게 된다. 즉 그 자신의 도덕적 무능함은 이제 전쟁에서 저질러지고 있는 범죄만큼이나 그에게 충격을 주는 것이 될 수도 있다는 것이다. 그는 이러한 무능함에 대한 생각을 단지 너무도 흔한 별것 아닌 것으로 무시해 버리거나, 또는 그렇지 않다면 일종의 속죄를 행하는 것 —— 그러한 것들 중에서 가장 고결한 본보기는 옥스팜[OXFAM; 옥스퍼드 기근구조위원회]이나 유니세프[UNICEF; 국제연합아동기금]에 기부하는 것이 될 것이다 —— 에 대하여 생각해 보는 것 중 하나가 될 수 있을 것이다. 두 가지 경우 모두에 있어서, 그러한 순간이 생겨나도록 하는 원인이 되었던 전쟁이라는 문제에서는 사실상 정치적인 측면이 사라져 버리게 된다. 그 사진은 일반적인 인간 조건의 증거가 된다. 그것은 그 누구도 비난하지 않는 것이며, 동시에 모두를 비난하는 것이다.

사진으로 촬영된 고통의 순간과 대결하는 것은 한층 더 광범위하고 시급하게 대결해야 하는 것을 덮어씌워 감춰 버리게 될 수 있다. 대개 우리가 목격하게 되는 전쟁은 직접 혹은 간접적으로 '우리들'의 이름으로 수행되고 있다. 우리가 보게 되는 것은 우리를 공포에 떨게 만든다. 다음 단계는 우리의 정치적 자유가 없다는 것에 우리가 맞서는 것이 되어야만 한다. 우리는 현재 존재하고 있는 것과 같은 정치 체제 안에서는 우리의 이름으로 수행되고 있는 전쟁 행위에 사실상의 영향력을 행사할 수 있는 합법적인 기회를 전혀 갖고 있지 못하다. 이러한 점을 깨닫고, 그에 걸맞게 행동하는 것이야말로 사진에 나타나 있는 것에 반응하는 유일하게 효과적인 방법이다. 하지만 사진에 찍힌 순간들이 가지고 있는 이중의 폭력성은 사실상 이러한 자각에 불리하게 작용한다. 그것이 그러한 사진들이 아무런 처벌도 받지 않고 발표될 수 있는 이유인 것이다. (1972년)

3
폴 스트랜드

　만약 우리가 시각에 호소하는 표현에 관심을 가지고 있다면, 우리의 관심사는 아무튼 그 시각적 표현을 다루는 기술로 제한되어야만 한다는, 광범위하게 퍼져 있는 가설이 존재한다. 이처럼 시각에 호소하는 표현은 회화, 사진, 실물의 외관, 꿈 등과 같은 특별한 관심사의 범주들로 나뉘어 있다. 그런데 우리가 잊고 있는 것은—— 실증주의적 원칙을 고집하는 문화에 있어서의 모든 본질적 질문들과 마찬가지로—— 눈에 보이는 상태 그 자체가 가지고 있는 의미와 불가해한 부분이다.

　내가 지금 이것에 대해서 생각해 보려는 이유는, 내 앞에 놓여 있는 두 권의 책에서 내가 무얼 볼 수 있을 것인지를 설명하고자 하기 때문이다. 그것들은 폴 스트랜드의 작품에 대한 두 권의 작품 연표에 관한 전공 논문이다. 맨 처음에 나오는 사진들은 그 연대가 스트랜드가 앨프레드 스티글리츠에게서 제자처럼 사사를 받고 있었던 1915년으로 되어 있으며, 가장 최근의 것들은 1968년에 촬영된 것이다.

　가장 초기의 작품들은 주로 뉴욕의 시민들과 여러 장소들을 다루고 있는 것들이다. 그것들 중 맨 앞에 나와 있는 것은 한쪽 눈이 보이지 않는 거지 여자를 보여주고 있다. 여자의 한쪽 눈은 뭔가가 끼어 불투명하고, 다른 한쪽은 날카로우며, 경계를 늦추지 않고 있다. 그녀의 목에는 BLIND(장님)라고 또박또박 씌어 있는 패가 걸려 있다. 그것은 명쾌한 사회적 메시지를 담고 있는 장면이다. 하지만 그것은 또한 그밖의 다른 어떤 것이기도 하다. 우리는 그러한 점을 뒤에 스트랜드의 가장 뛰어난 모든 인물 사진들에서 보게 될 터인데, 그는 우리에게 단순히 눈에 보이는 그들의 존재에 대한 증거가 아닌, 그들의 삶에 대한 증거를 제시해 주고 있다. 어느 한 수준에서, 그러한 삶에 대한 증거는 사회 비평이 되고 있지만—— 정치적으로 스트랜드는 일관성 있게 좌파의 입장을 고수해 왔다—— 다른 수준에서, 그러한 증거는 그 안으로부터 우리들 자신은 기껏해야 하나의 구경거리에 지나지 않는 것이 되는, 또 다른 영위된 삶의 총체성을 시각적으로 암시해 주는 데 기여하는 것이 된다. 이것이 흰 패에 검은 글자로 B-L-I-N-D라고 씌어진 것이 왜 그 말을 '장님'이라고 읽는 것 이상의 의미를 지니게 되는지의 이유인 것이다. 그 사진이 우리 앞에 그대로 있는 동안은 우리는 결코 그 글자들을 읽혀지는 그대로 받아들일 수가 없는 것이다. 그 책의 맨 앞에 나와 있는 장면은 본다는 것 그 자체가 가지고 있는 의미에 대해 숙고해 보도록 강요하고 있다.

1920년대부터의 것들인 그 다음에 오는 절의 사진들은 기계 부품들과—— 식물의 뿌리, 바위, 그리고 풀과 같은—— 자연적인 형태를 가진 것들의 근접 사진들을 포함하고 있다. 이미 스트랜드의 기술적인 완벽주의와 강한 심미적 관심이 분명하게 나타나고 있다. 하지만 그와 동시에 물(物) 자체에 대한 고집스럽고 단호한 존중 또한 분

명하게 나타나고 있다. 그리고 그로 인해 나타나게 되는 결과는 당혹
스러운 것일 때가 많다. 혹자는 이들 사진들이 어떤 대상에서 취한
한 부분으로 남아 있기 때문에 결코 독자적인 장면이 될 수 없는 것
이라는 이유로 실패작이라고 말할 수도 있을 것이다. 이들 사진들에
서 자연은 예술에 대하여 비타협적인 존재이며, 기계의 세부를 담고
있는 작품들은 완벽하게 만들어진 그것들의 이미지가 가지고 있는
정적인 면을 조롱하는 것이다.

　1930년대 이후로 줄곧 사진들은 대체로 스트랜드가 여행을 했던
멕시코·뉴잉글랜드·프랑스·이탈리아·헤브리디스 제도·이집
트·가나·루마니아 등의 지역과 관련된 각각의 무리에 속하게 된
다. 이 사진들이 스트랜드를 세상에 널리 알려지게 만들어 온 것들이
며, 그가 위대한 사진작가로 여겨져야만 하는 것은 이들 사진들에 나
타나 있는 증거에 의해서이다. 이러한 흑백 사진들을 가지고, 어느
부분에서나 구분될 수 있는 이러한 기록들을 가지고, 그는 세계에 대
한 우리의 안목을 질적으로 확장시켜 줄 수 있는 그러한 방식으로 온
갖 장소와 사람들의 모습을 우리에게 제시한다.

　실재에 대한 스트랜드 사진 작품의 사회적 접근법은, 플라어티의
제2차 세계대전 이전의 영화들이나 세계대전 직후의 데 시카, 로셀
리니의 이탈리아 영화들에서 영화적으로 그러한 접근법에 해당하
는 점들을 찾아볼 수 있는 한 실록, 혹은 신사실주의적인 것으로 불
릴 수 있을지도 모른다. 이것은 여행중인 스트랜드가 그림같이 아름
다운 풍경들, 파노라마와 같은 풍경들을 작품 속에 담는 것을 피하면
서, 하나의 거리에서 어떤 도시를, 주방의 한구석에서 어떤 민족의

생활 방식을 발견해내려 시도하고 있다는 것을 의미한다. 한두 점의 발전용 댐 사진과, 몇 점의 '영웅적인' 인물 사진에서 그는 구소련의 사회주의 리얼리즘의 낭만주의에 양보한다. 하지만 대체적으로 그의 접근법은 피사체가 가지고 있는 평범함이 이례적으로 상징성을 띠고 있는 평범한 피사체들을 선택할 수 있게 했다.

그는 본질적인 것에 대하여, 그것이 어떤 멕시코인의 문간에서 찾아낼 수 있는 것이건, 혹은 이탈리아 시골 마을의 여학생이 검은색 에이프런 드레스를 입고 밀짚모자를 손에 들고 있는 방식에서 찾아낼 수 있는 것이건, 절대 틀리는 일이 없는 안목을 가지고 있다. 그러한 사진들은 독특한 주제들을 정말 깊이 있게 다루고 있기 때문에, 그것들이 피처럼 그 독특한 주제 속을 지나 흐르고 있는 문화, 혹은 역사의 흐름을 우리에게 드러내 보여줄 수 있을 정도인 것이다. 이러한 사진들이 보여주고 있는 장면들은, 일단 보고 나면 우리가 목격하거나 또는 체험하는, 실제로 일어난 어떤 사건이 그러한 장면들 중 하나를 마치 보다 견고한 실재에 대한 것처럼 나타내 주게 될 때까지, 우리의 정신 속에 계속 남아 있게 된다. 하지만 이러한 면이 스트랜드를 특이한 사진작가로 만들고 있는 것은 아니다.

사진작가로서 그가 사용하고 있는 방법은 좀 더 보기 드문 것이다. 우리는 그것이 앙리 카르티에 브레송이 사용하고 있는 방법과는 정반대의 것이라고도 말할 수 있을 것이다. 카르티에 브레송이 사진 속에서 포착해내는 순간이라는 것은 1초의 몇 분지 1에 해당하는 찰나적인 것이며, 그는 그 찰나가 마치 야생동물이라도 되는 듯이 그것에 살금살금 몰래 접근하는 것이다. 스트랜드에게 사진 속의 순간이라는 것은 전기적이고 역사적인 것으로서, 그것이 지속되는 시간은 몇 초가 아닌 일생 동안이라는 시간과 연관시켜 측정하는 것이 이상적일 정도이다. 스트랜드는 찰나를 추구하는 것이 아니라, 마치 우리가 누군가에게 이야기를 털어놓도록 격려하는 것처럼 어떤 순간이 생겨나도록 격려한다.

　실제적인 측면에서 본다면, 이것은 그가 사진을 찍기에 앞서 자신이 원하는 것을 결정해 놓고 있으며, 절대로 우연한 것을 다루지 않고, 작업을 서두르지 않으며, 촬영하는 상황에서 여백으로 처리될 수 있는 부분을 거의 잘라내지 않고, 아직도 감광판 카메라를 사용하는 경우가 흔하며, 사람들에게 자신을 위해 자세를 취해 주도록 정식으로 요청한다는 것을 의미하는 것이다. 그의 작품 사진들은 모두 계획된 것이라는 점이 두드러져 보인다. 그의 인물 사진들은 아주 정면을 향하고 있다. 사진 속의 인물은 우리를 바라보고 있고, 우리는 그 사진 속의 인물을 바라보고 있는 것처럼 되어 있는데, 그것은 그러한 효과를 내도록 배치되어져 있었던 것이다. 하지만 풍경이나 정물들, 혹은 건물들에 대한 그의 다른 사진들 대부분에서도 이와 비슷하게 정면을 향하고 있는 듯한 느낌이 존재한다. 그의 카메라는 항상 자유롭게 이동하지 않는다. 그는 그것을 어디에 놓을 것인지를 결정한다.

　그가 카메라를 놓기로 선택했던 장소는 어떤 일이 일어나려는 곳이 아니라, 다수의 사건들이 서로 관련되어 나타나게 될 장소인 것이다. 이처럼 그 어떤 일화도 사용하지 않고, 그는 자신의 피사체들을 화자로 변신시킨다. 강 그 자체가 이야기를 한다. 말들이 풀을 뜯고 있는 들판 그 자체가 이야기를 한다. 아내가 그녀의 결혼 이야기를 한다. 그 각각의 경우에 있어서, 사진을 촬영한 사람인 스트랜드는 그 이야기들의 청취자가 되는 자신의 카메라를 놓는 장소를 결정해 왔던 것이다.

그 접근법은 신사실주의적이다. 사용하고 있는 방식은, 대상이 되는 물체가 가지고 있는 외관의 모든 부분들을 속속들이 정밀하게 살펴보면서 계획을 세워, 정면에서 대상을 포착하며, 정식으로 작업을 하는 것이다. 그렇게 해서 어떤 결과가 나타나는가?

그의 사진 작품들 중 최상의 것들은 대개 불투명한데, 그것은 지나치게 색조가 짙다거나 우중충하다는 의미에서가 아니라, 각각의 제곱인치마다 이례적일 정도로 많은 양의 내용물로 채워져 있다는 의미에서 그렇다는 뜻이다. 그리고 이러한 내용물 전부가 그 대상물이 가지고 있는 생명의 재료가 된다. 뉴잉글랜드 지역 버몬트 주 출신인 베넷이라는 사람을 촬영한 것인 유명한 인물 사진을 보기로 하자. 그의 저고리, 그의 셔츠, 턱에 난 짧고 억센 수염, 뒤에 보이는 집의 목재들, 그의 주변을 둘러싸고 있는 공기는 이 장면에서 그의 삶의 얼굴이 되고 있으며, 그 중에서도 그의 실제 얼굴 표정은 응집된 정신이 되고 있는 것이다. 이것은 찌푸린 채 우리를 요모조모 뜯어보고 있는 흠잡을 데 없는 사진이다.

한 멕시코 여인이 벽에 기댄 채 앉아 있다. 그 여자는 양털로 짠 숄로 자신의 머리와 어깨를 덮고, 밀짚으로 짠 구멍난 바구니를 무릎에 올려놓고 있다. 그 여자의 치마는 천조각을 대고 기운 자국이 있는 누더기인데다가 등 너머로 보이는 벽은 아주 허름하다. 이 사진에서 유일하게 생기에 넘치는 외관을 가진 것은 그 여자의 얼굴이다. 다시

베넷 씨의 초상, ⓒ폴 스트랜드

말하면, 우리 눈으로 읽어낸 그러한 외관들은 실제로 쓸려 벗겨진 결을 가지고 있는 그 여자의 일상생활이 되고 있으며, 그 사진은 그녀가 가지고 있는 존재의 패널화인 것이다. 첫눈에 이 장면은 과장이 없는 유물론자적인 것으로 보이지만, 마치 그녀의 몸이 그녀가 걸치고 있는 옷을 해지게 하고, 바구니 안에 들어 있는 물건이 그 바구니를 닳아 뚫어지게 하며, 행인들이 벽의 표면을 문질러 닳게 하는 것처럼 우리가 계속해서 그 사진을 들여다보게 되면서, 여자로서의 그

루마니아의 농부 내외, ⓒ폴 스트랜드

녀의 존재는 그 이미지에 유물론적인 면을 문질러 넣기 시작한다.

루마니아의 한 젊은 농부와 그의 아내가 나무로 된 울타리에 기대어 있다. 그들 뒤편의 위쪽으로는 발산된 광선으로 휩싸인 들판이 있고, 그 위쪽으로는 건축물로서는 전혀 대수로운 것이라 할 수 없는 자그마한 현대식 집이 한 채 있으며, 그 곁에는 어떤 종류인지를 알 수 없는 나무 한 그루의 잿빛 실루엣이 보인다. 여기서 매제곱인치들을 채우고 있는 것은 표면의 실재성이 아니라, 무한히 계속 이어지는 평원이나 언덕을 보면서 받게 되는 느낌인 슬라브적인 거리 감각이다. 그리고 다시 한 번 말하거니와, 이러한 특성을 이 두 인물의 존재로부터 분리시킨다는 것은 불가능한데, 그것은 그의 모자가 이루고 있는 각도에, 길게 쭉 뻗은 움직임을 보이고 있는 남자의 두 팔에, 여자의 조끼에 수놓인 꽃들에, 여자의 머리카락을 잡아묶은 방식에 존재하며, 그 두 인물의 넓은 얼굴과 입의 폭에 걸쳐 존재한다. 이 온전한 사진이 —— 공간이 —— 우리에게 알려주고 있는 것은 그들 삶의 표피의 일부분인 것이다.

이들 사진들은 스트랜드의 기교, 그의 선택 능력, 자신이 찾아간 장소에 대한 그의 지식, 그의 안목, 시간을 조절하는 그의 감각, 그의 카메라 사용 방식에 의존하고 있는 것이지만, 이러한 모든 재능을 가지고 있으면서도 그는 여전히 그러한 사진들을 촬영해낼 수 없었을지도 모른다. 그의 인물이나 풍경 사진들—— 어찌하다 보니 보이지 않게 된 인물들의 연장일 뿐인 —— 에 있어서 그가 거둔 성공을 궁극적으로 결정지어 온 것은 이야기를 자아내도록 만들며, 피사체가 기꺼이 "내 모습은 당신이 보고 있는 그대로입니다"라고 말할 수 있도록 자기 자신을 피사체에 내보일 수 있는 능력이다.

이것은 보기보다 더 복잡하다. to be라는 동사의 현재 시제는 현재만을 나타내지만, 그럼에도 불구하고 그 앞에 1인칭 단수의 주어가 오면, 그 시제는 주어가 되는 대명사로부터 떼어 놓을 수 없는 것인 과거 시제까지도 흡수 동화시켜 버린다. I am은 나를 그렇게 만들어 온 모든 것을 포함한다. 그것은 직접적인 사실에 대한 진술 이상의 것으로서, 그것은 이미 하나의 설명이자 합리화이며 요구이고, 그것은 이미 자전적인 것이 된다. 스트랜드의 사진 작품들은 그의 모델들에게 자신들의 전기를 보기 위해서는 스트랜드를 믿으라고 제안한다. 그리고 비록 인물 사진들이 격식을 차린 것이고, 사진을 찍기 위해 자세를 취하고 있는 것이라 할지라도, 사진작가나 사진 그 어느 편에서도 차용된 역할로 위장할 필요가 없는 것은 바로 이러한 이유에서이다.

사진은 어떤 사건이나 인물의 외관을 보존하는 것이기 때문에 언제나 역사적인 것들에 대한 관념과 밀접하게 관련되어 있었다. 심미적인 측면을 별개의 것으로 하면, 사진술이 추구하는 이상은 '역사적' 순간을 포착하는 것이다. 하지만 사진작가로서 폴 스트랜드가 그러한 역사적인 것들과 맺고 있는 관계는 독특한 것이다. 그의 사진들은 시간의 지속이라는 독특한 느낌을 전해 주는 것들이다. I am이라는 것에는 그 안에서 과거에 대하여 생각해 보고, 미래에 대한 예상을 해볼 수 있는 시간이 주어져 있으며, 노출 시간은 이 I am이 가지고 있는 시간을 전혀 침범하지 않는다. 오히려 반대로, 우리는 그 노출 시간이 생애 전체라는 기괴한 인상을 받게 되는 것이다. (1972년)

4

사진술의 이용

수전 손택을 위하여

나는 수전 손택이 《사진에 관하여》라는 저서에서 주장하고 있는 바에 응답하는 차원에서 몇 가지 견해를 밝히고자 한다. 내가 이용하게 될 모든 인용은 그녀의 책에서 나온 것이다. 간혹 나의 독자적인 생각도 있긴 하지만, 모든 것은 그녀의 책에 대한 독서 경험에서 비롯된 것이다.

카메라는 1839년 폭스 톨벗이라는 사람에 의해 발명되었다. 선택받은 자들을 위한 기계로서 카메라가 발명된 지 겨우 30년도 지나기 전에, 사진술은 경찰의 서류 정리, 전쟁 관련 보도 자료, 군대의 정찰, 포르노그래피, 백과사전의 자료 정리, 가족 사진첩, 엽서, 인류학 자료의 기록(흔히 대량 학살이 곁들여진 미국 원주민들에 관한 것에서처럼), 감상적인 설교, 꼬치꼬치 캐내는 엄밀한 조사('있는 그대로를 보여주는 카메라'라고 잘못 명명된 것이기도 한) 등과 심미적 효과, 뉴스 보도, 그리고 격식을 차리는 인물 묘사에 이용되고 있었다. 그보다 조금 뒤인 1888년 최초의 값싼 대중적인 카메라가 시장에 나오게 되었다. 실행에 옮겨질 수 있는 사진술의 이용 방법에 엄습한 속도는 산업자본주의에 대하여 사진술이 가지고 있는 의미심장하며 중심적인 응용 가능성을 가리키고 있는 것이 분명하다. 마르크스(1818년에 태어났다)는 카메라가 발명되던 해에 성년이 되었다.

하지만 사진이 외양을 가리키는 지배적이며, 가장 '자연스러운' 방식이 되었던 것은 20세기가 되어서, 그리고 제1·2차 세계대전 사이의 기간을 거치고 나서였다. 사진이 직접적인 증거로서 세상을 대신하게 되었던 것도 그때였다. 사진 촬영이 실재에 대한 가장 명백하고 직접적인 접근을 할 수 있게 해주는 것으로 생각되었던 것도 이 시기였으며, 폴 스트랜드나 워커 에번스와 같은 이 매체의 거장들의 출현을 목격하는 위대한 시기였다. 이때는 자본주의를 채택하고 있는 국가들에서, 사진술의 가장 자유로운 순간으로서 사진은 순수미술의 제한으로부터 해방되었고, 민주주의적으로 사용될 수 있는 대중적인 매체가 되었다.

하지만 그러한 순간도 잠깐이었다. 다름 아닌 이 새로운 매체가 가진 '박진성'이 사진을 고의적인 선동 수단으로 이용되도록 부추겼던 것이다. 조직적으로 사진을 동원한 선전술을 이용한 최초의 단체에 속했던 것은 나치였다.

어쩌면 사진이라는 것은 우리가 근대적인 것이라고 인지하고 있는 환경을 구성하고 복잡하게 만든 모든 대상물들 가운데서 가장 신비스러운 존재이다. 실제로 사진이라는 것은 포착된 경험이며, 카메라는 무언가를 얻으려는 속성을 가지고 있다는 점에서 의식의 이상적인 무기가 되는 것이다.

사진술이 존재하게 된 최초의 시기에 그것은, 하나의 수단이라는 한 가지 새로운 기술적 기회를 제공하게 되었다. 이제 새로운 선택의 여지를 제공하는 대신에 사진의 사용과 그것을 '읽어내는 법'은 습관적이며, 오늘날의 지각 대상 그 자체에 대한 검토되지 않은 한 부분이 되어가고 있었다. 이러한 변화에는 여러 가지 발전이 기여했다. 새로 생겨난 영화 산업이 그것이다. 가벼운 소형 카메라의 발명——사진 촬영이 하나의 의식이 되기를 그만두고 하나의 '반사 작용'이 될 수 있게 한——이 그것이다. 사진을 주로 하는 뉴스 매체——여기서는 사진이 뉴스 기사를 따라가는 대신에 기사가 뉴스 사진을 따라간다——의 발견이 그것이다. 광고업이 중요한 경제 세력으로 부상한 것이 그것이다.

사진을 통해서 세계는 일련의 서로 관련되지 않은 채 독립되어 있는 입자들로, 그리고 역사, 과거와 현재, 한 벌의 일화들과 잡다한 사건들이 되는 것이다. 카메라는 실재를 극히 작으며, 다루기 쉽고, 불투명한 것으로 만든다. 그것은 상호 관련성, 연속성을 부인하는 세계관이지만, 그것은 각각의 순간들에 신비로운 사건과도 같은 성격을 부여한다.

최초의 대중 매체로서의 잡지가 1936년 미국에서 창간되었다. 《라이프》지가 세상에 나오게 된 것에는 적어도 두 가지가 예언적인 것이었는데, 그 예언은 전후(戰後)의 텔레비전 시대에 이르러 완전하게 실현되게 되어 있는 것이었다. 이 새로운 사진 잡지는 그것의 판매가 아니라 거기에 실리는 광고를 통해 얻는 수익으로 재정을 충당했다. 그것에 실려 있는 영상들의 3분의 1이 광고였던 것이다. 두번째의 예언은 그것의 제목에 있었다. 이것은 두 가지 뜻으로 해석될 수 있는 것이다. 그것은 그 안에 실려 있는 사진들이 삶에 대한 것임을 의미할 수도 있다. 하지만 그것은 그 이상을, 즉 이 사진들이 바로 삶 그 자체임을 약속하고 있는 듯 여겨지기도 하는 것이다. 창간호의 맨 앞에 실린 사진이 바로 이러한 모호성을 자극하고 있는 그러한 것이었다. 그것은 갓 태어난 아기를 보여주고 있었던 것이다. 그 밑의 사진 설명은 이와 같았다. "삶이 시작되다……."

카메라가 발명되기 이전에는 무엇이 사진을 대신하고 있었을까? 이 물음에 대해 예상해 볼 수 있는 대답은 판화·소묘·채색화 등이다. 그것은 기억이라고 대답하는 것이 보다 깊은 뜻을 지니는 것이 될 수도 있다. 지면이라는 외부에서 사진이 해내는 역할이 이전에는 생각 속에서 이루어졌던 것이다.

프루스트는 사진이라는 것이 그것의 발명, 또는 대체물만큼도 대단한 것이 못 되는 회상의 도구라고 다소간 잘못된 해석을 하고 있다.

그 어떤 시각적 이미지와도 다르게 사진은 그 피사체를 묘사하거나, 흉내내거나, 또는 해석하거나 하는 것이 아니라 실제로 그것을 그대로 베끼는 것이다. 그 어떤 채색화나 소묘도, 그것이 아무리 자연주의적(현실이나 자연에 대한 객관적 진실의 묘사에 최대의 가치를 두고 있는)이라 할지라도, 사진이 해내는 것과 같은 방식에 있어서는 그 피사체와 꼭 같은 것이 될 수는 없는 것이다.

사진은 단순히 이미지(채색화가 하나의 이미지인 것처럼)이며, 실제 대상에 대한 해석일 뿐만 아니라, 또한 발자국이나 데스마스크(死面)처럼 실제의 대상을 직접 등사하듯이 그대로 대고 찍어낸 어떤 것이기도 하다.

인간의 시각적 지각 작용은 사진 기록에 의한 것보다 훨씬 더 복잡하고 선택적인 과정이다. 그럼에도 불구하고 카메라 렌즈와 인간의 눈――그것들이 가지고 있는 빛에 대한 감광도 때문에――은 모두 엄청난 속도로, 그리고 당장에 벌어지고 있는 사건의 면전에서 이미지를 기록한다. 카메라는 해낼 수 있지만 눈 그 자체로는 결코 할 수 없는 것은, 그 사건의 외관을 그대로 고정시켜 놓는 일이다. 그것은 계속 변화하는 외양의 흐름으로부터 그것의 외양을 훔쳐내어 그것을 보존하는데, 그것은 영원히 그렇게 하는 것은 아니고 그 필름이 계속 존재하는 동안까지만 그렇게 하는 것이다. 이러한 보존의 본질적인 성격은 그 이미지가 정적인 것이라는 사실에 달려 있는 것이 아니며, 편집되지 않은 필름도 본질적으로는 동일한 방식으로 서둘러 보존된다. 카메라는 그렇게 하지 않으면 불가피하게 계속해서 어떤 외관에 다른 모습이 덧붙여지게 되는 것으로부터 한 벌의 외관들을 따로 떼어 놓는 것이다. 카메라는 그것들이 변하지 않도록 붙잡고 있는 것이다. 그리고 카메라가 발명되기 이전에는 마음속에 존재하는 눈인 회상하는 능력을 제외하면, 그 어떤 것도 이 일을 해낼 수가 없었던 것이다.

나는 회상이 일종의 필름이라고 말하려는 것이 아니다. 그것은 너무도 빤한 비유이다. 필름과 회상 능력이라는 것의 비교에서 우리는 후자에 대해서는 아무것도 알아내지 못한다. 우리가 알아내게 되는 것은 사진 촬영의 과정이라는 것이 얼마나 기괴하며 신기한 것인가 하는 점인 것이다.

하지만 회상과는 달리 사진들은 그 자체로서는 의미를 보존하지 못한다. 그것들은 그것들이 가지고 있는 의미에서 억지로 비틀어 떼어내 버린 외관——우리는 보통 모든 신빙성과 비중을 외관에 더해 주게 된다——을 제공한다. 의미라는 것은 이해하는 기능을 통해 얻어지는 결과인 것이다. "그리고 기능을 하는 것은 시간 속에서 일어나는 것이며, 시간 속에서 설명되어야만 하는 것이다. 이야기를 하고 있는 사진들만이 우리로 하여금 이해할 수 있도록 한다." 사진들은 그것들 자체로서는 이야기를 하지 않는다. 사진들은 순간의 모습만을 보존하고 있는 것이므로. 이제는 습관이 우리가 그렇게 보존되어 있는 것과 관련하여 충격을 받는 것으로부터 우리를 보호해 준다. 필름의 노출 시간과 그것이 인화되었을 때 지니게 되는 생명력을 비교해 보고, 그 인화된 사진이 단지 10년 동안만 계속 존재한다고 가정해 보면, 오늘날 보통의 사진들이 갖게 되는 그 비율은 대략 2백억 대 1이 될 것이다. 어쩌면 그것은 카메라에 의해 외관이 그 기능으로부터 분리되는 분열의 폭력성을 일깨워 주는 것으로서 작용하게 될 수도 있다.

이제 우리는 아주 별개인 사진의 두 가지 사용 방식들간의 차이를 구분해내야만 한다. 사적인 경험에 속한 사진들과, 공적으로 사용되는 사진들이 존재한다. 사적인 사진들——어머니의 인물 사진, 딸아이의 사진, 자기 팀의 단체 사진 등과 같은——은 그것으로부터 카메라가 제거해 버린 것과 연속적인 관계에 있는 맥락에서 감상되고 읽혀진다. (그러한 제거라는 폭력성은 때로 "그것이 실제로 아빠였을까?"처럼 미심쩍음이라는 형태로 느껴지게 된다.) 그럼에도 불구하고 그러한 사진은 그것과는 별개의 것이 되어 버린 의미가 둘러싸고 있는 채로 남아 있게 된다. 카메라라는 기계적 장치는 생생한 기억을 간직하는 데 기여하는 도구로 사용되어 왔다. 사진은 살아온 삶을 기억하게 해주는 기념물인 것이다.

현대의 공적 목적을 가지고 있는 사진은 대개 우리들, 그것을 읽어내는 사람들, 또는 그 사건이 원래 가지고 있던 의미와는 아무런 관계가 없는 어떤 사건, 포착된 한 벌의 모습들을 제시하게 된다. 그것

아버지와 아들, ⓒ리샤르 아피냐네시

욤키푸르 전쟁에서의 시리아군 포로들, ©존 힐렐슨 에이전시, 시몬피에트리

은 정보를 제공하지만, 그것은 실제로 경험했던 모든 것과는 별개의
것이 되어 버린 정보인 것이다. 만약 공적 목적의 사진이 기억을 되
살리는 데 기여한다면 그것은 불가지(不可知)의, 그리고 전적으로 낯
선 기억에 대한 기여인 것이다. 그 폭력성은 그러한 낯설음 속에 표
현되고 있다. 그것은 이러한 낯선 존재가 보라고 외쳐 온 한순간의
광경을 기록하고 있는 것이다.

　이 낯선 존재란 누구인가? 우리는 그것이 사진촬영자라고 대답할
수도 있을 것이다. 하지만 만약 우리가 사진이라는 영상의 전체적인
사용 체계에 대해 생각을 해본다면, '사진촬영자'라는 그 대답은 적

절치 못하다는 것이 분명해진다. 우리는 또한 그 사진들을 사용하는 사람들이라고 대답할 수도 없다. 까닭은 그 사진들이 어느 용도에나 이용될 수 있는, 그 자체로서는 어떤 의미도 가지고 있지 못하는 것이기 때문이며, 그것들은 생판 모르는 사람이 가지고 있는 기억의 영상과 같은 것이기 때문이다.

도미에가 그린 〈나다〉라는 유명한 만화에서 기구를 타고 있는 나다가 한 가지 대답을 제시해 준다. 나다는 기구를 타고 파리의 상공을 여행하면서 —— 바람이 그가 쓰고 있는 모자를 날려 버렸다 —— 자신의 카메라로 아래에 보이는 도시와 그 도시에 살고 있는 사람들의 모습을 촬영한다.

카메라가 신의 눈을 대신해 온 것일까? 종교의 쇠퇴는 사진의 발흥과 일치한다. 자본주의 문화는 신을 사진 속에 끼워넣어 왔던 것일까? 이러한 변신은 처음에 그래 보였던 것만큼 놀라운 것은 되지 못한다.

기억이라는 기능은 어디서나 인간으로 하여금 마치 그들 자신들이 어떤 사건들이 망각 속으로 사라지는 것으로부터 보존할 수 있었던 것처럼, 그렇지 않았더라면 목격되지 않았을 사건들을 주목하고 기억하는 눈이 존재하지 않을 수도 있지 않겠느냐고 묻게 만들었다. 그 다음 그들은 그러한 눈을 그들의 조상들이며 귀신들, 신들, 유일신들의 것으로 돌렸다. 이 초자연적인 눈으로 목격된 것은 정의(正義)의 원칙과 불가분의 관계로 얽혀 있었다. 인간의 윤리 속에 존재하는 정의로부터는 탈출이 가능하지만 그 어떤 것도, 혹은 거의 아무것도 감춰질 수 없는 이 한 차원 더 높은 정의(있는 그대로의 모습을 나타내 주는)로부터의 탈출은 불가능하다.

기억이라는 것은 어떤 구원의 행위임을 함축하고 있다. 기억이 되고 있는 것은 존재하지 않음이라는 것으로부터 구제되어 온 것이다. 잊혀지고 있는 것은 버림을 받아 온 것이다. 만약 모든 사건들이 그것이 일어나는 것과 동일한 순간에 초자연적인 눈에 의해 시간을 벗어나 목격된다면, 기억하는 것과 잊혀지는 것 사이의 구분은, 상을 받는다는 것은 기억되는 것에 가까운 것이 되고, 그리고 비난을 받는다는 것은 잊혀지는 것에 가까운 것이 되는 심판하는 행위로, 정의의 판결을 언도하는 것으로 변형되는 것이다. 인간이 시간에 대하여 가지고 있는 길고 고통스러운 경험으로부터 이끌어낸 것인 그러한 예감은 거의 모든 문화와 종교에서, 그리고 아주 분명하게 그리스도교에서 다양한 형태로 나타나게 되는 것을 볼 수 있다.

처음에, 19세기가 계속되는 동안 자본주의 세계의 세속화는 신의 심판을 진보라는 이름으로 역사의 심판이라고 은폐했다. 민주주의와 과학은 그러한 심판의 행위자가 되었다. 그리고 짧은 기간 동안 사진이, 우리가 살펴봐 온 것처럼 이러한 행위자들의 보좌 역할을 한 것으로 여겨졌다. 진리라는 것으로서 사진이 가지고 있는 윤리적 명성은 여전히 이러한 역사적 계기 덕분인 것이다.

20세기의 후반 동안 역사의 심판이라는 것은 혜택을 받지 못한 사람들, 그리고 가지지 못한 사람들을 제외한 모든 사람들로부터 버림을 받아 왔다. 과거에 대해서는 공포심을 가지고 있으며, 미래를 알아차리는 안목을 가지고 있지 못한 산업화되고 '발전된' 세계는, 정의의 원칙을 모든 신빙성에 털어넣어 없애 버린 편의주의 속에서 살고 있는 것이다. 그러한 편의주의는 모든 것 —— 자연, 역사, 고통, 타인들, 재앙, 스포츠, 섹스, 정치 —— 을 구경거리로 바꿔 놓는다. 그리고 이러한 일을 하는 데 사용된 도구는—— 조건지어진 상상만으로도 그러한 행위를 할 수 있게 될 정도로 그 행위가 너무도 습관적인 것이 되어 버릴 때까지 —— 카메라이다.

이제 상황에 대한 우리의 분별력 그 자체는 카메라의 발명에 의해 명료하게 표현되고 있다. 카메라가 어디에나 존재한다는 사실은 시간이라는 것은 사진을 찍어둘 만한 가치가 있는, 흥미로운 사건들로 이루어져 있다는 것을 설득력 있게 암시하고 있는 것이다. 이것은, 이번에는, 일단 진행중인 것은 그 어떤 사건이건, 그리고 그것이 가지고 있는 도덕적 성격이 어떤 것이건 간에 그 자체로서 완성되도록 내버려둬야만 한다는 것 —— 그렇게 해서 사진이라는, 다른 어떤 것이 이 세상에 나올 수 있도록 —— 을 보다 쉽게 느낄 수 있게 해준다.

사진에 의해 표현된 장면은 직접적인 예상의 영원한 현재를 창조해내게 되며, 기억은 필요한 것, 혹은 매력적인 것이기를 그치게 된다. 기억의 상실과 더불어 의미와 판단의 연속성이라는 것은 우리에게 영향을 주지 못하는 것이 된다. 카메라는 우리에게서 기억이라는 부담을 덜어 주는 것이다. 그것은 마치 신처럼 우리를 꼼꼼하게 살피며, 그리고 그것은 우리를 대신하여 꼼꼼하게 다른 것들을 살펴 주게 된다. 하지만 이제까지 그 어떤 신도 그토록 냉소적인 적은 없었는데, 그 까닭은 카메라는 잊기 위해 기록하는 것이 되기 때문이다.

수전 손택은 역사 속에서 아주 분명하게 이 신의 위치를 찾아낸다. 그 신은 독점자본주의라는 신인 것이다.

자본주의 사회는 이미지에 기초하고 있는 문화를 필요로 한다. 자본주의 사회는 구매를 자극하고, 계급과 인종 그리고 성별의 차이에서 오는 상처를 마비시키기 위해 엄청난 양의 여흥이 공급되어야 할 필요성을 지닌다. 그리고 자본주의 사회는 천연자원을 보다 잘 이용하고, 생산성을 향상시키며, 질서를 유지하고, 전쟁을 일으키고, 관료들에게 일거리를 주기 위해서 무한한 양의 정보를 그러모아야 할 필요성을 지니고 있다. 실재를 주관화하고, 실재를 객관화하는, 카메라의 양대 능력은 이러한 필요성을 이상적으로 충족시키며, 그러한 필요성을 강화시키게 된다. 카메라는 진보된 산업사회의 작동에 본질적인 두 가지 방식으로 실재를 규정하는데, 하나는 구경거리(대중을 위해)로서, 하나는 감시의 대상(지배자들을 위해)으로서이다. 이미지의 생산은 또한 지배 이념을 공급해 주기도 한다. 사회적 변화는 이미지에 있어서의 변화로 대체된다.

오늘날 사진의 이용 방식에 대한 그녀의 이론은, 우리에게 사진이 다른 기능을 충족시켜 줄 수 있을 것인지 어떤지에 관해 묻도록 유도한다. 즉 기존의 인습적인 방식과는 다른 사진의 실제적인 이용 방식이 존재하는가라는 물음이 그것이다. 이 물음은 그것에 대한 선입견적 지식 없이 함부로 대답되지 말아야 하는 것이다. 오늘날에는 인습적인 방식과는 다른 전문적인 실제적 이용(만약 우리가 사진작가라는 전문직을 생각해낼 수 있다면)이 가능하다. 이 체제는 그 어떤 사진이건 수용할 수가 있다. 하지만 대안이 되는 미래에 대해 다루도록 되어 있는 실제적 이용 방식에 따라서 사진을 이용하기 시작하는 것이 어울리는 게 될 수가 있다. 이 미래라는 것은, 만약 우리가 자본주의 사회와 문화에 대항하여 투쟁·저항을 계속할 수 있기 위해서 현재 우리가 필요로 하는 희망인 것이다.

사진은 포스터·신문·선전용 소책자 등과 같은 것들에 있어서 하나의 과격한 무기로써 이용되어 온 경우가 흔했다. 나는 그러한 여론의 환기를 위한 간행물들이 갖고 있는 가치를 깎아내리려는 것이 아니다. 하지만 현재 사진의 조직적인 공공 목적에 대한 이용은, 단순히 대포처럼 빙그르르 돌려 다른 목표물을 조준하는 것에 의해서가 아니라, 그것의 실제적인 이용 방식을 변화시키는 것에 의해 도전을 받아야 할 필요가 있다. 어떤 방법으로 그렇게 할 것인가?

우리는 내가 사진의 사적인 용도와 공적인 용도 사이에 대해 구분했던 것으로 되돌아가야 할 필요가 있다. 사진의 사적 이용에 있어서는 계속되는 연속성 속에서 그 사진이 살아남아 있을 수 있도록 기록된 순간이 가지고 있는 맥락이 보존된다. (만약 당신이 피터라는 사람의 사진을 벽에 걸어 놓고 있다면, 당신은 피터가 당신에게 어떤 의미를 가지고 있는 사람인지를 잊지 않게 될 것이다.) 대조적으로 공적인 목적을 가지고 있는 사진은 그것이 가지고 있는 맥락으로부터 떨어져 나와, 정확히 말해 그것은 죽은 것이기 때문에 그 어떤 자의적인 용도에나 이용될 수 있게 되는 죽어 버린 대상물이 되어 버린다.

일찍이 정리되었던 것들 중에서 가장 유명한 사진 관련 볼거리는 〈인간 가족〉(1955년 에드워드 스타이컨이 기획한)으로, 여기에는 마치 세계 구석구석에서 촬영된 사진들로 전세계적인 가족 사진첩을 만들어내고 있기라도 한 것처럼 각지의 사진들이 소개되고 있다. 그것은 사진의 사적인 이용이 그것들의 공적 이용의 본보기가 될 수 있으리라는 스타이컨의 직관이 절대적으로 정확한 것이었음을 나타내 주는 것이었다. 유감스럽게도 현재 존재하는 계급으로 나뉜 세계를 마치 하나의 가족인 것처럼 다루는 것으로 그가 택한 지름길은 불가피하게, 꼭 개개의 사진들에 대해서 그러한 것은 아니지만, 그 전시 전체를 감상적이고 자기 만족적인 것으로 만들어 놓게 되었다. 실상은 사람들에 대해 촬영한 사진들 대부분이 고통받는 사람들에 관한 것이며, 그 고통의 대부분은 인간에 의해 저질러진 것이기 때문이다.

수전 손택은 다음과 같이 역설하고 있다.

근원적인 공포의 장면들을 보여주고 있는 사진 목록들과의 최초의 조우는 일종의 계시, 원형이 되는 현대적 계시로서 소극적인 직관이 되는 것이다. 나의 경우, 그것은 1945년 7월 산타모니카의 한 서점에서 우연히 마주치게 되었던 베르겐 벨젠과 다하우(독일의 작센 지방 남부와 바바리아에 있었던 히틀러의 유대인 강제노동수용소들로서, 러시아군 포로들의 처형장으로 이용되기도 했다)에 관한 사진들이었다. 사진에서건 실제 생활에서건 그 사진들처럼 날카롭고 깊게, 그것들을 보는 순간 아프게 내 마음속에 파고들었던 것을 이제까지 본 적이 없다. 비록 내가 그것이 무엇에 관한 것인지를 완전히 이해하게 되기까지는 몇 년이란 세월이 지나서였지만, 실로 그것은 내 인생을, 내가 그 사진들을 보기 전(그때 나는 12세였다)과 그것을 보고 난 이후라는 두 부분으로 나누어 놓았다는 것이 그럴듯하게 여겨진다.

사진들은 과거의 유물들이며, 일어났던 일들의 흔적들이다. 만약 살아 있는 사람들이 그 과거를 자신들의 것으로 받아들인다면, 만약 그 과거가 사람들이 자신들 스스로의 이력을 만들어 나가는 과정에서 절대 필요한 부분이 된다면, 그 다음 모든 사진들은 포착된 순간으로서 존재하는 대신에 살아 있는 맥락을 다시 가질 수 있게 되며, 계속해서 시간 속에서 존재하게 될 것이다. 사진술이 아직 사회적으로나 정치적으로 성취되지 않은, 인간의 기억에 대한 예언이 되리라는 것은 아주 가능한 일이다. 그러한 기억은 과거에 대한 이미지가 아무리 비극적인 것이건, 아무리 떳떳치 못한 것이건 그것을 그 자체의 연속성 속에 포함하게 된다. 사진의 사적인 이용 방식과 공적인 이용 방식 사이의 구별은 초월되게 될 것이다. 인간 가족은 존재하게 될 것이다.

한편으로 오늘날 우리는 그래야만 하는 세계에 살고 있다. 하지만 사진에 대한 이러한 가능한 예언은 기존의 방식과는 다른 사진술의 이용이 발전해 나갈 필요가 있는 방향을 지시해 주게 된다. 대안이 되는 사진술이 해내야 하는 과업은 사진술을 그러한 기억을 위축시키게 되는 하나의 대체물로 사용하는 대신에, 사회적이고 정치적인 기억의 일부분이 되도록 통합시키는 것이다.

이 과업은 촬영된 사진의 종류와 그것들의 사용 방식 모두를 결정하게 될 것이다. 물론 거기에는 공식이나 미리 정해진 실행 방안이 존재하지 않는다. 하지만 사진술이 어떤 방식으로 자본주의에 의해

사랑하는 사람들을 찾아서, ⓒ드미트리 발터만스

이용되어 왔는지를 인식하는 데 있어서, 우리는 최소한 대안이 되는 실행 원칙의 일부에 대해서 정의를 내려 볼 수는 있다.

사진작가에게 이것은 그녀 혹은 그 자신을 그밖의 세계에 대한 보고자가 아니라, 촬영된 사건들과 관련된 사람들을 위한 기록자로 생각하게 된다는 것을 의미하고 있는 것이다. 이러한 차이는 중대한 의미를 지니는 것이다.

이러한 사진들을 그토록 비극적이며 평범하지 않은 것으로 만들어 주는 것은, 그것들을 바라보면서 우리는 그것들이 장군들을 기쁘게 하기 위하여, 비전투원인 일반인들의 사기를 진작시키기 위하여,

영웅적인 공을 세운 병사들을 기리기 위하여, 또는 세계의 언론에 충격을 주기 위하여 촬영된 것이 아니라, 그들이 묘사하고 있는 그것으로 인해 고통을 받고 있는 사람들의 것으로 돌려지는 영상들임을 확신하게 된다는 점이다. 그리고 그들의 피사체가 되는 주제에 대하여 이러한 고결함이 주어지면서, 그러한 사진들은 나중 그 전쟁에서 사망한 2천만 명의 러시아인들을 애도하는 사람들에게 하나의 기념물이 되었다(《1941–45년까지의 러시아 전쟁 사진들》을 볼 것. A. J. P. 테일러가 1978년 런던에서 펴낸 텍스트). 전면적인 인민들의 전쟁이 주는 한결같은 공포는 전쟁을 취재한 사진작가들 편에서(그리고 검열관들조차도) 그러한 태도가 자연스러운 것이 되게 하였다. 그러나 사진작가들은 그것보다 덜 극단적인 상황에 있어서도 비슷한 태도로 작업

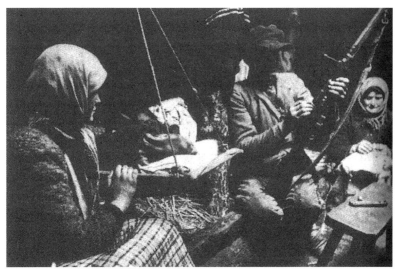

벨로루시 유격대원들, ©미하일 트라크만

을 할 수 있다.

이미 존재하고 있는, 대안이 되는 사진의 용도는 우리를 다시 한 번 기억이라는 현상 및 능력으로 이끌어 간다. 그 목적은 사진에 대한 맥락을 구성하고, 그것을 언어로 구성하며, 그것을 다른 사진으로 구성하고, 그것을 그것 대신에 지속되는 사진이나 이미지라는 텍스트로 구성하기 위한 것임이 분명하다. 일반적으로 사진들은 아주 단선적인 방식으로 이용되는데, 그것들은 하나의 주장을 입증하거나 또는 하나의 생각을 증명하기 위해 사용되며 이렇게 진행된다.

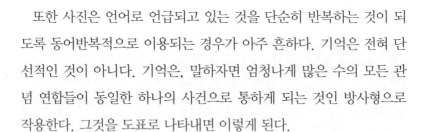

또한 사진은 언어로 언급되고 있는 것을 단순히 반복하는 것이 되도록 동어반복적으로 이용되는 경우가 아주 흔하다. 기억은 전혀 단선적인 것이 아니다. 기억은, 말하자면 엄청나게 많은 수의 모든 관념 연합들이 동일한 하나의 사건으로 통하게 되는 것인 방사형으로 작용한다. 그것을 도표로 나타내면 이렇게 된다.

만약 우리가 어떤 사진을 경험, 사회적 경험, 사회적 기억이라는 맥락 속에 다시 집어넣고자 한다면, 우리는 그 기억의 법칙을 존중해야

야전병원, ⓒ미하일 트라크만

만 한다. 우리는 인화된 사진을 그것의 과거와 현재에 대하여 놀랍도록 결정적인 어떤 것을 얻을 수 있는 상황에 놓이도록 해야만 한다.

브레히트가 자신의 시편들 가운데 한 편을 통해 연기에 관하여 피력한 것은 그러한 것을 실행에 옮기는 데 적용해 볼 수 있는 것이다. 순간에 대해서 우리는 사진을 읽어낼 수 있고, 연기에 대해서는 맥락을 재창조해낼 수 있는 것이다.

그런 까닭에 당신은 그저 그 순간을 두드러져 보이도록 만들어야만 하리라,

감추는 과정의 밖에서

당신이 그것이 두드러져 보이도록 만들고 있는 것의.

당신의 연기에 주도록 하라

잇달아 일어나는 진보를,

당신이 연기해 온 것을 발전시키려는 태도를. 그렇게 해서

당신은 사건의 흐름을, 그리고 또한 진로를 보여줄 수 있으리라

당신의 작품이 가지고 있는, 관객이

이 현재를 여러 수준에서 경험할 수 있게 하면서, 이전으로부터 유래

하고

나중과 합쳐지면서, 또한 그밖의 엄청나게 많은 현재를 가지고 있는

그것과 나란히. 그 관객이 앉아 있는 것은 단지

당신이 연기하는 극장만이 아니라 또한

이 세상 속이기도 하니까.

그것들 스스로의 힘으로 이러한 것을 실제로 성취해내는 위대한 몇몇 사진들이 존재한다. 하지만 그 어떤 사진이라도, 만약 그것을 위하여 적절한 맥락이 창조된다면 그러한 '현재'가 될 수도 있다. 일반적으로 사진이 좋으면 좋을수록 창조될 수 있는 그 맥락은 보다 더 완전한 것이 된다.

그러한 맥락은 시간 속에서 그 사진을 대신하게 되는데 ―― 그것은 불가능한 것인 그것 자체의 원래 시간이 아닌 ―― 서술되는 시간 속에서이다. 서술된 시간은 그것이 사회적 기억과 사회적 행위의 성격을 띠게 되면 역사적 시간이 된다. 짜맞추어진 서술되는 시간은 그것이 자극하고자 하는 기억의 과정을 존중해야 할 필요가 있다.

야생화, 로드첸코

기억되는 어떤 것에 대하여 유일무이한 단 한 가지의 접근 방식만이 존재하는 것은 결코 아니다. 기억되는 것은 노선의 한쪽 끝에 있는 종점과 같은 것이 아니다. 수없이 많은 접근 방식들과 자극들이 그것을 향하여 모여들거나 그것에 이르게 된다. 이야기들, 비교들, 기호들이 거의 동등한 방식으로 인화된 사진들을 위한 맥락을 창조해내는 데 필요한데, 다시 말하자면 그것들은 다양한 접근 방식들을 구분하고 그럴 수 있는 길을 열어 놓아야만 한다는 것이다. 사진이 동시에 개인적·정치적·경제적·극적·일상적, 그리고 역사적인 측면에서 보여질 수 있도록 사진을 둘러싼 방사 체계가 구성되어야만 하는 것이다. (1978년)

제3부

체험된 순간들

사랑의 대상이 되는 사람은,

그 사람 스스로의 행위들과 자기 본위의 측면이

점차 사라지고 났을 때에도 지속되는 존재이다.

사랑은 그러한 행위가 있기 이전의 어떤 사람과,

그러한 행위가 있고 난 이후의

마찬가지인 그 사람을 알아보는 것이다.

그것은 미덕으로 바꾸어 놓을 수 없는 가치를 이 사람에게 부여하는 것이다.

1
프리미티브와 전문 화가

미술사적으로 프리미티브(primitive)라는 말은, 중세와 근대의 르네상스 전통 사이의 경계선에 자리잡고 있는 미술(라파엘로 이전의)을 지칭하는 것으로, 식민지(아프리카, 카리브 해 지역, 남태평양)에서 탈취한 전승 기념물과 '골동품들'을 제국의 대도시들로 가져왔을 때 그것들을 가리키는 것으로, 그리고 마지막으로는 전문적인 화가가 됨으로써 자신들이 속한 계급을 벗어나는 일이 없었던 노동 계급 출신──무산 계급, 소농, 소시민 계급──인 남자들 또는 여자들이 제작해낸 미술작품을 그것이 속한 지위에 놓기 위한 것과 같은, 세 가지의 각기 다른 방식으로 사용되어 왔다. 유럽 지역 지배 계급의 자신감이 최고조에 달해 있었던 때인 19세기에 생겨난 이 낱말의 세 가지 사용 방식 모두에 따르면, 마찬가지의 그 '문명화된' 지배 계급을 섬기는, 유럽적 전통의 주류에 속해 있는 세속 미술의 우월성은 확실하게 보장되는 것이었다.

대부분의 전문적인 화가들은 그들의 훈련을 어려서부터 시작했던 사람들이었다. 세번째 범주에 속해 있는 대부분의 프리미티브 화가들은 중년, 또는 노년에 들어서 그림을 그리거나 조각을 하게 된 사람들이다. 그들의 미술작품은 대개 상당히 개인적인 경험으로부터 파생된 것이며, 실제로 그들의 작품은 흔히 그러한 경험의 심오함, 또는 강렬함의 결과로서 자극을 받아 생겨난 것이다. 하지만 예술적으로 그들의 미술작품은 소박한 것으로, 즉 서투른 것으로 여겨진다. 우리가 이해해야 할 필요가 있는 것은 이러한 모순된 점이 가지고 있는 중요성이다. 그러한 중요성이라는 것은 실제로 존재하는가, 그리고 만약 존재한다면 그것은 무엇을 의미하는 것일까? 일종의 노련함에 해당하는 것이 된 프리미티브 화가의 헌신, 그의 인내, 그의 몰두에 대해서 논의하는 것만으로는 이 질문에 완전하게 대답하는 것이 되지는 못한다.

프리미티브 화가들은 비전문가들로 규정된다. 장인의 우두머리와는 종류가 다른 것인 전문 화가라는 범주는 17세기가 될 때까지 분명하게 구분되지 않고 있었다. (그리고 일부 지역에서는, 특히 동유럽 지역에서는 19세기까지도 그러했다.) 예술과 기술 사이의 구분은 처음에는 해내기가 힘든 것이지만 굉장한 중요성을 지니는 것이다. 숙련된 장인은 그의 공작물을 판단하는 기준들이 각기 다른 계급의 사람들에 의해 공유될 정도로 오래도록 살아남는다. 예술가라는 것은 그러한 장인이 자신이 속한 계급을 떠나, 다른 판단 기준을 가지고 있는 지배 계급으로 '이주할' 필요가 있게 될 때 생겨나게 된다.

지배하고 있는, 또는 지배를 열망하고 있는 계급에 대한 전문 화가의 관계는 복잡하고 다양한 것이었으며, 단순화시키지 말아야 하는 그러한 것이다. 하지만 그의 훈련은——그리고 그를 예술가로 만든 것은 바로 그러한 훈련이었다——한 벌의 양식화된 기술을 가르치게 되었다. 말하자면 그는 한 벌의 관례들을 사용하는 데 익숙해지게 되었던 것이다. 구성·소묘·원근·명암 대조·해부도·자세·상징 등에 대한 관례들이 그것이다. 그리고 이러한 관례들은 그가 섬기고 있는 계급의 사회적 경험 —— 혹은 최소한 사회적 습관 —— 에 너무도 근접하게 해당되는 것이어서, 그것들은 관례로 여겨지기는커녕 영원불멸의 진리를 기록하고 보존하는 유일한 방법으로 생각될 정도였던 것이다. 하지만 다른 사회적 계급들에게 그러한 전문적인 화가들의 그림은 자신들의 경험과는 너무도 동떨어진 것으로 여겨져, 그들은 그것을 그들을 지배하고 있는 계급의 단순한 사회적 관례나 단순한 치장 거리로 여겼던 것이며, 그것이 바로 폭동이 일어나게 되었을 때 그림이나 조각품이 흔히 파괴되는 이유이기도 한 것이다.

19세기 동안 어떤 화가들은 의식적으로 사회적 혹은 정치적 이유로, 그림이 다른 계급들의 경험을 표현하는 것이 될 수 있도록 그림의 예술적 전통을 확대시키려 노력했다(예를 들면 밀레·쿠르베·반 고흐). 그들의 개인적인 투쟁, 그들의 실패, 그리고 그들이 마주치게 되었던 역경과 같은 것들은 그러한 일이 얼마나 거대한 것인지를 나타내 주는 척도가 되는 것이었다. 어쩌면 평범한 한 가지 예가 그것과 관련된 어려움의 범위가 어느 정도인지를 생각해 볼 수 있게 해줄 수도 있을 것이다. 〈작업〉이라는 제목으로 맨체스터 미술관에 소장되어 있는 포드 매독스 브라운의 유명한 그림에 대하여 생각해 보기로 하자. 그림은 한 무리의 인부들이 행인들이 지나다니고 구경꾼들이 늘어서 있는 가운데 보도에서 작업을 하고 있는 모습을 보여주고 있다. 화가가 이 그림을 완성시키는 데는 10년이란 세월이 걸렸으며, 예의 그림은 어떤 한 기준에서 보면 극도로 정밀한 것이다. 하지만 그것은 종교적인 장면을 나타내고 있는 것처럼 보인다 —— 십자가 세우기, 그렇지 않으면 사도들의 외침이라 할까. (우리는 그리스도의 모습을 찾아보게 된다.) 혹자는 이것은 화가가 그의 주제에 대하여 가지고 있는 태도가 양면적 가치를 지닌 것이기 때문이라고 주장할 수도 있다. 나는 그가 그토록 조심스럽게 사용하고 있는 모든 시각적 수단의 눈이 그 그림의 주요 제재로서의 근육노동을 신화적, 혹은 상징적 방식을 제외한 그 어떤 것으로든 묘사할 수 있는 가능성을 미리 배제시켜 버린 것이라고 주장할 것이다.

그림에는 열려져 있는 그러한 경험의 영역을 확장하려 들었던 사람들에 의해 야기된 위기는 —— 그리고 19세기말까지 이것에는 또한 인상파 화가들도 포함된다 —— 20세기에 들어서도 계속되었다. 하지만 그것의 조건들은 뒤바뀌게 되었다. 전통이라는 것이 실제로 해체되어 버린 것이다. 하지만 무의식이란 개념의 도입을 제외한다면, 대부분의 유럽 지역 화가들이 그려냈던 경험의 영역은 놀라울 정도로 변화되지 않고 남아 있었다. 결과적으로 이 기간 동안 대부분의 순수미술은 다양한 종류의 고립에 대한 경험, 또는 그림 그 자체에 대한 한정된 경험의 둘 중 한 가지를 다루는 것이었다. 후자는 그림에 대한 그림, 즉 추상미술을 생겨나게 했다.

어째서 전통의 해체에 의해 얻을 수 있는 잠재적인 자유가 이용되지 않고 있었는지에 대한 이유들 가운데 하나는, 아직까지도 화가들이 훈련하고 있는 방식과 관련이 있는 것일 수도 있다. 대학이나 미술학교에서 그들이 맨 처음 배우는 것은 해체되고 있었던 바로 그 관례들이었던 것이다. 이러한 이유는 가르칠 수 있는 다른 전문적인 지식 체계가 존재하지 않았기 때문이다. 그리고 이 점은 여전히 어느 정도까지는 현재에도 그러하다. 다른 전문적 지식 체계가 전혀 존재하지 않는 것이다.

최근 들어 그 스스로 승리를 얻었다고 믿을 근거를 갖게 된 기업자본주의는 추상미술을 받아들이기 시작했다. 그리고 그러한 채택은 쉬운 것임이 증명되고 있다. 심미적 힘을 나타내 주는 도표는 경제적 힘의 상징으로 되어가는 것에 기여한다. 그렇게 하는 과정에서 거의 모든 체험된 경험은 이미지로부터 제거된다. 이처럼 추상미술의 극단은, 하나의 결론으로서 전문적인 미술이 원래부터 가지고 있던 문제가 되는 부분들, 즉 실제로는 선택적이며 아주 축소된 경험의 영역에 관심을 가지고 있으면서, 그럼에도 불구하고 보편적이라고 주장하는 점을 증명해 보인다.

전통적인 미술에 대한 이러한 개관과 같은 것은(그런데 이러한 개관은 물론 단지 부분적인 것일 뿐으로서 다른 계제에 언급해야 할 다른 문제들이 존재한다), 프리미티브 미술에 대한 그러한 질문들에 대해 우리가 대답을 하는 것에 도움을 줄 수도 있다.

최초의 프리미티브 화가들은 19세기 후반에 등장했다. 그들이 나타난 것은 예술로서의 미술이 처음으로 그것 자체가 가지고 있는 관습적 목표에 대하여 의문을 제기하고 난 이후였다. 유명한 낙선작품 전람회는 1863년에 열렸다. 물론 이 전람회가 그들이 등장하게 된 이유는 아니었다. 그들의 등장을 가능하게 만드는 데 도움이 되었던 것은 대학교의 기초 교육(종이와 연필·잉크를 사용하는), 대중적인 언론의 확산, 철도의 발달에 기인하여 지리적으로 새롭게 생겨난 기동성, 보다 분명해진 계급 의식의 자극 등이었다. 또한 어쩌면 관습과 전통에 얽매이지 않고 자유분방한 작품 활동을 했던 전문 화가가 보여준 본보기가 그 영향을 끼쳐 왔을 수도 있다. 이 자유분방한 화가는 일반적인 계급 구분을 무시하는 방식으로 사는 쪽을 택했으며, 그의 작품은 그렇지 않을지라도 그의 생활 양식은 미술이란 어느 계급에서건 산출될 수 있음을 암시하는 경향을 가지고 있었던 것이다.

최초의 그러한 화가들 가운데는 두아니에 루소(1844-1910)와 파크퇴르 슈발(1836-1924)이 있었다. 그들의 작품이 마침내 세상에 알려지게 되었을 때, 이 사람들은 그럼에도 불구하고 그들이 가지고 있는 직업 —— 세관원 루소('두아니에(douanier)'는 세관원이라는 뜻, 원이름은 앙리 루소), 우편배달부 슈발('파크퇴르(facteur)'는 우편배달부라는 뜻, 원이름은 페르디낭 슈발)처럼 —— 이 이름 앞에 붙여져 불렸다. 이는 —— 또한 일요 화가(가끔 주말에나 그림을 그리는 화가)라는 용어가 나타내 주고 있는 것처럼 —— 그들의 '그림'이 별난 것임을 분명히 나타내 주고 있는 것이다. 그들은 문화적으로는 '유쾌한 한량들' 정도의 취급을 받았는데, 그것은 그들이 어떤 계급 출신인가 하는 점 때문이 아니라, 그들이 모든 예술적 표현은 전통적으로 계급적 변형을 거쳐야만 한다는 사실에 대해 그것을 인정하기를 거부했거나, 아니면 그러한 점에 대해 무지했기 때문이었던 것이다. 이렇게 그들은 아마추어와는 상당히 구분이 되고 있었는데, 그들 전부는 아니며 대부분은 교양 있는 계급 출신이지만, 아마추어들은 정의에 의하면 전문 화가들이 보여주고 있는 본보기를 보다 덜 엄격하게 추종하고 있었다.

프리미티브 화가는 그 누구의 영향도 받지 않고 단독으로 생겨나, 그 어떤 관례도 물려받지 않는다. 이러한 점 때문에 프리미티브라는 용어는 우선 당연한 것으로 여겨질 수도 있는 것이다. 프리미티브 화가는 전통적으로 그림과 관련된 문법이라 할 수 있는 원리를 이용하지 않으며, 따라서 그의 작품은 비문법적인 것이다. 그는 관례와 함께 발달해 온 전문적 기교를 배워 오지 않았으며, 따라서 그의 작품은 서투른 것이다. 그가 스스로 그림과 관련된 문제점에 대한 해결책을 찾아내게 되면, 그는 그것을 여러 차례 이용하는 경우가 흔하며, 따라서 그의 작품은 소박하게 되는 것이다. 하지만 그렇다면 우리는 다음과 같이 물어야만 한다. 왜 그는 전통을 따르기를 거부하는가? 그리고 그에 대한 대답은, 단지 부분적인 것이긴 하지만 그가 그러한 전통과는 아주 무관하게 출생했다는 것이다. 그 자신이 처해 있는 사회적 맥락 속에서, 그림과 조각을 시작하는 데 필요한 노력은 거기에 박물관을 찾아보는 것이 충분히 포함될 정도로 대단한 것이다. 하지만 적어도 처음에는, 그러한 노력에 박물관을 찾아본다는 것이 결코 포함되지 않는다. 왜 그런 것일까? 그 까닭은 그는 이미 그로 하여금 작품을 만들도록 강요하고 있는, 자신이 살아오면서 스스로 경험한 것이 그러한 전통 속에서 차지할 수 있는 자리를 가지고 있지 못하다는 것을 알고 있기 때문이다. 어떻게 그는 박물관을 찾아본 적도 없이 그러한 점을 알 수 있는 것인가? 그가 그 점에 대해 알고 있게 된 것은, 그의 경험이라는 것 전체가 자신이 속한 사회에서 권력의 행사로부터는 배제되고 있으며, 그는 현재 자신이 느끼고 있는 충동으로부터 미술 또한 일종의 권력을 가지고 있다는 것을 깨닫게 되기 때문이다. 프리미티브 화가들의 의지는 자신들 스스로의 경험에 대한 믿음에서, 그리고 자신들의 눈으로 알 수 있게 된 사회에 대한 깊은 회의에서 생겨나는 것이다. 이러한 점은 그랜드마 모세처럼 상냥한 화가의 경우에서조차도 사실인 것이다.

나는 이제 내가 왜 프리미티브 화가의 그림이 지니고 있는 이러한 '서투름'이, 그것이 보여주는 감동시키는 힘의 전제 조건이 되는지에 대해 보다 분명하게 밝힐 수 있게 되었기를 바란다. 그것이 말해 주고 있는 것은 이미 굳어져 있는 그 어떤 기교로도 결코 표현해 낼 수 없는 그러한 것이다. 왜냐하면 그것이 말해 주고 있는 것은, 문화적인 계급 체계에 따르자면 결코 어떤 것을 표현해내고자 했던 것이 아니니까 말이다. (1976년)

2
밀레와 소농 계급의 농부들

장 프랑수아 밀레는 1875년에 세상을 떠났다. 그가 세상을 떠나고 난 후 최근까지, 특히 〈만종〉 〈씨 뿌리는 사람〉 〈이삭줍기〉 등과 같은, 그가 그린 그림 여러 점은 그림으로 표현된 이미지들 중 전세계적으로 가장 널리 알려진 것들이다. 오늘날에조차도 나는 프랑스에서 판화나 카드·장식, 또는 접시 등을 통해 이 세 가지 그림 모두에 대해 알고 있지 못한 농부 가족이 존재할 것인지 어떤지에 대해 의심스럽게 생각한다. 〈씨 뿌리는 사람〉은 미국의 한 은행 상표가 되기도 했고, 베이징과 쿠바 혁명의 표상이 되기도 했다.

밀레의 대중적 인기가 확산되어 가면서, 그의 '비평적' 명성은 떨어지게 되었다. 하지만 원래 그의 작품은 쇠라와 피사로·세잔·반고흐에 의해 찬탄을 받아 왔다. 오늘날 비평가들은 밀레가 그의 사후에 스스로의 인기에 의한 피해자가 되고 있다고들 말한다. 밀레의 그림에 의해 제기되는 물음들은 이러한 점이 암시하는 것보다 훨씬 더 그 영향이 멀리까지 미치는 것이며, 보다 마음을 동요시키는 것이 되고 있다. 문화라는 전통 전체에 의문의 여지가 있게 된 것이다.

1862년 밀레는 〈까마귀가 있는 겨울 풍경〉을 그렸다. 그것은 단지 하늘, 멀리 보이는 키 작은 덤불숲, 나무로 만들어진 쟁기와 써레가 놓여 있는, 사람 하나 보이지 않는 생기 없는 대지인 너른 들판만을 보여주고 있을 따름이다. 까마귀들은 겨우내 그러기 마련이듯이, 기다리고 있는 동시에 먹이를 찾느라고 밭고랑을 샅샅이 뒤지고 있다. 더할나위없이 있는 그대로의 단순성을 보여주고 있는 그림이다. 11월에 들어선 들판의 초상화라고는 할 수 있을지언정 풍경화라고는 거의 할 수 없는 그러한 것이다. 들판의 평면성은 모든 것을 빼앗는다. 그 들판의 토양을 경작한다는 것은 수직으로 자라나는 것들을 북돋우기 위한 끊임없는 투쟁이다. 그 그림은 이러한 투쟁은 등이 휠 정도로 몹시 힘든 것이라는 점을 암시한다.

밀레의 작품이 가지고 있는 이미지들이 그토록 광범위하게 복제되어 온 것은 그것들이 독특하기 때문이었다. 그 어떤 유럽의 화가도 시골에서의 노동을 자기 그림의 중심적인 주제로 다루어 오지 않았던 것이다. 그가 일생에 걸쳐 해낸 작업은 낡은 전통에 새로운 주제를 도입하는, 즉 하나의 언어로 하여금 그것이 무시해 왔던 것을 말하도록 강요하는 것이었다. 그 언어는 유화라는 언어이며, 그 주제는 독자적인 주체로서의 소농 계급의 농부였던 것이다.

혹자는 브뢰헬이나 쿠르베를 예로 들어 이러한 주장에 대하여 이의를 제기하고자 할 수도 있다. 브뢰헬에게 있어서 인류라는 대중의 큰 부분을 농부들이 차지하고 있다. 브뢰헬의 주제는 전체로서의 소농 계급이 단지 한 부분인 민중이고, 이제까지 그 어떤 사람도 영구히 고독한 개체성을 지니도록 운명지어져 오지 않았으며, 모든 사람은 최후 심판의 날이 닥치기 전까지는 동등하고, 사회적 신분이라는 것은 부차적인 것이 된다.

쿠르베는 1850년 작품인 〈돌 깨는 사람들〉을 밀레의 영향을 받아 (밀레가 미술전람회에서 최초로 거둔 '성공'은 1848년에 출품되었던 〈곡식을 키질하는 사람〉이었다) 그렸던 것일 수도 있다. 하지만 본질적으로 쿠르베의 상상력은 육감적인 것이었으며, 그러한 주제보다는 감각적 경험의 근원이 되는 것들에 관심을 가지고 있었다. 소농 계급의 농부 집안에서 태어난 화가로서 쿠르베가 성취해낸 업적은, 도회지의 유산 계급 관습과는 다른 관습에 의해 나타나게 되었던 감각에 따라 이해된 것인 새로운 종류의 실재성을 회화에 도입했다는 점이었다. 어부가 잡아낸 것으로서의 물고기, 사냥꾼이 선택한 것으로서의 사냥개, 익숙한 오솔길이 죽 이어지는 것처럼 늘어서 있는 나무들과 쌓여 있는 눈, 마을의 일상적인 회합으로서의 장례식 같은 것이 그것이다. 회화에서 쿠르베가 가지고 있었던 최대의 약점은 인간의 눈을 그려내는 것이었다. 그가 그린 많은 인물화에서, 눈들은(눈꺼풀이나 눈구멍과는 별개의 것으로서) 거의 서로 뒤바꿔 놓을 수 있는 것들이다. 그는 내부로부터 나오는 그 어떤 통찰도 거부한다. 이것은 주체로서의 소농 계급의 농부가 왜 그의 주제가 될 수 없었는지에 대한 설명이 된다.

밀레의 그림에는 다음과 같은 경험들이 있다. 낫질, 양털깎기, 장작패기, 감자캐기, 밭일구기, 양치기, 거름주기, 가지치기 등이 그것이다. 그러한 작업의 대부분은 계절적으로 일어나게 되는 것이며, 따라서 그것들을 경험하는 것에는 특정한 종류의 날씨에 대한 경험을 포함하게 된다. 〈만종〉(1859)에 나오는 부부의 뒤쪽으로 보이는 하늘은 전형적인 초가을의 고요함을 지니고 있는 것이다. 만약 양치기가 밤에 자신의 양떼와 함께 밖에 나와 있다면, 양털에 앉은 흰 서리는 마치 달빛과도 같을 것이다. 어쩔 수 없이 밀레는 도시에 사는, 그리고 특권을 지닌 사람들에게 말을 걸고 있는 것이기 때문에 그는 농부의 경험이 갖고 있는 가혹함을 강조할 수 있는 순간들—— 흔히 기진맥진해 있는 순간—— 을 묘사하는 쪽을 택했던 것이다. 작업과, 다시 한 번 말하지만 계절이 이러한 기진맥진함의 표현을 결정한다. 괭이를 가지고 있는 남자는 상체를 뒤로 젖히고 하늘을 향해 하늘을 보려고 하지 않으면서 자신의 등을 펴고 있다. 건초를 만드는 일꾼들은 그늘 속에 지친 몸을 누이고 있다. 포도밭 속의 남자는 푸른 잎사귀에 둘러싸인 채 바싹 마른 땅 위에 웅크리고 앉아 있다.

전에는 그림으로 표현되지 아니하였던 경험을 소개하려는 밀레의 야망은 너무도 강한 것이어서 때로 그는 스스로 불가능한 과업을 해내려고 노력할 때가 있을 정도였다. 남편이 파놓은 구덩이에 씨감자를 떨어뜨리고 있는 여성의 모습을 보여주고 있는 장면(〈감자 심는 사람들〉; 감자들은 공중에 떠 있다!)은, 영화로는 가능한 장면일 수도 있지만 그림으로는 거의 나타낼 수 없는 그러한 것이다. 또 어떤 때에는 그의 독창성이 강한 인상을 주는 것이 되기도 한다. 가축떼를 거느리고 있는 목동의 그림은 어둠 속으로 녹아 들어가고 있으며, 그 장면은 마치 커피에 적신 빵이 커피를 빨아들이듯이 황혼을 흡수하고 있다. 대지와 키 작은 숲의 그림은, 담요로 덮여 있는 덩어리들처럼 별빛으로 간신히 식별해낼 수 있다.

우주는 잠들어 있다
그리고 우주의 거대한 귀는
별들이라는
진드기들로 가득한
이제 그 앞발에 놓여 있다——

(마야코프스키)

그러한 경험은 이전에는 결코 그려졌던 적이 없다——밤 풍경을
여전히 마치 낮 동안의 풍경인 것처럼 묘사했던 반 데르 네르에 의해
서조차도 그려지지 않았던 것이다. (밀레가 밤과 어슴푸레한 빛을 표현
하기를 좋아했다는 점에 대해서는 뒤에 다시 논의하기로 한다.)

무엇이 밀레를 자극하여 그러한 새로운 주제를 택하도록 만들었
던 것일까? 그가 노르망디의 소농 집안 출신이며, 젊었을 때 농부 생
활을 했기 때문에 소농 계급의 농부들에 대한 그림을 그렸다고 말
하는 것으로는 충분한 대답이 되지 못한다. 그의 작품에서 볼 수 있
는 '성서에서 나온 듯한' 엄숙함이 그 자신이 가지고 있는 종교적인
믿음의 결과라고 가정하는 것도 마찬가지로 정확한 것이 되지 못한
다. 사실 그는 불가지론자였던 것이다.

그가 33세가 되던 해인 1847년, 그는 〈들판에서의 귀가〉라는 제
목이 붙여진 작은 크기의 그림을 그렸는데, 그 그림은——다소간
프라고나르가 사용했던 것과 같은 기법으로 여겨지는——아름다
운 세 요정이 건초를 실은 수레 위에서 노닐고 있는 장면을 보여준
다. 침실이나 개인의 서재에 어울리는 가볍고 소박한 전원 풍경인 것

이다. 그가 〈곡식을 키질하는 사람〉이라는 긴장된 인물을 거칠게 그려낸 것은 그로부터 1년 뒤의 일로서, 그 인물은 곡식을 까부르는 몸 전체가 내는 힘의 징표로서 마치 흰 놋쇠가루처럼 그의 키에서 피어나는 먼지를 보여주고 있는 헛간의 어두움 속에 있다. 그리고 2년 뒤 〈씨 뿌리는 사람〉은 자신이 쥐고 있는 낟알들을 넓게 흩뿌리면서 언덕의 아래쪽을 향해 성큼성큼 걸어 내려오고 있는데, 이 인물은 삶을 이어가게 할 양식을 상징하는 것으로서, 그가 보여주고 있는 윤곽과 냉혹함은 죽음의 모습을 생각나게 해주는 그러한 것이다. 1847년 이후, 밀레의 그림에서 변화를 일으키도록 영감을 준 것은 1848년의 혁명이었다.

그의 역사관은 그가 그 어느것이건 강력한 정치적 신념을 인정하도록 하기에는 너무도 수동적이고, 너무도 염세적인 것이었다. 하지만 1848년에서 1851년까지의 세월 동안 사람들이 일으키고 열망했던 기대는, 다른 많은 사람들의 경우에 있어서와 마찬가지로 그에게 민주주의가 요구하는 바가 무엇인지를 확실하게 증명해 주는 계기가 되었는데, 그것은 의회와 관련된 의미에서라기보다는 보편적으로 적용될 수 있는 인간의 권리라는 의미에서였다. 이러한 근대적 주장에 수반되는 예술 양식은 사실주의였는데, 그것은 감춰진 사회적 조건을 드러내 보여주는 것이었기 때문에 사실주의였고, 그것이 드러내 보여주는 것을 모두가 인식할 수 있었기(그렇다고 여겨졌기) 때문에 사실주의였던 것이다.

1847년 이후, 밀레는 그의 나머지 27년간의 삶을 프랑스 소농 계급의 삶의 조건을 드러내 보여주는 것에 헌신했다. 인구의 3분의 2가

소농들이었던 것이다. 1789년의 혁명은 소작농들을 봉건적인 노예 상태에서 해방시키게 되었지만, 19세기 중반까지 그들은 자본의 '자유로운 교환'의 희생자가 되고 있었던 것이다. 프랑스의 소농 계급이 저당이나 대부에 대한 연리로 지불했던 액수는 당시 세계에서 가장 부유한 국가였던 영국의 연간 국가 채무 전체에 대해 지불되는 것과 동일한 것이었다. 전람회에 출품된 그림들에 대한 관람객이었던 일반 사람들 대부분은 시골 지역에 존재하는 궁핍함에 대해 무지했으며, 밀레가 의식적으로 노리고 있었던 목표들 가운데 하나는 "그들이 느끼고 있는 만족과 여유 속에서 편안해하고 있는 그들의 마음을 뒤흔들어 놓고자 하는" 것이었다.

그의 주제 선택은 또한 과거에 대한 향수와 관련된 것이었다. 그것은 이중의 의미에서 그러하다. 자신들의 마을을 떠났던 많은 사람들과 마찬가지로, 그도 마을에서 보낸 자신의 어린 시절에 대한 향수를 가지고 있었다. 20여 년 동안, 그는 자신이 태어난 오두막집으로 통하는 길이 보이는 풍경을 그리는 작업을 해왔으며, 그것을 그가 죽기 두 해 전에 끝냈던 것이다. 암녹색의, 함께 꿰매어 놓은 듯한 그림자들은 빛이 충분히 밝은 것만큼이나 충분히 어두우며, 이 풍경은 그가 한때 입고 있었던 의상과도 같다(〈마을의 사촌〉). 거위들과 닭들, 그리고 한 여자가 있는 집 앞에는, 그것을 처음 보았을 때 내게 특이한 인상을 주었던 연하고 부드러운 색조로 그려진 우물이 있다. 그것은 사실주의적으로 그려져 있지만, 그것이 내게는 노파의 오두막에서 이야기가 시작되는 모든 동화의 무대로 여겨졌다. 비록 전에 그것을 본 적은 없지만 내게 그것은 수백 번이나 봤던 것처럼 친숙하게 여

그뤼쉬의 우물, 파스텔화, 장 프랑수아 밀레, 몽펠리에 파브르 미술관

겨졌는데, 그러한 '기억'은 뭐라고 설명할 수 없게 그 그림 자체에 들
어 있었던 것이다. 뒤에 나는 1976년의 전시회에 대한 로버트 L. 허
버트의 훌륭한 목록에서, 이것은 밀레가 태어난 집의 정면에서 보이
는 장면이며, 의식적으로 또는 무의식적으로 밀레는 자신의 어린 시
절 지각 작용과 일치하는 것으로 만들기 위해 그 우물의 비례를 3분
의 2 정도 확대했던 것임을 알게 되었다.

　하지만 밀레의 향수는 개인적인 사안에만 국한된 것은 아니었다.
그것은 그의 역사관에도 속속들이 배어 있다. 그는 온갖 측면에서 나
타나는 진보라는 것에 대해 회의적인 시각을 가지고 있었으며, 그것

을 오히려 인간의 존엄성에 대한 궁극적인 위협으로 여겼던 것이다. 그러나 윌리엄 모리스나 여타의 낭만적 중세 찬양자들과는 달리 그는 그 마을을 감상적인 것으로 그려 놓지는 않았다. 그가 소농 계급의 농부들에 대해 알고 있었던 것의 대부분은, 특히 남자들의 경우에 있어서, 그들이 혹독한 삶을 살아가도록 몰락해 있었다는 점이다. 그리고 그의 전체적인 시각이 아무리 보수적이고 부정적인 것일 수 있었다 할지라도, 내가 보기에 그는 다른 사람들이 거의 예상하지 못했던 두 가지, 즉 도시와 그것을 둘러싸고 있는 근교 지역의 빈곤함, 그리고 소농 계급이 희생을 감수해야 했던 산업화에 의해 생겨난 시장이라는 것이 언젠가는 필연적인 결과로서 모든 역사적 의미의 상실을 수반하게 될 수도 있음을 감지하고 있었던 것으로 여겨진다. 이것이 왜 밀레에게 소농 계급의 농부는 남자가 대표하는 것이 되었는지에 대한 이유이며, 왜 그가 자신의 그림들이 역사적 기능을 가진 것으로 보게 되었는지에 대한 이유가 되는 것이다.

그의 그림에 대한 반응들은 밀레 자신의 느낌만큼이나 복잡한 것이었다. 즉시 그는 사회주의 혁명론자로 불리게 되었다. 좌익에서는 열광하면서 그를 그렇게 불렀다. 중도와 우익에서는 격노한 혐오스러움에서 그렇게 불렀다. 후자 쪽에 속한 사람들은, 여전히 농토에서 일하고 있으며, 또는 땅도 없이 떠돌다가 도시를 향해 밀려드는 5백만의 실제 소농 계급 농부들에 대해 자신들이 우려하고 있지만 감히 말하지 못하는 것들, 즉 그들은 살인자들 같고, 그들은 백치들이며, 그들은 인간이 아닌 짐승들이고, 그들은 타락자들이라는 말을, 그가 그림으로 표현해낸 소농 계급의 농부들에 대해 말할 수 있었던 것이다. 만약 그들이 이러한 것들에 대하여 말했다면, 그들은 밀레가 그러한 인물들을 창조해낸 것을 비난하고 있었던 것이다.

20세기가 막바지로 향하면서 자본주의의 경제적·사회적 안정이 보다 확실한 것이 되었을 때, 그의 그림은 다른 의미를 제공하게 되었다. 교회와 영리단체들에 의해 복제된 그 그림들은 시골 지역에도 퍼지게 되었다. 하나의 계급이 영속하는 예술에 뚜렷하게 묘사된 스스로의 모습을 처음으로 본다는 것에서 느끼게 되는 자부심은 그 예술작품이 흠집이 있는 것이고, 그것이 나타내 주는 진실이 가혹한 것이라 할지라도 큰 기쁨을 주는 것이다. 이 묘사는 그들의 삶에 역사적인 반향을 주고 있는 것이다. 이전에는 치욕스러움에 대한 완강한 거부였던 자부심이 하나의 긍정이 되고 있는 것이다.

한편, 밀레의 진품 그림들은 삶에 있어서 최고의 것들은 단순하고 자유로운 것임을 다시금 믿고 싶어하는 미국의 나이든 백만장자들에 의해 구매되고 있다.

그렇다면 우리는 이 오래된 예술작품에 이렇게 새로운 주제가 등장한 것에 대해 어떤 식으로 판단을 내려야 할 것인가? 밀레가 자신이 물려받은 전통을 얼마나 의식하고 있었는가 하는 점에 대하여 강조해 둘 필요가 있다. 그는 빈번히 동일한 주제로 회귀하면서, 소묘로부터 천천히 작업을 했다. 소농 계급의 농부들을 주제로 택했기 때문에 그의 필생의 노력은 그들에게 존엄성과 영속성을 부여함으로써 그들을 제대로 표현해내는 것이었다. 그리고 이것은 그가 조르조네·미켈란젤로, 17세기의 네덜란드, 푸생·샤르댕의 전통에 합류하는 것을 의미했다.

그의 작품을 연대 순서에 따라 감상하면, 우리는 소농 계급의 농부들이 아주 글자 그대로 그늘 속으로부터 나타나게 되는 것을 보게 된다. 이 그늘이라는 것은 전통적으로 풍속화, 즉 공간과 빛이 존재하는 대로를 따라 여행하는 여행자들이 지나치면서 관대하고 부러워하는 식으로까지 흘끗 바라본 것인 하층민들의 삶의 장면들(선술집, 하인들의 거처)을 위해 따로 남겨진 구석인 것이다. 〈곡식을 키질하는 사람〉은 여전히 풍속화적 구석에 자리잡고 있지만 확대되어 있다. 〈씨 뿌리는 사람〉은 하나의 그림으로서는 이상하게도 완성되지 않은 듯한 것으로서, 자리 하나를 요구하면서 앞으로 성큼성큼 걸어나오는 유령과도 같은 모습의 인물이다. 약 1856년 무렵까지 밀레는—나무 그늘 속에 앉아 있는 양치기 소녀들, 버터를 만들기 위해 우유를 휘젓고 있는 여자, 자신의 작업장에서 일하고 있는 통장이 등과 같은—다른 풍속화들을 그렸었다. 하지만 1853년에 이미 〈일터로 향하기〉에서는, 들판에서 하루 일을 하기 위해 집을 나서는 부부—그들은 마사초의 〈아담과 이브〉를 본보기로 하고 있다—는 전면으로 이동해 있으며, 그 그림에 의해 상정된 세계의 중심이 되고 있다. 그리고 이제부터는 인물들이 포함된 밀레의 모든 주요 작품들에 있어서 이 점은 사실인 것이 된다. 지나치면서 흘끗 본 주변적인 존재로서 이 인물들을 묘사하기는커녕 그는 그들을 중심적이고 불후의 존재로 만들기 위해 최선을 다한다. 그리고 모든 이러한 그림들은—정도의 차이를 보이긴 하지만—실패작이 된다.

그것들이 실패하는 것은 인물들과 그들의 주변 환경 사이에 그 어떤 통일성도 자리를 잡지 못하고 있기 때문이다. 인물들의 불멸성은 그림을 거부한다. 그리고 그림은 인물들이 불멸성을 갖게 되는 것을 거부한다. 그 결과 다른 곳에서 잘라내어 붙인 듯한 인물들은 딱딱하고 과장된 것으로 나타난다. 그러한 순간은 지나칠 정도로 오래 지속된다. 이와는 대조적으로 그것과 동일한 상황을 나타내고 있는 소묘와 동판화에서는 그 동일한 인물들이 생생하게 살아 있으며, 그들의 모든 주위 환경까지 포함하게 되는 것인 그려지는 순간에 속하게 된다. 예를 들면 그림이 그려진 지 10년 후에 제작된 〈일터로 향하기〉의 동판화는 렘브란트의 가장 뛰어난 동판화에 비견될 수 있는 아주 훌륭한 작품이다.

무엇이 화가로서 밀레가 가지고 있는 목표에 도달하는 것을 방해했던 것일까? 두 가지의 의지할 만한 양식화된 대답이 존재한다. 19세기의 대부분 스케치들은 완성된 그림보다 더 나았다는 것이다. 미덥지 못한 미술사적 일반론이다. 그렇지 않다면 밀레는 타고난 화가가 아니었다는 것이다!

나는 그가 들고 나온 주제를 전통적인 유화의 언어가 수용할 수 없기 때문에 실패한 것이라고 여긴다. 우리는 이것을 이념적으로 설명해낼 수 있다. 소농 계급의 농부가 그의 행위들을 통해서 표현해낸 땅에 대한 관심은 경치 좋은 풍경과는 걸맞지 않는 그러한 것이다. (전부는 아닐지라도) 대부분 유럽 지역의 풍경화는, 나중에는 관광객으로 불리게 되는 도시에서 온 방문자에게 말을 거는 것이었으며, 그 풍경은 그가 보는 방식이고, 그것이 가지고 있는 훌륭함은 그가 얻게 되는 보상인 것이다. 그것의 전형은 눈에 보이는 경계표가 되는 사물들의 이름을 붙이는, 그림으로 그려진 그러한 소재 인식 일람표들 중 하나인 것이다. 작업중인 소농 계급의 농부 하나가 갑자기 그 일람표와 풍경 사이에 불쑥 나타나는 광경을 상상해 본다면 사회적·인간적 모순은 분명한 것이 된다.

표현 형식의 역사는 마찬가지의 양립할 수 없는 상황을 드러내 보여준다. 인물과 풍경의 통합을 위한 다양한 도상학적 공식들이 존재한다. 색깔로 나타낸 기호와 같은 원경의 인물들. 풍경화가 배경이 되는 인물화들. '시간이라는 음악에 맞춰 춤추는' 신화적 인물들, 여신들. 자연과 함께 섞어 짜넣어진 신화적 인물들, 여신들 등등. 자연이 그의 열정을 반영하고 증명해 주는 극적인 인물들. 관찰자 자신의 분신으로서 그 장면을 바라보고 있는 방문자, 혹은 고독한 구경꾼. 하지만 대지의 전면 대신에 그 위에서 소농 계급 농부가 해내고 있는 폐쇄적이고, 거칠며, 참을성 있는 노동의 육체적 조건을 표현해내기 위한 공식은 존재하지 않는다. 그리고 그러한 공식 하나를 만들어낸다는 것은 멋진 경치를 묘사해내고 있는 풍경화의 전통적 언어를 파괴해 버리는 것을 의미하게 될 터이다.

사실상 밀레가 세상을 떠나고 겨우 몇 년이 지난 후, 반 고흐가 해내려고 애썼던 것이 바로 이것이다. 밀레는 그가 정신적·예술적 두 가지 모두에 있어서 따르고자 선택한 스승이었다. 그는 밀레가 남긴 판화들을 면밀하게 모사(模寫)한 수십 점의 그림을 그렸다. 이 그림들에서 반 고흐는 노동을 하고 있는 인물과 그의 주위 환경을 자신의 붓자국의 움직임과 그것이 가지고 있는 힘으로 통합시켰다. 그러한 힘은 그 주제에 대하여 그가 해내고 있는 강렬한 감정이입에 의해 방출되는 것이었다.

하지만 그 결과는 그것이 보여주고 있는 '화풍'으로 특징지어지는, 개인적인 시각에 의한 것으로 그 그림을 바꿔 놓게 된다. 증인이 그의 증언보다 더 중요하게 되어 온 것이다. 표현주의, 그리고 나중의 추상적 표현주의와 객관적으로 어떤 것을 가리키는 것으로 여겨지는 언어로서의 그림의 궁극적인 파괴로 이어지는 길이 열리게 되었다. 이처럼 밀레의 실패와 패배는 역사적인 전환점으로 여겨질 수도 있는 것이다. 보편적인 민주주의의 주장은 유화에서는 수용될 수가 없다. 그리고 그 결과로서 나타나게 되는 것인 의미가 겪게 되는 위기는 대부분의 그림이 자서전적인 것이 되도록 강요했다.

소묘나 그래픽 작품에서는 왜 또한 그것이 수용할 수 없는 것이 되지 않는가? 소묘는 시각적인 경험의 기록이다. 한 점의 유화는 그것이 가지고 있는 독특하게 너른 범위의 색조와 질감, 색깔들로 인해 시각적인 것을 재현해내는 것처럼 가장한다. 그 차이는 아주 크다. 유화가 해내는 대가(大家)와도 같은 작업 성과는 시각적인 것의 모든 측면을 모아, 경험적 관찰자의 시각이라는 한 점으로 그것들을 이끌게 된다. 그리고 그것은 그러한 시각이 가시성 그 자체를 구성한다고 우기게 된다. 제한된 표현 수단을 가지고 있는 그래픽 작품의 주장은 보다 온당한 것이어서, 그것은 단지 시각적 경험의 한 측면만을 주장하며, 따라서 상이한 용도에 대해서도 융통성을 보이게 된다.

생애의 말년으로 향하면서 밀레가 파스텔 색조를 점차 더 많이 사용하게 되는 것과, 가시성 그 자체가 문제가 되고 있는 어슴푸레한 빛의 사용을 즐기게 되는 것, 그리고 밤 풍경에 대한 매혹과 같은 것은 직관적으로 특권을 가진 관찰자가 그의 시각에 따라 배열된 세계에 대한 요구에 그가 저항하려 시도했던 것이었을 수도 있음을 암시해 주는 것이다. 그것은 밀레가 공감하는 바와 일치하는 것이 되었을 수도 있었는데, 왜냐하면 유럽 미술의 전통에서 소농 계급의 농부가 주제로 수용될 수 없다는 것은, 저개발국가들과 선진공업국들 사이에 오늘날에도 존재하는 무조건적 대립을 정확히 예시하는 것이 아니었을까 하는 점에서이다. 만약 그렇다면, 밀레가 일생을 통해 그려낸 작품들은 우리의 사회적·문화적 가치들이 가지고 있는 계급 조직이 근본적으로 변화되지 않는다면, 그 어떤 것도 이러한 대립을 해결할 수 있는 방법이 없다는 것을 보여주고 있는 것이 된다. (1976년)

3
세케르 아흐메드와 숲

그 그림의 치수는 세로와 가로가 138×177센티미터이다. 상당히 크다. 그것은 19세기말 무렵 이스탄불에서 그려졌다. 그것을 그린 화가 세케르 아흐메드 파샤(1841-1907)는 한동안 파리에서 작업을 했으며, 거기서 쿠르베와 바르비종파[파리 근교 바르비종에서 그림을 그렸던 19세기의 화가들로 밀레와 코로 등이 이 유파에 속한다]의 영향을 강하게 받게 되고, 그런 다음 터키로 돌아와 사물을 관찰하는 유럽적 눈을 터키의 미술에 도입한 두 사람의 손꼽히는 화가들 중 하나가 되었다. 그 그림은 〈숲속의 나무꾼〉이라는 제목이 붙여져 있다.

내가 그 그림을 보는 순간 그것은 내 관심을 끌기 시작했고, 내 머리에서 떠나지 않았다. 그 이유는 딱히 그것이 내게 내가 알지 못하는 화가의 작품을 소개하는 것이 될 수도 있었기 때문이 아니라 그 자체, 즉 화포 때문이었던 것이다. 그 그림을 보기 위해 몇 차례 베시크타스에 있는 미술관을 다시 찾아가고 난 후의 일이다. 나는 왜 그것이 내 관심을 끌게 되었는지를 보다 확실하게 이해하기 시작했다. 왜 그것이 내 머리에서 떠나지 않았던가 하는 점에 대해서는 나중에야 겨우 이해하게 되었다.

숲속의 나무꾼, 세케르 아흐메드, 베시크타스 미술관

　그 그림을 구성하고 있는 색깔들, 안료의 질감, 색조는 바로 루소·쿠르베·디아즈 드 라 페냐의 작품을 생각나게 해주는 것이다. 힐끗 보는 것의 절반만으로도 당신은 그것을 인상파 이전의 유럽 풍경과 같은 것으로 해석해내게 되며, 숲을 한 번 더 들여다보게 된다. 하지만 거기에는 당신을 멈춰서게 하는 어떤 엄숙함이 존재한다. 그다음 이러한 엄숙함은 독특함인 것으로 밝혀지게 된다. 원경에 대하여, 즉 노새를 데리고 있는 나무꾼과 오른쪽 위의 구석에 해당하는 숲의 원경 가장자리 사이의 관계에 대하여 심오하지만 지각하기 어려울 정도의 미묘함을 가진 기괴한 어떤 것이 존재한다. 당신은 그것이 가장자리의 원경이라는 것을 알지만, 동시에 세번째로 멀리 서 있는 나무(어쩌면 너도밤나무?)는 그 그림 안의 그 어떤 것보다도 더 가까이 있는 것으로 여겨진다는 것을 알게 된다. 그것은 뒤로 멀어지면서 동시에 가까이 다가오기도 하는 것이다.

이렇게 보이게 되는 것에는 몇 가지 이유들이 존재한다. 나는 신비한 사건들을 만들어내려는 것이 아니다. 남자의 크기에 비례하는 너도밤나무 줄기(100 또는 150야드 떨어져 있는 것으로 여겨지는)의 크기가 있다. 너도밤나무의 잎들은 가장 가까이 있는 나무에 달려 있는 잎들만큼이나 크다. 너도밤나무 줄기에 쏟아지고 있는 빛줄기는 그것이 앞으로 다가와 보이도록 만들고 있는 한편, 검게 보이는 다른 두 개의 나무줄기는 모두 앞으로 구부린 채 당신에게서 멀어져 가고 있다. 무엇보다도 중요한 것은 —— 설득력을 가진 모든 그림은 그 자체의 공간 체계를 만들기 때문에 —— 다리의 이쪽에서 시작되어 숲의 가장자리까지 뻗어 있는 것으로 뒤로 물러나고 있는 듯이 보이는 덤불숲의 가장자리가 기괴한 사선(斜線)을 이루고 있다는 점이다. 이 사선과 이 가장자리는 삼차원적 공간으로 '동시에 생겨나는' 것임에도 불구하고 여전히 그림의 표면에 머무르고 있다. 그것은 공간적인 모호성을 만들어낸다. 그것을 잠시 가려 보도록 하라. 그러면 그 너도밤나무가 어느 정도 원경으로 물러나는 것처럼 보이게 될 것이다.

이러한 것들 각각은, 학문적으로 말하자면 하나의 실수인 것이다. 그보다 더한 것은 그것들이 학구적인 정신을 가진 사람이건 그렇지 못한 사람이건 간에, 그 어떤 관찰자에 대해서도 그밖의 모든 그림들이 그것에 따라 그려지게 되는 언어의 논리에 모순된 것으로 비쳐지게 된다는 점이다. 하나의 미술작품에 있어서 그러한 모순은 언제나 인상적인 것은 아니어서, 그것은 설득력의 결여라는 것으로 이어지게 된다. 그 점은 그것이 의도적인 것이 아니었을 경우에 더욱 그러하다. 그리고 세케르 아흐메드의 작품에서 나머지 부분은, 비록 그것이 그가 보기 드물게 정신적으로 계몽된 상태였을 수도 있었음을 암시해 주는 것이라 할지라도, 그가 파리에서 그토록 어렵게 익혀 온 시각적 언어에 대해 일찍이 의식적으로 의문을 제기했던 적이 있었다는 것을 암시해 주는 것은 아니다.

그렇게 해서 나는 두 개의 질문에 직면하게 되었다. 왜 그 그림은 그렇게 설득력을 지녔던 것일까, 혹은 그것이 만약 당신이 원하는 질문이 아니라면, 그것은 무엇에 관해 그토록 설득력을 지니고 있었던 것일까? 그리고 두번째 질문은, 세케르 아흐메드는 어떻게 그가 해냈던 그러한 방식으로 그 그림을 그리게 되었을까? 만약 숲 가장자리와 공터 사이의 원경에 자리잡고 있는 너도밤나무가 그 그림 안에 있는 그 어떤 것보다도 더 가까이 보인다면, 당신은 숲의 원경 가장자리로부터 그 숲을 들여다보고 있는 것이며, 이러한 시점에서는 나무꾼과 그의 노새는 가장 멀리 떨어져 있는 것이 되는 것이다. 하지만 우리는 또한 그가 거대한 나무들에 의해 상대적으로 왜소하게 보이면서, 그의 나뭇단을 공터 건너로 힘들여 나르려 하고 있는 그가 숲속에 있는 것을 보게 된다. 왜 그러한 이중으로 나타나는 모습이 그 그림에 대하여 그토록 정확한 권위를 가지는 것일까?

그것이 가지고 있는 정확함은 실존주의적인 것이다. 그것은 숲에서의 경험과 조화되어 있는 것이다. 숲의 흡인력과 공포는 고래의 뱃

속에 들어가 있는 요나처럼 당신은 그 안에 들어 있는 당신 자신을 보게 된다는 것이다. 비록 그것은 한계를 지니고 있지만, 당신 주위를 둘러싸 포위하고 있다. 이제 숲에 익숙한 사람이라면 누구나 갖고 있게 되는 이러한 경험은, 당신이 자신을 이중으로 나타나는 모습 속에서 보게 되는 것에 달려 있다. 당신은 숲을 지나 당신이 갈 길을 가게 되며, 동시에 당신은 밖에서 보는 것처럼 숲에 삼켜진 당신 자신을 보게 되는 것이다. 이 그림에 그것이 가지고 있는 독특한 권위를 부여하는 것은 나무꾼이라는 인물이 경험하는 바에 대한 묘사의 정확성이다.

밀레에 관해 언급하면서, 나는 그가 직면했던 엄청난 어려움 중 하나가 대지의 전면에서가 아닌, 대지 위에서 작업하고 있는 농부들을 그려내야 하는 것이었다는 점을 주장했었다. 이것은 풍경에 대한 여행자적 시각에 대해 말하기 위해 개발된 것인 풍경화의 언어를 밀레가 물려받았기 때문이었다. 이 문제는 지평선에 의해 요약된다. 여행자/관찰자는 지평선을 향해 바라보게 되는데, 작업을 하고 있는 농부는 땅에 몸을 굽히고 있기 때문에 지평선은 보이지 않거나, 또는 날씨를 생겨나게 하는 하늘의 가장자리를 완전히 둘러싸고 있거나, 둘 중 하나가 된다. 유럽 지역 풍경화의 언어는 그러한 경험을 표현해낼 수 없었다.

같은 해 말, 중국 상하이에서 있었던 농부를 주제로 하는 미술전람회가 런던에서도 열리게 되었다. 옥외에서 작업을 하고 있는 농부들의 모습을 보여주고 있는, 거의 80여 점에 달하는 작품들 가운데서 겨우 16점만이 하늘이나 지평선을 보여주고 있는 것이었다. 농부들 자신들에 의해 그려진(어느 정도의 지도를 받으면서) 그 그림들은 비록 전통적인 중국의 풍경화보다 한층 더 사실적이었지만, 전통적인 중국의 풍경화는 그 그림들에 대하여 최소한 부분적으로나마 대지에서 작업하고 있는 농부들의 공간적 경험을 수용하게 할 수 있었던 원근법의 상관성을 제공했던 것이다. 그림들 중 일부는, 설명을 위한 그림처럼 감독자의 시야를 구체화하고 있는 것인 헬리콥터에서 내려다본 것과 같은 장면을 보여주는 실패작이었던 것이다! 다른 작품들은 성공을 거둔 것이었다. 예를 들면 길들여진 가축들 가운데 가장 길이 덜 들었다 할 수 있는 가축으로, 어디나 쏘다니기 때문에 끊임없는 감시를 필요로 하는 염소떼를 돌본다는 경험에 충실한 어떤 것이 파이 티엔 쉬에의 구아슈 수채화에 나타나 있다.

이것이 왜 세케르 아흐메드의 숲 그림이 그토록 내 흥미를 끌었는가 하는 이유이다. 내 마음속에는 그것에 놀랄 수 있는 여지가 이미 마련되어 있었던 것이다.

어떻게 해서 그는 그가 해냈던 것과 같은 방식으로 그 그림을 그려내게 되었던 것일까? 어느 한 수준에서 그 질문은 대답할 수 없는 그러한 것으로, 우리는 그에 대한 답을 결코 알 수 없을 것이다. 하지만 두 개의 상반된 관찰 방식을 조화시키기 위해 작용하고 있었던 그의 상상력의 깊이를 추측해 본다는 것은 가능한 일이다. 유럽 회화의 영향을 받기 이전, 터키 회화의 전통은 도서의 삽화나 세밀화 중 하나였다. 세밀화의 대다수는 페르시아의 영향을 받은 것이었다. 전통적인 회화 언어는 기호들이거나 장식들 중 하나로서, 그것이 차지하고 있는 공간은 물질적인 것이 아닌 정신적인 것이었다. 빛은 비어 있는 곳을 가로질러 지나가는 어떤 것이 아니라, 차라리 그곳에서 방출되는 것이라 할 수 있는 것이었다.

세케르 아흐메드에게 하나의 언어를 다른 것으로 바꾼다는 결정은 처음에 우리가 그러리라고 여겼던 것보다 훨씬 더 문제의 소지를 많이 가지고 있었던 것임이 분명하다. 그것은 단순히 그가 루브르 미술관에서 본 것을 그대로 따른다는 문제가 아니었으며, 그와 관련된 것은 인간과 역사라는 세계관 전체였던 것이다. 그는 기법이 아닌 존재론을 변화시키고 있었던 것이다. 공간적 원근법은 시간이라는 문제와 밀접하게 연관되어 있다. 유럽 풍경화의 원근법에 대하여 푸생이나 클로드 로렌·로이스달·호베마에게서 찾아볼 수 있는 것과 같은 충분히 조리가 갖춰진 체계는, 비코가 근대적 역사라는 것을 창안해낸 것보다 겨우 1,20년 정도 앞선 것이었다. 우리로부터 멀어져 지평선 너머로 사라지는 것으로 이어졌던 길 또한 단선적 시간을 가지고 있는 길이었던 것이다.

이처럼 공간의 회화적 표현과 이야기가 진행되는 방식들 사이에는 밀접한 대응 관계가 존재한다. 루카치가 자신의《소설의 이론》에서 지적하고 있는 것처럼 소설이라는 것은 현재 지평선 너머 존재하는 것에 대한 갈망에서 태어난 것이며, 안주할 곳이 없음이라는 의식으로부터 출발하는 예술 형식이었던 것이다. 이와 같이 안주할 곳이 없다는 것에서 인간이 전에는 결코 경험할 수 없었던 것과 같은 선택의 개방성(대부분의 소설은 일차적으로 선택에 관한 것이다)이 나오게 되었던 것이다. 초기의 서사 형식들은 좀 더 이차원적인 것이었지만, 그러한 이유로 해서 사실성이 더 떨어지는 것은 아니었다. 선택 대신에 절박한 필요성이 존재하는 것이다. 각각의 사건은 그것이 존재하게 되자마자 피할 수 없는 것이 되어 버린다. 겨우 해볼 수 있는 선택이라는 것들은 존재하는 것을 처리하고, 그것과 화해하는 것이다. 우리는 직접성이라는 것에 대해 논의해 볼 수는 있지만, 이러한 방식으로 서술되는 모든 사건들은 직접적인 것이기 때문에 그 용어는 의미가 변하게 된다. 사건들은 알라딘의 램프에 딸려 있는 요정과도 같은 방식으로 존재하게 된다. 그것들은 반박할 수 없는 것인 동시에 예상할 수 있었던 것이기도 하고, 예기치 못했던 것이기도 한 것이다.

나무꾼의 이야기를 하는 과정에서, 세케르 아흐메드는 자신이 그 나무꾼처럼 숲을 마주 보고 있음을 알게 되었다. 회화에 있어서의 쿠르베, 문학에 있어서의 투르게네프(내가 그 두 사람을 생각해내게 된 것은 그 둘이 동시대인이었고, 두 사람 모두 숲을 좋아했기 때문이다), 그 어느쪽도 어쩌면 그것과 동일한 방식으로 그것을 마주 볼 수 없었을 것이다. 그 둘은 모두 그 숲을 숲이 아닌 세계와 관련을 갖도록 만들어 다른 곳에 놓여 있게 만들었을 것이다. 또는 마찬가지의 것을 방법을 바꿔 말해 보자면, 그 둘은 그 숲을 죽어가고 있는 사슴이나 사랑에 대해 생각하고 있는 사냥꾼과 같은 의미심장해 보이는 일들이 벌어지고 있는 하나의 경치로 여겼을 것이다.

반면에 세케르 아흐메드는 숲을, 그 자체가 하나의 사건으로 발생하고 있는 사물로, 그리고 그가 파리에서 배웠던 것처럼 그것으로부터의 거리를 유지할 수 없을 정도로 절박한 하나의 존재로 마주하고 있었던 것이다. 내게는 이것이 두 개의 전통 사이에서 분리, 즉 이 숲의 그림이 그 자체의 존재를 가지게 되는 분리가 시작되도록 만들게 된 원인이라고 생각된다.

하지만 그것이 제기하고 있는 의문점들에 답을 하였음에도 불구하고, 왜 그것은 계속해서 내 뇌리에서 떠나지 않고 남아 있어야만 하는 것일까? 유럽으로 돌아와 수개월이 지나고 나서야 나는 그 이유를 알게 되었다. 나는 하이데거의 《사고에 대한 담론》에 나오는 〈사고에 대해 시골길에서 나눈 대화〉라는 글을 읽고 있었다.

교　사　……지평선을 그 상태로 있을 수 있게 해주는 어떤 것을 이제까지 전혀 마주친 적이 없었습니다.

과학자　선생께서는 이 진술에서 어떤 것을 마음에 두고 계신가요?

교　사　우리는 우리가 지평선을 들여다본다고 말합니다. 따라서 시야라는 것은 열려 있는 어떤 것이 되겠지만, 그것의 열려져 있음이라는 것은 우리의 본다는 행위에 기인하는 것이 아니라는 점입니다.

인문학자　마치 우리가, 시야 속에 들어오는 풍경이 우리에게 제공하는 대상물들의 외양을 이 열려져 있음 속에 놓지 않는 것처럼 말이군요…….

과학자　……오히려 그것은 우리와 만나기 위해 이것으로부터 나오는 거죠…….

과학자　그렇게 되면 사고한다는 것은 거리의 가까움 속으로 들어오는 것이 되겠지요.

인문학자　그것은 우리가 우연히 만나게 된 그것의 성격에 대하여 내리는 대담한 정의입니다.

과학자　저는 저 자신에게 그 어떤 것도 설명하지 않고, 그저 우리가 그 이름을 언급했던 것들만 끌어모았을 뿐입니다.

교　사　하지만 당신께서는 뭔가를 생각하고 있어 온 것입니다.

과학자　아니면, 정말이지 그게 무엇을 위한 것인지도 모른 채 뭔가를 기다리고 있었거나 말입니다.

이 인용문은 50대 중반에 들어선 하이데거가 《존재와 시간》(1927)에서 제기해 온 근본적인 철학적 물음이 가지고 있는 의미심장함을 전달하는 보다 은유적이고 일상적인 언어를 사용하는 방식들을 찾고 있었던 1944-45년 사이에 속해 있는 것이다. '거리의 가까움 속으로 들어오는 것'으로서의 사고가 가지고 있는 의미가 그 물음의 중심이 되는 것이다. (하이데거가 전 생애를 바친 이 역작에 친숙하지 못한 사람들을 위해 나는 폰태나 현대의 거장들 총서에 들어 있는 조지 스타이너의 간략하지만 훌륭한 문고본을 추천하고자 한다.)

하이데거가 이 터키 출신의 화가가 그린 그림에 대해 알고 있었더라면, 그는 그 그림에 대해 글을 쓰고 싶다는 유혹을 느꼈을 것이라고 생각한다. 그의 아버지는 목수였으며, 그는 독일 남서부의 삼림지대에서 태어났다. 그는 끊임없이 숲을 실재하는 것에 대한 상징으로 사용했다. 철학의 책무는 베그(Weg: path; 오솔길), 즉 숲을 통과하는 나무꾼의 소로를 발견해내는 것이다. 그 소로는 리히퉁(Lichtung: clearing; 숲속의 공터), 즉 바로 그 공간이야말로 빛과 통찰력에 개방되어 있고, 존재에 대한 가장 놀라운 것이며, 바로 존재자의 조건인 숲속의 공터로 이어질 수도 있는 것이다. "이 공터는 존재하거나 존재하지 않는 모든 것에 개방되어 있다."

하이데거는 세케르 아흐메드가 유럽적 추론을 가르치는, 그 어떤 학교에서도 훈육을 받은 적이 없다는 사실에 비중을 두었을 것이라는 점에는 의심의 여지가 없다. 그 자신의 철학적 출발점은 플라톤에서 칸트에 이르는 소크라테스 이후의 유럽 사상으로서, 비교적 쉬운 물음들에 대한 답만을 해왔다. 존재한다는 바로 그 사실의 놀라움에 의해 열리게 된 근본적인 물음은 차단되어 왔던 것이다. 상이한 문화에 속해 있는 화가는 그 물음이 여전히 열려져 있는 것이라고 느낄 수도 있었다.

세케르 아흐메드의 그림은 '거리의 가까움 속으로 들어오는 것'에 관한 것이다. 나는 이 점이 그토록 명백한 사실로 나타나는 다른 그 어떤 그림도 생각해낼 수 없다. (분명하게 겉으로 드러나 있지는 않지만, 세잔의 후기 작품은 하이데거의 통찰과 아주 근접해 있으며, 어쩌면 그것이 왜 하이데거의 추종자인 메를로 퐁티가 그를 그토록 깊이 이해했는가 하는 이유이기도 하다.) '거리의 가까움 속으로 들어오는 것'에는 상반되는 한 가지 움직임이 존재한다. 사고는 떨어져 있는 것에 접근하지만, 그 떨어져 있는 것 또한 사고에 접근한다.

하이데거에게 현재, 즉 지금이라는 것은 잴 수 있는 시간의 단위가 아니라 현재 존재하는 것의 결과이며, 존재하는 것이 능동적으로 그 자체를 내보이는 것의 결과인 것이다. 이것을 설명하기 위해 언어를 적절하게 변화시키려는 그의 시도에서, 그는 현재 존재하는 것(presence)이라는 낱말을 현재 존재하고 있는 중이다(presencing)라는 동사형으로 바꾼다. 시험삼아 노발리스가 "지각할 수 있음이라는 것은 일종의 주의를 기울이기"라고 말했을 때, 그는 이것을 예시하고 있었던 것이다.

　나무꾼과 그의 노새는 앞으로 걸음을 내디디려 하고 있다. 하지만 그림은 그 둘을 거의 정지되어 있는 것처럼 묘사하고 있다. 그들은 거의 움직이지 않는다. 움직이고 있는 것은——그리고 우리가 처음에 그것을 깨닫게 되지 않고도 그것을 지각해낸다는 것은 정말 놀라운 일이다——그 숲이다. 자신의 현재 존재를 가지고 있는 숲은 나무꾼과는 반대 방향으로——즉 우리 쪽을 향해 앞으로, 그리고 왼쪽으로——움직이고 있는 것이다. "현재 존재하는 것이 의미하는 것은, 인간에게 접근하고, 그에게 도달하며, 그에게까지 확장하는 지속적인 머물기이다." 여기서 우리가 현대 사상에 하이데거가 기여한 바가 얼마나 모호한지, 또는 얼마나 의미 있는 것인지를 판단하는 것은 중요한 일이 아니다. 그 그림과 관련지어 볼 때, 그의 글은 적절하고 투명한 것이 되는 것이다. 그의 말은 그 그림을 드러내어 보여주며, 그의 말은 왜 그 그림이 머릿속에서 떠나지 않고 남아 있게 되는지 그 까닭을 밝혀 준다. 그 그림은 그의 글을 확인시켜 주고 있는 것이다.

　파리에서 공부한 19세기의 한 터키 화가가 그린 한 지방적인 색채를 지닌 그림과 20세기 유럽의 가장 중요한 철학자라고 생각하는 사람도 있는 독일의 한 교수의 사상 사이에 존재하는 그러한 우연의 일치는, 세계 역사의 현 단계에서 어떻게 갖가지 문화들과 주요 사건들이 일어났던 시대들 사이의 중첩된 부분들에서만 드러날 수 있는, 또는 하이데거라면 "명백하게 나타날 수 있는"이라고 말했을, 진리들이 존재하는지를 보여주는 한 가지 예인 것이다. (1979년)

4
라우리와 산업화된 북부 지역

라우리는 1887년 맨체스터 교외에서 태어났다. 그는 좀 얼빠진 듯한 아이였다. 그는 그 어떤 시험에건 합격해 본 적이 한번도 없었다. 그가 미술학교에 들어갔던 것은 그것 외에는 다른 그 어떤 것도 제대로 해내리라고 그다지 확신하는 사람이 아무도 없었기 때문이었다. 대략 30세 정도의 나이가 되어서 그는 자신의 주변을 둘러싸고 있는 산업화된 풍경들을 그려내기 시작했는데, 현재 라우리의 작품들임을 알아볼 수 있는 그림들을 제작하기 시작했던 것이다. 그는 거의 인정을 받지 못하고 성공도 거두지 못한 채 20여 년 동안 계속해서 그림을 그렸다. 그러다가 그가 액자에 넣기 위해 표구점에 맡긴 그의 작품들 중 일부를 런던의 한 미술품 상인이 우연히 구경하게 되었다. 그는 그 화가가 누구인지 문의했다. 런던에서 열리는 전람회가 주선되었고 —— 그것은 이미 1938년이었다 —— 라우리는 서서히 전국적인 명성을 얻어 가기 시작했다. 맨 처음 그의 작품을 가장 많이 인정해 주었던 것은 다른 화가들이었다. 일반 사람들도 점차 그들을 따라 그의 작품을 인정하기 시작했다. 1945년 이후로 줄곧 그는 공식적인 영예가 되는 상들을 받기 시작했는데, 즉 명예 학위들, 영국 왕립 아카데미 회원 자격, 샐퍼드 시 명예 시민권 등이 그것이다. 이러한 것 중에서 그 어떤 것도 그를 어떻게든 변화시키지 못했다. 그는 여전히 맨체스터 교외 지역에서 겸손하고 괴짜이며, 익살스럽고 외롭게 살고 있다.

저 말이죠, 난 내가 살아 있다는 사실에 대해 결코 익숙해질 수가 없었어요! 모든 것이 내게는 겁나는 일이죠. 그건 내가 어렸을 적부터 줄곧 마찬가지였어요. 보다시피 그건 내가 감당하기엔 지나치게 대단한 거죠──내 말은 인생이 그렇다는 겁니다, 선생.
(이 인용문은 머빈 레비의 《L. S. 라우리》(런던, 비스타 스튜디오, 1961)에서 발췌한 것이다. 레비는 이 화가의 성격을 아주 잘 밝혀 놓고 있지만, 작품에 대한 그의 해석은 천박하다.)

1964년 할레 오케스트라는 라우리의 75회 생일을 축하하여 특별 음악회를 열어 주었으며, 헨리 무어·빅터 패스모어 그리고 아이본 히첸스 등을 위시한 다수의 화가들이 기념전시회에 작품을 내놓았고, 케네스 클라크 경은 작품을 감상한 소감을 썼다. 거기서 클라크는 라우리를 워즈워스의 시에 나오는 '거머리잡이'에 비유하고 있다.

우리의 거머리잡이는 주위 환경이라는 뿌연 웅덩이 속에 들어 있는 그의 작고 검은 인물들을, 인간적 특질이라는 애정어린 관념으로 소외·결합시키면서, 계속해서 꼼꼼히 주시해 왔다…… 이리저리 걷고 있는 그 모든 검은 인물들은 우리 눈앞에서 산업화된 도시의 광장을 끊임없이 지나가는 실제 인간들만큼이나 익명이고 개인적이며, 분명한 목적을 가지고 있지 못하고, 통제되어 있다.

(케네스 클라크, 〈L. S. 라우리에게 바치는 찬사〉, 멍크스 홀 미술관, 에클레스, 1964)

1966년 테이트 미술관에서 열렸던 라우리 회고전 목록에 서문을 썼던 에드윈 멀린스는, 라우리가 기본적으로 '삶이라는 전쟁'에 대해 관심을 가지고 있었다는 점을 밝히고 있다.

그것은 하루의 노동이 끝나고 공장에서 쏟아져 나오거나, 또는 거리에서 벌어지는 싸움을 구경하느라 모여 있거나, 철로의 플랫폼에서 어정거리거나, 유럽 전승기념일에 떠들썩하게 소리지르면서 놀거나, 보트레이스 또는 축구 시합을 관전하거나, 산책로를 따라 산책하면서 유모차를 끌고 나오거나 멍청한 개를 데리고 나오는, 품위 없고 얼간이 같은 왜소해진 사람들 사이에서 치러지는 전쟁인 것이다.

(《L. S. 라우리》, 미술협회 목록, 1966)

이러한 인용문들은 라우리의 작품에 대한 거의 모든 비평적 논평에서 찾아볼 수 있는 숨겨져 있는 보호를 나타내 주고 있다. 은혜를 베푸는 듯한 이러한 경향은 자기 방어의 한 형태로서, 이 화가에 대한 것이라기보다는 그의 작품의 주제가 되는 것에 대한 방어인 것이다. 미학적 설명에 전념하는 삶과 베리ㆍ로치데일ㆍ번리, 혹은 샐퍼드에 사는 사람들의 거리와 집들, 현관들과 조화시키기란 힘든 일인 것이다.

라우리는 채플린이나 브뢰헬, 그리고 앙리 루소와 비교되어 왔다. 그의 작품이 가지고 있는 기이한 분위기는, 때로 상당히 섬세하게 분석되었다. 그의 기법에 대한 설명이 이루어져 왔으며, 기법이란 측면에서 그는 고도로 세련된 화가임이 지적되어 왔다. 그의 행동과 말에 대해서 여러 일화들이 이야기되고 있다. 실로 그는 우리가 깊이를 느낄 수 있는 독창적이고 기품 있는 인물이다.

내 자신의 견해를 덧붙일 수도 있는 문제지만 말해 둬야 할 보다 중요한 어떤 것이 있다. 특이한 사실은, 그 주제가 거의 언제나 사회적인 것인 라우리의 그림들을 마주하게 되는, 그 어떤 사람도 일찍이 그의 작품이 가지고 있는 사회적 혹은 역사적 의미를 논의한 적이 없다는 것이다. 대신에 그의 작품은 마치 그것이, 모든 것이 아주 다른 것으로 여겨지는 곳인 런던을 향해 중간에 정거하지 않고 직행하는 풀먼식 열차의 차창에서 내다본 경치를 다루고 있다는 듯이 취급된다. 그의 주제들은, 만약 적어도 그것들이 실제로 존재하는 어떤 것과 연관되어 고려되어야만 한다면, 지방적인 이국 취향의 작품으로 여겨지는 것이다.

나는 라우리의 작품이 가지고 있는 의미를 과장하거나, 또는 그것이 감당하기에는 너무도 무거운 것인 역사적 부담을 지우고자 하지 않는다. 그의 작품이 가지고 있는 범위는 좁다. 그것은 인간과 자연 사이의 새로운 관계에 대하여 여러 가지 방식으로 관심을 가지고 있는, 20세기 미술의 주류에 속해 있지 않다. 그것은 자연발생적(의식적으로 자기 개발을 하는 것과는 대립되는) 미술인 것이다. 그것은 정적(靜的)이고 지방적이며, 주제에 있어서 반복적인 것이다. 하지만 그것은 그 자체 안에서는 일관성을 가지고 있으며, 용기 있고, 고집스러우며, 독특하고, 그것의 창작과 감상이라는 현상은 의미심장한 것이다.

어쩌면 나는 여기서 이러한 의미심장함이, 비록 반드시 반대되는 것은 아니라 할지라도 라우리가 자각하고 있는 의도와는 별개의 것으로서 고려되어야 함을 강조해야만 할 것 같다. 그는 왜 자신이 자신의 그림을 그리고 있는지 그 까닭을 모른다고 말한다. 그의 그림들은 그게 떠오르는 것이다.

나는 내가 흔히 그러하듯 마음속에 딱히 별다른 작정 없이 시작하는데, 사건들은 그냥 일어나고, 즉 그것들은 존재하지도 않던 것으로부터 자라나는 거죠. 내가 왼편에 걸어서 내게서 멀어져 가는 여자의 모습을 그리고 났을 때, 난 그만 벽에 부딪힌 것처럼 더 이상 나아갈 수 없게 되었죠. 도대체 그 다음에 뭘 해야 할지 생각을 해낼 수 없었던 겁니다. 그때 내 친구인 한 젊은 여성이 구원의 손길을 뻗쳤어요. "당신을 향해 걸어오는 또 다른 인물을 그리지 그러세요." 그녀가 제안했어요. "그 여자와 똑같은 여자가 돌아선 모습을 그릴까요?" 내가 물었지요. "그래요." 그녀가 말했지요. "그것 아주 괜찮은 생각인 것 같은데요." "좋아요." 내가 대답했어요. "하지만 그림의 제목을 뭐라고 붙일까요?" "〈되돌아오는 똑같은 여자〉라고 부르지 그러세요?" 그녀가 말했어요. 그래서 난 그렇게 했지요!

(머빈 레비, 《L. S. 라우리》, 앞에서 인용한 책 속에서)

이 일화를 이야기하는 데 있어서 라우리가 간략하게 줄여 버린 부분들을 감안한다 할지라도, 그가 고정된 목표 없이 직관적으로 작업을 한다는 것이 분명하게 나타난다. 그의 목표는 단순히 그 그림을 끝마친다는 것이다. 그의 작품이 가지고 있을 수 있는 보다 넓은 그 어떤 의미심장함이라는 것도 그 자신의 사적이며 반쯤은 감춰져 있는 동기와 그가 소재로 사용하고 있으며, 그가 완성된 자신의 그림들을 되돌려보내는 곳인 외부 세계의 성격 사이에서 생겨나는 우연한 일치의 결과로 나타나는 것이었을 수가 있다. 어느 일정한 수준에서, 그 스스로도 이러한 일치에 대하여 자각하고 있게 되는데, 아마도 그것은 어떤 신비스러운 방식으로, 화가로서 말해야만 하는 것이 적절한 것이라는 그가 가지고 있는 확신의 실체일 수도 있는 것이다. 하지만 이것은 그가 그의 그림이 얻게 되는 의미를 자각한 상태에서 의도한 것임을 암시하는 것과는 아주 거리가 먼 것이다.

이 의미는 무엇인가? 나는 벌써부터 그것의 바탕은 사회적인 것임을 넌지시 시사해 왔다. 이제 하나의 맥락 안에서 라우리의 그림이 가지고 있는 위치를 정해 보도록 하자. 첫째로, 그것들은 아주 본질적으로 잉글랜드의 냄새가 난다. 그것들은 그밖의 다른 어떤 지역에 관한 것도 될 수가 없다. 비교될 만한 산업화된 지역에 대한 풍경은 그밖의 어디에도 존재하지 않는 것이다. 자연적인 것이 아닌, 19세기 들어서 대량으로 제조되었던 것인 전등은 진기한 것이다. 오직 잉글랜드 중부와 북부 지방에서만 사람들은 —— 케네스 클라크 경의 완곡한 표현을 쓰자면 —— 그러한 뿌연 웅덩이 속에서 사는 것이다.

인물들이나 군중의 성격 또한 본질적으로 잉글랜드 냄새가 난다.

산업혁명은 그들을 소외시켰고, 그들의 오랜 삶의 터전이었던 땅으로부터 그들을 내몰았다. 그들이 혁명론자들에 의해 이끌리고 조직될 때를 제외한다면, 그들 스스로 가지고 있는 이념이라는 것은 일종의 역설적인 인내하기인 것이다. 그밖의 다른 어떤 곳에서도 군중은 그처럼 공민으로서 어울리는 모습이면서 동시에 모든 것을 박탈당한 가난한 모습으로 나타나지 않는다. 그들은 폭도로서 거의 잃을 것이 없는 모습으로 나타나지만, 그럼에도 불구하고 그들은 폭도가 아니다. 그들은 서로를 알고, 서로를 인정하며, 도움과 농담을 서로 주고받는 사람들로서, 즉 때로 그렇게 말해지는 것처럼 그들은 고성소[苦聖所, limbo; 지옥의 변방으로, 지옥과 천국 사이에 있으며, 그리스도교가 있기 이전의 착한 사람 또는 세례를 받지 못한 이교도·어린아이·백치의 영혼이 머무른다는 곳)에 있는 잃어버린 영혼들이 아니며, 그들은 그들이 선택하는 대부분에 의해 영향을 받지 않는 삶의 동료 여행자들인 것이다.

맨 처음 이러한 모든 것은 라우리의 그림에 대한 연대를 매기기 위한 것처럼 보일 수도 있다. 우리는 그것들이 집집마다 텔레비전 안테나가 있고, 뒷골목에 차들이 주차되어 있으며, 공장의 여직공들이 이용할 수 있는 미용사들이 있고, 노동당 정부가 있는 오늘날과 관계가 있는 것이라기보다는 19세기와 보다 더 관계가 있는 것이라고 상상할 수도 있다.

하지만 라우리의 작품을 지리적인 맥락에서와 마찬가지로 역사적 맥락 안에 놓기 위해서, 우리는 그 안에 들어 있는 여러 요소들 사이의 차이를 아주 조심스럽게 구분해내야만 한다. 라우리의 그림들은,

그것들이 상이한 사건들과 장소들에 대한 그의 관찰과 기억에 의해 구성된 것인 한은 그 대부분이 합성된 것들이다. 단지 몇 개만이 특정한 장소를 나타내 주고 있다. 하지만 만약 우리가 공장들이 밀집해 있는 도회지로, 도기(陶器) 산지로, 맨체스터로, 배로인퍼니스로, 리버풀로 가게 된다면, 우리는 라우리가 묘사했던 것처럼 보이는, 그리고 그밖의 다른 사람에 의해서는 한번도 묘사된 적이 없었던 것인 헤아릴 수 없을 정도로 많은 거리들, 하늘을 배경으로 한 고층 건물들의 윤곽들, 현관의 층계들, 버스 정류장들, 광장들, 교회들, 가정집들을 보게 된다. 그의 그림들이 구식이 아닌 것은 잉글랜드의 여느 도시들이나 소읍들이 구식이 아닌 것과 같다.

만약 우리가 그 그림들을 보다 주의 깊게 들여다본다면 우리는 그 인물들이, 가장 최근의 그림들에서조차도 늦어도 1920년대까지, 혹은 1930년대초까지에 속하는 의상을 입고 있다는 것을 알아볼 수 있는데, 그것은 다시 말하자면 라우리가 자신이 성장했고, 나머지 생애를 보낼 작정이었던 장소에 대하여 그림을 그리기로 맨 처음 결심했던 시기에 속한 것이다. 비슷하게, 그 그림들에는 자동차들이나 현대적인 건물들의 모습을 거의 찾아볼 수 없다. 그는 자신이 변화를 싫어한다고 말한다. 그리고 그의 그림들은 위에서 언급한 것처럼 세부적인 부분과 전체적인 의도, 두 가지 모두에 있어서 본질적인 변화가 없음을 암시하고 있다. (우리는 한 가지 다른 방식으로서의 이러한 점을, 그가 그린 황량한 육지와 바다 풍경화에서 끝없이 반복되는 언덕이나 파도에서 보게 된다.) 분주하게 움직이는 군중, 바다까지 갔다가 되돌아오는 산책길, 싸움, 사고, 타인을 불구로 만들기 등은 그 어느것도 변화시키지 못한다. 어떤 화포에서는 이러한 변화가 없는 시간의 의미는 거의 형이상학적인 영원함이라는 의미가 되어 버린다.

우리는 이와 같이 요약해 볼 수 있다. 즉 라우리의 그림들은 여러 가지 점에 있어서 실제로 존재하는 장소들과 일치하며, 어떤 세부적인 부분들은 과거의 것이지만, 이 화가의 상상력은 변화가 없다는 느낌을 강조하고 있다고 말이다. 이 세 가지 요소들은 서로 결합되어 극적으로 독창적인 구식의 분위기를 만들어낸다. 양식에 대한 고려는 별개의 문제로 해둔다면, 이 그림들이 19세기적 시대 정신에 속해 있는 것이라는 점에는 의문의 여지가 없다. 진보라는 개념은——그것이 어떤 방식으로 적용되건 간에——그것들에게는 이질적인 것이다. 그것들이 가지고 있는 미적으로 내세울 수 있는 점은 금욕주의적인 것이며, 그것들이 필연적으로 증명하게 되는 것은 쇠퇴에 관한 것으로 볼 수 있는 어떤 하나인 것이다.

그 그림들은 1918년 이후 영국 경제에서 발생했었던 것들에 관한 것이며, 그것들이 필연적으로 증명하게 되는 사실들은 앞으로 닥치게 될 붕괴를 암시해 주는 것이다. 이것은 ‘세계의 작업장’에 발생해 온 일에 관한 것이다. 되풀이해서 발생하는 소위 생산의 위기라는 것이 있다. 즉 산업체의 낡은 공장 시설들, 구태의연한 수송 체계의 부적당한 점들, 지나치게 혹사당하는 전력 공급 체계, 기술적 진보를 따라가는 것에 실패한 교육, 국가적 차원의 사회·경제적 계획의 비효율성, 국내에서의 빈약한 자본 투자와 식민주의적·신식민주의적 해외자본에 대한 재앙에 가까울 정도의 의존, 산업자본이 지배하던 것으로부터 국제적인 금융자본의 지배로의 이행, 정치적 독립성을 향한 모든 주도권을 차단하고, 그렇게 함으로써 경제적 자생력을 갖추지 못하게 막는 양당 체제 내에서 본질적인 것이 되는 합의 등이 그것이다.

만약 우리가 잠시 멈춰 그 그림들이 그려졌던 환경에 대하여 생각해 본다면, 이러한 주장은 생각보다 그다지 지나치게 과장되지 않은 것이 된다. 공교롭게도 라우리는 우리의 경제적 쇠퇴에 관한 진실이 그밖의 다른 곳보다 훨씬 덜 감춰진 지역에서 살아오고 작업을 해오게 되었던 것이다. 그의 작품은 부분적으로는 주관적인 것이지만, 그의 주변에 보이는 것들이 그의 그러한 주관적 경향을 굳히도록 만들어 온 것이며, 어쩌면 그러한 경향을 지속하고, 생겨나게 하는 것에 도움을 주기까지 했을 수도 있는 것이다. 1920년대의 랭커셔는 침체된 지역이었다. (우리는 1930년대 이전의 경기 침체에 대해서는 잊게 되는 경향이 있으며, 그곳에는 실업자가 1백만 명 이하가 되었던 적이 한번도 없었다.) 1930년대의 상황이 어떠한 것이었는지에 대해서는 여러 차례 설명이 되었었다. 하지만 라우리에게 비친 그들의 비참함이 갖고 있는 적절성은 좀처럼 언급되지 않았다. 조지 오웰은《위건 부두로 가는 길》에서 사실상 라우리가 그린 한 점의 그림에 대한 설명이나 다름없는 묘사를 하고 있다.

나는 따분한 위건 근교에서의 어느 겨울날 오후에 대하여 기억하고 있다. 주위는 온통 용광로에서 나온 광재(鑛滓) 더미로 인해 달 표면의 풍경과도 같은 모습이었으며, 북쪽으로는, 말하자면 산더미처럼 쌓인 광재 더미들 사이로 나 있는 길을 통해 우리는 연기 기둥들을 뿜어내고 있는 공장의 굴뚝들을 볼 수 있었다. 운하 곁에 나 있는 좁은 길은 석탄재와 얼어붙은 진흙으로 뒤범벅이 되어 있었고, 수없이 많은 나막신 자국이 종횡으로 교차되어 있었으며, 멀리 있는 광재 더미들까지 뻗어 있는 '진창들'—— 오래된 구덩이들의 함몰로 인해 생겨난 움푹 꺼진 곳에 스며 들어온 고여 있는 물웅덩이들—— 이 있었다. 날씨는 지독하게 추웠다. 이 '진창들'은 생 엄버(raw umber; 광물성의 천연 갈색 안료로, 태우면 암갈색으로 변한다) 빛깔의 얼음으로 덮여 있었고, 짐배에 타고 있는 선원들은 눈만 나오도록 자루들을 뒤집어쓰고 있었으며, 갑문(閘門)들은 눈물방울처럼 흘러내리다가 얼어붙은 작은 얼음덩어리들에 덮여 있었다. 그것은 그곳으로부터 온갖 초목이 추방된 세계와도 같았으며, 연기 · 이판암 · 얼음 · 진흙 · 석탄재 그리고 더러워진 물 이외의 것들은 아무것도 존재하지 않았다.

1930년대의 빈곤함은 이제 지난 일이 되었다. 하지만 오늘날 북서부의 여러 지역들에서는 심각하게 고갈되어 있다는 느낌이 존재한다. 이 점에 대해서 슈펭글러(1880-1936, 독일의 역사학자, 정치철학자로 서구 문명을 쇠퇴해 가고 있는 것으로 진단했다)적이라 할 수 있는 것은 전혀 없으며, 그것은 그 어느것이건 재개발에 앞서 파괴되어야만 하는 것들이 가지고 있는 규모에서 생겨난 결과인 것이다. 도시계획자들 · 투자자들 · 교육전문가들은 그 점에 대해 알고 있다. 1965년에 발표된 정부의 북서부 지역 연구 보고서에서 인용해 보겠다.

빈민가들, 총체적인 노후화, 버려진 것들과 돌봐지지 않는 것들 모두가 보태져 그 지방의 너른 지역에 걸치는 환경을 새롭게 바꾼다는 것은 엄청난 문제로 등장하고 있다. 이 문제가 몇 년 동안에 처리될 수 없으리라는 것은 명백하며, 제기되는 문제는 말하자면 10년에서 15년 동안에 그 어려운 고비를 넘긴다는 것의 가능성 여부, 또는 새로운 세기가 되어서도 랭커셔는 여전히 산업혁명이 남긴 냉혹한 유산 아래서 발버둥치고 있을 것인가의 여부이다.

대다수의 유권자들 또한 별개의 방식으로 그것에 대하여 알고 있다. 그들은 대안이 되는 계획에 믿음을 가지고서 언제나 노동당에 표를 던져 왔다. 오늘날 그들은 35년 후 윌슨이 램지 맥도널드와 똑같은 역할을 하면서, 그 어떤 대안의 가능성도 포기해 버리는 것을 보게 된다.

미래의 역사학자들은 라우리의 작품을 제1차 세계대전 이후 영국 자본주의의 산업적·경제적 쇠퇴에 대하여 표현하고 예증하는 것 둘 다로서 열거하게 될 것이다. 하지만 물론 그는 그처럼 동떨어진 용어들로 묘사되는 것처럼 단순히 그러한 것만은 아니다. 그는—— 얼마간은 사뮈엘 베케트와도 같이—— 일정한 기질을 가지고, 외로움에 대한 관심을 가지고 있었던 화가이며, 그 기질이라는 것은 의미 없이 흘러가 버린 시간에 대한 숙고에서 발견되는 것이다. 그는 자신의 세계를 구성하고 있는 기성복 성격과 같은, 지면에서 솟아오르는 축축함과도 같은 느낌의 스모그에 노출된 표면의 질감에 대한 스모그의 영향과도 같은, 각각의 인물이 그 자신의 작은 한 부분의 가시성을 지니고 있게 만들어 주는 것인 연기와 안개로 인한 원경의 기괴함을 종결시키는 것처럼 그림을 그려내는 독특한 한 가지 방식을 발견해냈던 화가이다.

"내가 가장 소중하게 생각하는 세 가지 기록은 내가 한번도 해외에 나가 본 적이 없으며, 전화도 가져 본 적이 없으며, 자동차를 한번도 가져 본 적이 없다는 것입니다"라고 라우리는 말한다. 그는 자신이 속해 있는 곳에 강한 소속감을 가지고 있는 사람이다. 그의 작품 속에 나타나는 모든 것은 특정한 장소와 시대가 가지고 있는 성격으로 채워져 있다.

나는 그 성격에 대한 정의를 내려 보려고 애써 왔다. 만약 라우리가 보다 더 위대한 화가라면 그의 작품 속에는 그 자신에 대한 것들이 보다 더 많이 들어 있게 될 것이다. (그의 '소박함'은 어쩌면 그 스스로의 경험을 숨기는 것에 대한 핑계가 될 수도 있는 것이다.) 그렇게 되면 지리적으로, 혹은 역사적으로 그의 작품을 지방적 색채를 지닌 것으로 만든다는 것은 그 가능성이 훨씬 더 줄어들게 될 것인데, 정서라는 것은 언제나 주변 상황보다는 좀더 일반적인 것이기 때문이다. 그러나 실상은 그가 화가로서 받게 되는 제약을 감안한다면, 그는 직관적으로 올바른 선택을 했던 것이다. 그는 역사적인 것들을 그려내는 쪽을 택했으니까. (1966년)

5

랄프 파사넬라와 도시에서의 경험

어떤 종류가 되었건 고통을 겪으면서 도시의 거리에서 살아온 사람만이 포석·문간·벽돌담·창문 같은 것들이 무엇을 의미하는 것인지를 깨달을 수 있게 된다. 거리와 같은 수준에서 —— 탈것에서 내린 상태에서 —— 모든 현대의 도시들은 폭력적이고 비극적인 것이다. 언론이나 경찰 보고서에서 그토록 많이 언급되는 폭력이라는 것은, 부분적으로는 이러한 보다 지속적인 것이지만 주목을 받지 못하고 있었던 보다 오래된 폭력의 반영인 것이다. 거리에서 매일같이 필연적으로 벌어지고 있는 폭력 —— 거리를 오가는 차량들이 그 상징적인 표현이 되고 있는 —— 은 그 거리 속에서 살아왔고, 현재에도 살고 있는 사람들의 최근 역사까지도 말살시키는(깔아뭉개는) 그러한 것이다.

랄프 파사넬라는 남부 이탈리아 출신의 이주민을 부모로 하여 1914년 맨해튼에서 출생하였다. 가족과 함께 수레에 얼음을 싣고 다니면서 행상으로 생계를 꾸렸던 그의 아버지는 —— 비록 나는 그곳에 한 번밖에 가보지 못했지만 —— 내가 결코 잊을 수 없는 소읍, 끊임없이 사람들이 빠져나가기만 하는 소읍인 바리(이탈리아 남부 아드리아 해 연안에 자리잡고 있는 도시) 출신이다.

　처음에 파사넬라가 그려낸 맨해튼의 그림은 전혀 비극적인 것으로 여겨지지 않는다. 그리고 이것은 그것들을 정확하게 보이도록 하는 첫번째 방식이다. 왜냐하면 비극이 비극으로 느껴지기 위해서는, 현대의 도시생활에서는 용납되지 아니하는 것인, 일시적인 일상생활로부터의 면제———일종의 특별 휴가———가 필요하기 때문이다.

　그의 그림은 여러 가지 면에 있어서 정확하다. 그의 그림에는 아주 높고 아득하게 보이지만, 그럼에도 불구하고 그 빛이 어퍼뉴욕 만(灣), 허드슨 강과 이스트 강의 물에 반사되어 나오는 빛과 구분할 수가 없는 것이 되며, 아무리 밝은 것이라 할지라도 모든 빛은 거즈를 통해 걸러진 것처럼 보이는 전형적인 뉴욕 하늘이 존재한다. 소규모 상점들의 전면과 다른 초라한 건물들의 색채는 빛바랜 싸구려 면직물의 색깔과도 같다. 아니면 거기에서 노동 인구의 밀도가 좋은 인상을 주는 것이 되도록 하는 특정한 방식인 것이다. 맨해튼 섬은 거기에 정박하고 있으면서 절대 떠나지 않았던 이민선의 압축된 거대한 은유적 모형인 것이다. 모든 아파트는 그 각각이 선실의 여러 층으로 되어 있는 침대이다. 거리의 매제곱미터는 갑판이다. 사무실들이 입주하여 있는 마천루들은 함교(艦橋)이다. 할렘과 다른 지역들은 배 밑창의 화물칸이다.

　어떻게 파사넬라가 그토록 뚜렷하게 유사한 묘사를 해낼 수 있었는가 하는 점에 대해서는 그림과 관련된 몇 가지 이유가 존재한다. (비록 이러한 것들이 그의 업적이 가지고 있는 독창성에 대한 설명은 되지 못하지만 말이다.) 전문가적인 기준에서 본다면, 그의 원근법에는 모순된 점이 많다. 그의 원근법은 정지된 시각을 고수하는 것이라기보다는 눈에 들어오는 다음 장면들에 대하여 계속해서 적응해 나가는 것으로, 그것은 걷고 있는 사람의 시각에 의한 것과 같은 것이다. (맨해튼에서 걸어 돌아다니기를 좋아했던 토니 고드윈의 유령에 대하여 생각해 보게 된다.) 그리고 마찬가지의 창조적인 모순됨이 눈의 높이를 결정하고 있다. 사물은 보도에서 쳐다보는 것처럼 마주 대면하는 것으로 보이거나, 또는 대략 건물의 지붕 정도인 높이에서 내려다보는 것으로 보이거나 둘 중 한 가지이다. 이러한 눈높이는 그가 아이였을 적에 대부분 보게 되었던 두 가지의 높이임이 분명하다. 즉 건물 지붕의 빨래가 널려 있는 근처에서, 또는 거리로 통해 있는 비상계단 발치에서 놀던 어린 시절에 보게 되었던 높이들인 것이다. 어느 높이를 선택하느냐 하는 문제는 그가 묘사하는 대상에 달려 있다. 즉 사람들은——비록 원거리에 있다 할지라도——마주 대면하여 본 것으로, 거리를 오가는 차들은 위에서 본 것으로, 아파트의 창문들은 마치 우리가 그것들과 같은 높이에 있으면서 본 것으로, 브루클린 다리는 그 아래에서 본 것으로, 하지만 강은 아주 높은 상공에서 본 것으로 묘사하는 식이다. 이처럼 각각의 그림은 찰나적으로 잡은 풍경, 그림엽서와 같은 장면이 아닌 시각적 경험의 혼합물, 연속된 장면의 기억들을 나타낸다. 그러므로 그러한 유사성을 가지게 되는 것이다. 그러므로 그 거리에서 살아온 사람들의 얼굴은 비록 그것들이 파사넬라가 '꾸며내' 온 것이라 할지라도 구석구석이 본 기억이 있는 것으로 여겨지는 것이다.

그러나 오늘날의 도시는 단순히 하나의 장소일 뿐만 아니라, 그것은 또한 그 자체로서 그것이 그림으로 그려지기 훨씬 이전부터 연속된 한 벌의 이미지들이며, 메시지들의 회로이기도 한 것이다. 하나의 도시는 그것의 감각적 느낌과 그것의 겉보기, 그리고 그것의 계획에 의해 가르치고 조건을 설정하게 된다. 그 어떤 도시도 최소한 50년 동안(1870-1924) 머나먼 부락들, 혹은 빈민가들, 혹은 소도시들에서 온 수백만 이주민들이 상륙하는 유일한 부잔교(浮棧橋)이자 적응 장소로서의 역할을 해온 뉴욕보다 더 극적인 곳은 없다.

이 도시는 새로 도착한 사람들에게 그들이 어떤 것을 잊어버리고, 어떤 것을 배워야만 하는 것인지를 증명해 보인다. 그 누구도 뉴욕이 무엇을 가르칠 것인지에 대하여 계획을 세웠던 적은 없다. 이 도시가 가르쳐 주는 교훈은 본보기에 의한 것이다. 현재에도 지속되고 있는 과거의 모습으로 이 도시는 그것의 규칙을 정했던 것이다. 의미심장한 한 수준에서 파사넬라의 그림은 그 도시의 외관이 규칙으로 가르치고 있는 교훈들 중 일부에 관한 것이 된다.

그의 그림에서 가장 집요하게 나타나는 특징은 창문들이다. 그 도시가 그에게 말을 거는 것은 그 창문들을 통해서이다. 아파트의 창문들, 공장의 창문들, 상점 창문들, 사무실의 창문들이 그것이다. 건물들에 있어서 창문이라는 것은, 비록 각기 구별이 되는 것이긴 하지만 벽돌들만큼이나 반복적으로 나타난다. 때로 어떤 사람이 거기서 내다보기도 한다. 하지만 창문 속에 들어 있는 인물들은 거리에 있는 인물들과는 다르다. 거리에 있는 각각의 사람들은 그녀, 혹은 그 스스로의 윤곽과 성격을 가지고 있다. (매우 날카로운 눈을 가지고 있다는 것이 그의 성격이다.) 창문에 나타난 인물들은 그들의 창틀이라는 직사각형 안에 들어 있는 기호에 지나지 않는다. 대작인 맨해튼 3부작에서 도시의 정면 전체는, 거대한 창문을 닮은 선전용 광고판들이 산재해 있는 가운데 틀에 끼워진 창문들이 차지하고 있다.

각각의 창문은 개인적 혹은 사회적 행위가 이루어지는 장소를 틀에 끼워 놓고 있다. 각각의 틀은 실제로 겪은 경험의 흔적을 담고 있다. 전체적으로 이 3부작은 차곡차곡 쌓인 벽돌들, 건물의 각 층들, 나란히 나 있는 창문들처럼 한눈에 알 수 있는 축적의 법칙에 따라 함께 모여 있는, 이러한 경험의 흔적 전체를 모아 놓고 있다. 그 도시는 벌집처럼 성장해 왔는데, 벌집과는 달리 벌집의 꽃가루 구멍에 해당하는 각각의 창문은 서로 다른 모양을 가지고 있다. 하지만 개인들의 기억·희망·선택·실망을 표현해내야만 하는 이러한 차이점들은 서로가 서로를 상쇄시키며, 각각의 짝을 이루는 항목은 언제나 다른 것으로 대체시킬 수 있다. (세든 사람이 죽거나 사라지면 그 방을 다시 세놓게 되는 것처럼.) 밤낮으로 해가 바뀌어도 지속되는 것은 그 도시의 틀이다. 그 나머지는 매일 새로 인쇄되는 신문과도 같다. 이것이 첫번째 교훈이다.

창문들은 그것들이 달려 있는 건물들의 안에 들어 있는 것들이 무엇인지 밝혀 준다. 밝혀 준다는 말만은 잘못된 것일 수가 있는데, 그 까닭은 그 말이 밝혀내기라는 행위에 앞서 하나의 비밀이 존재하고 있었다는 것을 암시하는 것이기 때문이다. 창문들은 그것들이 달려 있는 건물의 생명, 혹은 생명들을 나타낸다. 그것들은 그것들의 내면이 결코 내면이었던 적이 없음을 입증하려는 것과 같은 방식으로 그 내면을 보여준다. 그 어떤 것도 내면을 가지고 있지 못하다. 모든 것은 외면인 것이다. 이러한 의미에서 본다면, 도시 전체는 내장이 쏟아져 나와 있는 동물과도 같다.

이러한 외면성에 대한 강조를 하기 위하여, 파사넬라는 흔히 벽의 일부를 벗겨내어 버리고 주거 공간 전체를 정면의 평범한 구성 요소인 것처럼 보여준다. 그리고 이러한 모든 구성 요소들은(비록 그것이 결국에는 환상이라 할지라도 일종의 공간이라는 자유를 누리고 있는 거리의 인물들이나 오가는 자동차들과는 달리) 계획된 이차원적 기호들인 것이다.

뉴욕에 대한 20년, 혹은 그 이상이 된 이들 그림들에는 분명하게 나타나 있지 않지만, 최근 들어 설계된 주변 환경에서는 점차 보다 분명하게 드러나는 것인, 이 새로운 도시화의 전형이 되는 표면이라는 것은 거울, 크롬, 연마된 금속, 폴리에스터의 반짝이는 표면으로 그 전면에 있는 것을 반사시킴으로써 그 뒤에 있는 것들의 존재를 부인하는 표면인 것이다.

파사넬라는 흔히 자신의 그림 속에 들어 있는 인도에 분필로 글을 써놓는다. 이름들. 날짜들. 모욕적인 언사들. 때로는 입맞춤(KISS)이나 사랑(LOVE)처럼 단 한 개의 낱말들을 써놓기도 한다. 그러한 낱말들이 일깨워 주게 되는 것조차도 상점의 전면에 고기(MEAT), 또는 술(LIQUOR)을 판다는 것을 알리기 위해 써놓은 글자와 마찬가지로 하나의 간판처럼 되어 버릴 수밖에 없는데, 그 까닭은 이 도시가 그 뒤에 혹은 그 안에 있는 모든 공간을 없애 버렸기 때문이다. 유일하게 인정되고 있는 내부 공간으로는 금고 안쪽의 공간이 있을 뿐이다. 이것이 두번째 교훈이다.

나는 물론 파사넬라가 맨해튼에서 좋아했던 것에 대해서는 무시하고 있는데, 그 이유는 내가 장소가 주는 교훈에 대한 글을 쓰고 있는 것이지, 사람들과 그들이 그러한 교훈에 저항하는 수단이 되는 경우가 흔히 있었던 교묘함에 대한 글을 쓰고 있는 것이 아니기 때문이다. 그럼에도 불구하고 〈가족들의 저녁식사〉와 같은 아주 개인적인 그림도 우리로 하여금 마찬가지의 결론을 내리도록 유도한다.

그 가족은 파사넬라의 가족이다. 중앙에는 그의 모친이 자리잡고 있다. 오른쪽 벽에는 얼음 행상인이었던 그의 부친이 벽돌로 쌓은 벽면의 십자가에 매달린 채 그의 머리는 그가 작업할 때 사용했던 얼음 집게로 꽉 집혀 있는, 그가 자신의 부친을 그린 그림들 중 하나가 자리잡고 있다. 뒤쪽 벽에는 두번째 그림이 걸려 있는데, 이번에는 그의 모친이 창문틀 사이에 있는 벽돌로 쌓은 벽면을 등진 채 그의 누이들과 또 하나의 나무로 만들어진 십자가 앞에서 의자에 올라가 서 있는 그 자신을 데리고 있는 내용이다. 이 주방에 있는 모든 인물과 물건은 그의 가족 내부에서 일어났던 일들에 대한 기념물이 되는 것이다. 하지만 그것이 그려진 방식——그리고 여기서 경험에 대한 충실성이라는 '프리미티브 화가'의 그림그리기 방법이 나타난다——이라는 것은, 그 안에 들어 있는 모든 것은 그것을 둘러싸고 있는 외부의 벽들이나 정면과 연속성을 지니며, 전적으로 동질성을 지닌 것으로 만든다. 리놀륨은 거리의 벽처럼 색칠이 되어 있다. 찬장 선반에 놓여 있는 음식은 상점의 진열창에 진열된 것과도 같다. 갓을 씌우지 않은 전구는 가로등과도 같다. 전기계량기는 수도의 소화전과도 같다. 의자의 등받이는 계단의 난간과도 같다.

맨해튼에서의 공간은 객관적으로 존재한다. 그것은 부족하며, 엄청난 가치를 지닌 상품인 것이다. 때로 파사넬라는 역설적으로 '세놓는 공간 있음'이라고 알리는 광고판을 내걸기도 한다. 하지만 이러한 상품, 이러한 공간은 순수하게 물질적인 측면에 있어서 그러하다는 것을 제외한다면, 살기에 적합한 공간이 아니다. 무엇이 가족들이 사용하는 주방을 길에서 벗어난 곳에 있는 찬장에 지나지 않는 것으로 만들어 놓는가?

이에 대한 대답은 단순히 혼잡함·빈곤·불확실함 등과 같은 우선 마음속에 떠오르는 것들만이 아니다. 이러한 현상은 시골 지역에도 존재하는 것이었지만, 농가는 여전히 울타리로 둘러싸인 공간이며, 피난처로 남아 있을 수도 있는 것이다. 가정 주택의 내부를 파괴하고 거기에 침입한 것은 한층 더 기본적인 경제적 과정이었던 것이다. 가정은 상점이 아니었으며, 반대로 상점은 그것으로 살아가는 데 필요한 수단이 되는 물건들을 날마다 구입해야 하는 곳이었다. 살아가는 데 필요한 수단이 되는 물건을 구입하면서 지불하는 돈은 그토록 많은 시간의 임금노동에 의해 벌어들이게 된다. 도시에서의 시간──임금을 받는 노동 시간──은 모든 가정을 지배했다. 이러한 시간으로부터 피해 숨을 수 있는 곳은 어디에도 존재하지 않았다. 가정에는 상품, 또는 시간 둘 중 하나로 되어 있는 노동의 열매인 잉여라는 것을 절대 포함하고 있지 않다. 가정은 하숙집에 지나지 않는 것이 된다. 이것이 세번째 교훈이다.

1920년대에 브레히트는 〈도시의 압도적인 영향력〉이라는 시를 썼다. 그 시는 이렇게 끝맺는다.

시간은 너무도 짧았다

아침과 저녁 사이의

정오라곤 없다

그리고 친숙한 흙바닥에는 벌써

산더미들 같은 콘크리트가 서 있었다.

마치 자본이 계속해서 증식하도록 강요되는 것처럼 그 자본의 문화도 끊이지 않는 기대의 문화인 것이다. 앞으로 성장하게 되어 있는 것, 진보할 수 있는 것들이 존재라는 것을 없애 버리게 되는 것이다. 고향으로 돌아갈 수도 없으며, 생산 수단을 갖고 있지 못한 이주민들은 그들의 과거에 가지고 있었던 신분으로부터 고통을 받으며, 자신들이 혹은 자식들이 미국인이 되는 것을 열망했다. 그들에게는 희망이라곤 보이지 않았으며, 단지 할 수 있는 것이라고는 자신들 스스로를 미래와 맞바꿀 수 있을 뿐이었다. 그리고 비록 이러한 필사적인 도박이 보다 엄밀히 말하면 이주민들에게 국한된 것이라 하더라도, 그 기제는 점점 더 발전된 자본주의에서 전형적인 것이 되어 왔다.

뉴욕에서 사람들은 흔히 시간은 돈이라고들 말한다. 이것은 또한 돈은 시간과 같은 역할을 하는 것임을 의미하는 것일 수가 있다. 순수하게 양적인 것인 돈은 알맹이를 가지고 있지 않지만, 그것은 알맹이와 교환될 수 있는 것으로서, 돈은 물건을 사들일 수 있는 존재인 것이다. 그와 마찬가지의 사실이 시간의 경우에 있어서도 사실이 되어 왔는데, 시간 또한 그것에 결여되어 있는 알맹이와 교환되고 있는 것이다. 임금을 받기 위한 노동 시간, 구매 행위 속이라는 '캡슐에

싸여 있는' 살지 않은 시간에 대한 임금, 자동차의 '속도,' 영원한 현재만을 비추는 텔레비전 화면, 수없이 많은 가정 용구들을 이용하면서 '절약된' 시간, 앞으로 있게 될 퇴직연금이 주는 태평스러움 등등. 도시가 주는 네번째 교훈은, 공간과 시간에 대한 부정이 결합된 것인 믿을 수 없는 앞날의 행복과도 같은 것이다.

맨해튼을 촬영한 사진들은, 그 섬을 하나의 기념물처럼 보이도록 만드는 경우가 흔하다. 파사넬라의 그림들은 그것을 가장 일시적이고 임시인 상태로 보여준다. 사실 그 어떤 것도 거기서 존속될 수 없다. 이것이 왜 그가 자신의 그림들에서와 마찬가지로 그 도시의 모든 교훈에 의문을 제기하는 '우리가 잊지 않도록'이라는 기도를 항의의 뜻으로 주거용 건물의 벽돌담에 써놓았는가 하는 이유이다.

이 기도는 과거를 그리워하는 것으로 오해될 수도 있을지 모른다. 그것은 그렇지 않다. 그것은 비어 버린 공간과 시간을 가진 현대의 도시가 강제하는 것인 개인적인 것과는 관련이 없는 탈역사성에 정면으로 항의하는 것이다. 도시가 행하는 인간성의 말살을 물리칠 수 있는 가장 알맞은 힘들이 서로 만나 힘을 합할 수 있는 곳은 바로 그러한 항의의 현장에서인 것이다. (1978년)

6
라 투르와 인본주의

조르주 드 라 투르가 살았었다는 것에 대해서는 의심의 여지가 없다. 1593년 로렌에서 출생한 그는 1652년에 세상을 떠났다. 아마도 그는 소실되어 버린 다른 그림들과 마찬가지로, 현재 자신의 것으로 인정되고 있는 대부분의 —— 아니면 모든 —— 그림들을 그렸을 수도 있다. 하지만 라 투르의 개성과 작품은 어떤 의미에서는 현대적인 창조물이다.

그가 세상을 떠난 후 그의 작품과 그의 이름은 거의 3세기 동안이나 잊혀졌거나, 아니면 무시되었던 것이다. 1920년대와 1930년대에 두어 사람의 프랑스 미술사학자들이 세상에 잘 알려지지도 않은 시골뜨기 화가인 그가 그린 것으로 당시 여겨졌던 몇몇 작품들에 대하여 관심을 가지기 시작했다. 그들의 관심은 라 투르와 후기 인상파 화가들의 작품 사이에 존재하는 어떤 형식적 유사성 때문에 생겨났던 것일 수도 있었다. 1934년 겨울, 그의 그림들 중 11점이 파리의 오랑주리 미술관에서 열린 〈사실성의 화가들〉이라 불린 전시회의 전시작품에 포함되었다. 그 작품들은 즉각적이고 아주 엄청난 충격을 주게 되었다. 전후(戰後)에 전세계의 미술사학자들과 미술관의 관

성모와 아기 예수(부분), 조르주 드 라 투르

리자들은 새로운 작품들과 정보를 찾기 시작했는데, 1972년이 되어서야 그들은 바로 그 오랑주리 미술관에서 이 거장이 직접 그린 것으로 여겨지는 31점의 그림과 모방해서 그린 작품, 혹은 그의 것으로는 의심이 가는 작품들 20점을 소개할 수가 있었다.

라 투르의 천재성은 20세기에 들어서 새롭게 탄생한 것이다. 새롭게 태어난 천재성과 원래의 천재성 사이에는 어떤 관계가 있을 법한 것일까? 이 물음은 결코 완전한 대답이 나올 수 없는 것이며, 지금도 나는 이제까지 추정되어 온 대답들을 신뢰하지 않고 있다. 라 투르는 우리가 그에 대하여 그러리라고 이해하고 있는 것에는 좀 미치지 못한다.

이러한 왜곡은 부분적으로 최근의 프랑스 역사가 빚어낸 결과이다. 라 투르는 인민전선의 시대에 재발견되었고, 그의 예는 문화의 대중민주주의적 프랑스 전통이라는 사상을 진척시키는 것에 즉각적으로 이용되었던 것이다. 전후 뉴욕에서 열린 대규모의 전시회를 통해서 라 투르는 승리를 거둔 프랑스의 대중적 정신을 대표하는 상징적인 인물로서 외부 세계에 소개되었고, 그렇게 받아들여지게 되었다. 그 당시 프랑스어로 씌어진 한 책에서 발췌한 대표적인 인용문을 여기에 소개한다.

우리는 여러 세기를 통해 유명한 많은 이름들을 인용하게 될 수도 있다. 세 개의 이름이면 충분하다. 푸생·와토·들라크루아가 그런 이름들에 해당하는데…… 하지만 그들에게 그림은 가장 심원한 사상과 가장 아름다운 꿈에 대한 마술적인 해석인 이러한 위대한 화가들 외에 또 다른 종류의 화가가 있는데, 겉보기에 그는 그들만큼은 추켜세워지지 못하고 있지만 그들 못지않게 프랑스에 영광을 가져다 주었다. 실로 프랑스가 내세울 수 있는 가장 위대한 주장들 가운데 하나는 그밖의 어디에도 존재하지 않는 그러한 화가를 가지고 있었다는 점이다. 이들 화가들은 매우 겸손했다. 그들은 자연과 아주 가까이 머무르는 쪽을 택했고, 그밖의 다른 곳에서는 멸시 또는 조롱거리가 되거나, 아니면 과장되게 그려지는 주제들을 가지고 그들은 그 독창성을 처음에는 거의 식별해낼 수 없을 정도로 아주 단순한 어떤 것을 말하고 있다. 하지만 그것을 알아볼 수 있는 안목과 그것을 느낄 수 있는 마음을 가지고 있는 사람들은 그들이 열망하는 것의 고결함을, 그리고 모든 인류를 하나로 통합시키는 공감이라는 정서에 의해 추진되는 편견이 없고, 타협도 없는 그들의 진리에 대한 탐구의 고결함을 인정하게 될 것이다.

그리고 그것은 그렇게 계속되어 왔다. 1972년 전시회 목록의 권두화(卷頭畵)에는 거울 앞에서 불타고 있는 단 하나의 촛불을 보여주고 있다. 그것은 성스럽게 불타고 있었다. 라 투르의 작품에 대한 복제품과 크리스마스 카드들은, 소비자 사회의 일반 사람들에게 그들이 진정으로 열망하는 것은 단순성과 인본주의자적인 경외임을 납득시켜 주고 있다.

하지만 이러한 점은 어떤 방식으로 라 투르의 삶에 대한 사실적인 측면들이나 그의 작품이 가지고 있는 실제 성격과 조화되는가? 그러한 사실들은 빈약한 것이지만, 고려해 볼 만한 가치가 있다. 라 투르는 소농 집안 출신인 빵 굽는 사람의 아들이었다. 그는 —— 아마도 화가로서 그가 분명하게 보여준 장래성이라는 결과로 인해 ―― 그 지방에서 그리 대단치 않은 한 귀족의 딸과 결혼을 할 수가 있었다. 그는 자기 아내의 고향인 뤼네빌에 가서 살면서 작업을 했고, 거기서 화가로서 크게 성공하여 돈을 많이 벌어들여 , 그 지방에서 가장 부유한 지주들 가운데 하나가 되었다. 시골 지역을 휩쓴 30년 전쟁 동안 그는 처음에는 로렌의 공작에게 충성을 맹세했지만, 프랑스가 로렌 공작을 누르고 승리를 거두게 된 나중에는 프랑스 왕에게 충성을 맹세했다. 그 도시의 시청 기록에는 그가 전쟁 기간 동안에 곡식을 가지고 부당하게 폭리를 취하여 돈을 벌어들였음을 강하게 암시해 주는 부분이 존재한다. 1646년 그 지역의 전체 주민들은 망명중인 공작에게 보내는 호소문에서 화가 라 투르의 거만함과 부유함, 부당하게 누리고 있는 특권 등에 대한 불만을 터뜨리고 있다. 반면 그에 대한 불만을 터뜨렸던 바로 그 주민들은 당시의 프랑스 총독에 대한 선물로 제공된 라 투르의 주요 작품들 각각에 대한 그림값을 억지로 지불해야만 되기도 했다. 1648년의 한 기록은, 라 투르가 어떤 연유인지는 알려지지 않은 상황에서 한 남자에게 폭력을 행사하여 그에 대한 손해배상으로 10프랑을 지불했음을 보여주고 있다. 2년 후의 또 다른 기록에 의하면, 라 투르는 자신의 땅에 불법 침입한 농부를 발견하고 그를 공격하여 치료비조로 7프랑 20상팀을 지불하여야 했었음을 보여주고 있다.

그의 인생에 대한 있는 그대로의 대략적인 윤곽은 라 투르가 야심에 차 있었으며, 사람들을 학대했고, 폭력적이었으며, 상당히 파렴치했고, 성공을 거둔 사람이었음을 암시해 주는 것이 될 수 있다. 그러나 우리는 역사적 기록에는 없는 도덕적 판단을 내리는 것에 주의해야만 한다. 프랑스의 그 지역에서 토지를 소유하고 있는 지주 계급 대다수가 30년 전쟁 동안에 폭리를 취했던 것이다. 또한 한 위대한 화가가 모범적일 정도의 도덕적 삶을 살아야만 할 의무 같은 것도 없는 것이다. 하지만 그럼에도 불구하고 뤼네빌에서 멸시의 대상이었던 부유한 시민 라 투르와 소박한 농부들, 거지들, 세속적인 것과는 인연을 끊고 사는 고행하는 성자들, 막달라 등을 그렸던 화가로서의 라 투르 사이에는 한 가지 모순된 점이 존재한다.

새롭게 태어난 이래, 라 투르는 '카라바조주의자'로 불리어 왔다. 그리고 그의 '서민적인' 주제와 그가 사용한 빛은 간접적으로나마 카라바조의 영향을 받았음을 시사해 주는 것이다. 그러나 두 화가들의 작품이 가지고 있는 정신은 거의 더 이상 대립될 수 없는 그러한 것이다.

사실 여기서 카라바조의 예를 들어 보면, 앞서 내가 언급했던 모순에 대한 약간의 해명이 될 수도 있을 것이다. 카라바조의 〈동정녀의 죽음〉을 보라. 카라바조는 거리에서 치고받는 싸움이나 폭력 사건에 수없이 많이 연루되어 있었다. 그는 살인을 하기까지 했다. 그는 로마의 암흑가에서 살았다. 그는 자신이 그 곁에 살고 있는 사람들의 모습을 그렸다. 그는 자기 자신의 정서로 그들을 그려냈으며, 그는 그들이 처해 있는 바로 그 상황에서 자기 자신의 난폭함을 보았다. 말하자면 그는 그가 그려내고 있는 상황에 처해 있었던 것이다. 그에게는 자신을 보호한다는 그 어떤 본능적 감각도 결여되어 있었으며, 이러한 점은 자신이 그려내고 있는 이미지에 자신의 삶을 더하는 것이 될 정도로 자신이 그려내고 있는 사람들에게 있어서도── 그리고 그가 그려낸 그림에 있어서도── 마찬가지로 일치하는 것이었다. 그러한 맥락에서는 전통적인 도덕성이라는 것에 대하여 말한다는 것은 불가능한 일이다. 우리는 〈동정녀의 죽음〉을 그대로 지나치든가, 아니면 그녀의 죽음을 슬퍼하든가 하게 된다. 그러한 점이 카라바조에게 있어서 얼마나 모순이 적은 것인지에 대한 자초지종이 되는 것이다. 대조적으로 라 투르는 그 자신이 그려냈던 상황에 처했던 적이 한번도 없었다. 그는 자신이 그려낸 상황과는 거리를 두고 있었다. 그 거리는 그가 가지고 있었던 자기 보호 본능의 척도인 것이다. 그리고 그 공간의 안쪽에서 도덕적 의문점들이 합법적으로 제기될 수 있는 것이다.

라 투르의 초기 그림들은 가난한 소작농들(때로는 성자들로 등장하기도 하는), 거리의 악사들, 거지들, 카드놀이 야바위꾼들, 그리고 점쟁이들을 묘사하고 있다. 눈은 거의 보이지 않고, 입은 헤벌어지고, 관절염에 걸린 두 손은 그의 무릎에 올려 놓고 있는 손잡이를 돌리는 나무로 만든 풍금에 얹은 채 앉아 있는 노인을 그린 그림이 특히 충격적이다. 그 이유는 세 가지이다. 즉 그러한 암시된 비참함과 대면해야 하는 고통, 그림이 가지고 있는 형식상 색채의 조화, 그리고 그 남자의 살갗이 마치 그 종류에 있어서 그의 구두 가죽이나, 그의 발 밑에 있는 돌멩이들, 혹은 그의 외투 옷감과 똑같은 물질로 되어 있는 것처럼 채색이 되어 있다는 사실 등이다. 이러한 살빛에 대한 '거부'는 무릎을 꿇고, 옷은 입지 않고 있으며, 살갗은 그의 앞에 펴놓고 있는 성경책의 종잇장과 같고, 그의 손에는 그가 스스로를 징벌하기 위하여 밧줄로 매질을 한 핏자국이 있는 성 히에로니무스의 그림에서 보다 분명하게 나타난다. 그러한 이미지가 가지고 있는 세속의 이해에 대한 초연함은 신성한 것인가, 아니면 단지 냉혹한 것일 뿐인가? 그러한 것들은 당시 로렌 지방 어디에서나 볼 수 있는 고통과 절망에 직면해야 했던 결과인가, 아니면 그러한 것들은 그러한 고통의 광경을 보다 받아들이기 쉬운 것으로 만드는 데 기여하였던 것일까? 내가 강조해 왔던 것처럼 이 이미지들은 전적으로 외부로부터 본 것이기 때문에 경험이 아닌 광경인 것이며, 그것들은 정물화들처럼 되어 버리는 것이다.

카드놀이하는 사람들과 야바위꾼들을 그린 초기의 다른 그림들이 어쩌면 이 물음에 대한 답이 될 수 있다. 다시 한 번 그 그림은 깔끔하고 조화를 이루고 있는 것이 된다. 다시 한 번 살갗은 마치 그것이 감각을 갖고 있지 않은 재료—— 밀랍이나 나무, 혹은 밀가루 반죽—— 처럼 그려지며, 눈들은 과일 조각들처럼 그려진다. 하지만 이제 고통은 존재하지 않는다. 단지 두 가지 놀이가 벌어지고 있을 뿐이다. 카드놀이(또는 손금보기놀이)와, 이것을 이용하여 합법적으로 포획해도 되는 사냥감이나 마찬가지인 부잣집 젊은이를 속이거나 터는 놀이가 그것이다. 이 그림들은 그 어떤 심리적 통찰도 드러내지 않는다. 이 그림들이 관심을 보이고 있는 것은 도식적인 것으로, 그 낱말이 가지고 있는 모든 의미에서 그러하다. 그림의 형식상 도식이 존재한다. 놀이의 도식은 그것의 규칙, 그것의 상징적 언어, 그리고 마지막으로 그 젊은이를 속여넘기는 것의 도식, 그것의 계획, 동작과 표정에 의한 그것의 기호 언어, 그것의 불가피성 등이다.

라 투르는 삶이라는 것 전체를 지상의 그 누구도 통제할 수 없는 하나의 도식, 예언과《성서》속에서 드러나게 되는 하나의 도식으로 보고 있다고 여겨진다. 따라서 거지들이 존재한다는 것은 하나의 징후에 지나지 않는 것이고, 성 히에로니무스가 존재한다는 것은 도덕적 강제 명령에 지나지 않는 것이며, 사람들은 암호로 변형된다. 하지만 중년의 절대적인 믿음은 사라져 버렸다. 과학적인 관찰이 시작되었다. 사상가나 화가의 개성은 무시되거나 망쳐질 순 없는 것이다. 결과적으로 이 화가는 단순히 신이 내려준 성상을 그려내는 것에 따르기만 할 수는 없다. 그는 새로운 것을 창안해내어야만 한다. 하지만 만약 그가 그러한 세계관(의심의 여지가 없는 도식으로서의 세계)을 받아들인다면, 그가 새롭게 창안해낼 수 있는 유일한 방법은 그 자신의 예술이라는 작은 활동 범위 안에서 겸손하고 경건하게, 신을 모방하는 것에 의해서이다. 세계를 도식으로 받아들임으로써, 그는 그것에서 그 자신의 조화로운 시각적 도식을 만들어낸다. 이 세계 앞에서 그는 그림의 제작자라는 자격임을 제외한다면 무력한 존재이다. 라 투르의 추상적 형식은 도덕적 패배에 대한 위안이었던 것이다.

라 투르의 후기 작품들은 이러한 해석을 확증해 주고 있는 것으로 보인다. 1636년, 프랑스 총독은 뤼네빌 시를 공작이 이끄는 군대의 수중에 떨어지도록 놓아두기보다는 불을 질러 버렸다. 도시는 밤새도록 불탔다. 그것을 목격했던 한 사람은 그 불꽃에서 나오는 빛으로 거리에서도 책을 읽을 수 있을 정도였노라고 증언했다. 1개월 후에는 프랑스군이 그 도시를 점령하여 노략질을 일삼았다. 이러한 사건들은 라 투르의 생애에 있어서 하나의 전환점이 되었다. 그의 그림들 중 대다수가 파괴되었을 것이 분명하며, 그 점은 그의 재산 중 일부도 마찬가지였을 것이다. 그가 그 도시에서 다시금 자리를 잡고 났을 때, 그는 밤에 관한 작품들로서 당시에도 현재와 마찬가지로 그것들로 인해 그가 가장 잘 알려지게 되었던 것들인 촛불 그림들을 그려내기 시작했다.

이러한 밤 장면의 대부분은 종교적 몰두에서 별개의 정도를—하지만 별개의 유형은 아니다—함축하고 있는 것이다. 촛불은 영혼을 육체로부터 분리시키며, 합리적으로 생각지 못하게 만드는 것이다. 그리고 존재와 비(非)존재, 현상과 환상, 의식과 꿈 사이의 경계가 모호하게 된다. 한 명 이상의 인물이 있을 때 그 각각은 실체인지, 아니면 단지 다른 한쪽의 꿈이 투사된 것인지 확신하기가 어렵게 된다. 불이 켜져 있는 모든 형태는, 그것이 하나의 환영(幻影)에 지나지 않는 것일 수도 있다는 가능성을 주장하는 것이 된다. 내가 그것을 보았던 것일까? 아니면 내가 그것을 꿈꾸었던 것일까? 만약 내가 눈을 감는다면, 눈앞은 다시 캄캄해진다. 라 투르는 그의 의혹을 몰아내고 있는 것이다. (울고 있는 성 베드로의 그림이 그의 자화상이라는 것은 단지 불가능하기만 한 것일까?) 그것들은 독백이나 기도와 같은 그림들인 것이다. 그것들은 이 세계와 직접 이야기를 주고받지 않는다. 따라서 단순히 신, 또는 화가의 도식 안에 존재하는 암호로 여겨지는 그림 속의 인물이 가지고 있는 문제점도 제거되는데, 그 까닭은 우리에게 소개되는 것은 더 이상 이 세계가 아니라 그 화가가 가지고 있는 영혼의 밤이기 때문이다.

이러한 범위 내에서, 밤에 대한 그림들 중 석 점이 걸작품들이다.

먼저 거울을 보고 있는 막달라를 그린 그림이 있다. 여기서는 그림의 도식과 그림이 의도하는 바의 도식(성서)이 필요로 하는 것 이외에는 모든 것이 제거되었다. 우리는 그녀 머리의 옆모습을 보게 된다. 그녀의 가까운 쪽에 있는 손은 그녀 앞에 있는 탁자에 놓인 두개골을 만지고 있다. 손이나 두개골 모두 어두운 반면영상(半面影像)으로 생기가 없으며, 빛을 배경으로 하고 있다. 그녀의 먼 쪽에 있는 손은 빛을 받고 있으며, 생기가 있다. 이처럼 그녀는 둘로 나뉘어 있다. 그녀는 거울을 들여다보고 있다. 거울 속에서 우리가 보게 되는 것은 두개골이다. 그 균형은 아주 정확하면서 어렴풋한 것이다.

두번째는 목수로 그려진 성 요셉의 그림이다. 그는 앞으로 몸을 굽힌 채 작업을 하고 있다. 촛불의 불빛은 목재처럼 불투명한 그의 살갗을 밝게 비추고 있다. 아이인 예수가 그 촛불을 들고 있다. 촛불이 꺼지지 않도록 바람을 막고 있는 그의 앳된 손은 그 불빛에 의해 투명하게 되어 있으며, 불빛이 비춰진 그의 얼굴은 밤에 불켜진 창을 밖에서 바라보는 것과도 같다. 다시 한 번 말하거니와 외형상의 그림과 그것이 의도하는 바(어린 시절과 나이가 든 때, 불투명함과 투명함, 경험과 천진난만함 사이의 대조)는 전적으로 연속적인 것이며, 완벽하게 균형이 잡혀 있다.

세번째 걸작품은 내가 설명을 해낼 수 없는 작품이다. 그것은 소위 〈벼룩 잡는 여인〉이라는 작품이다. 그녀는 반라(半裸)의 상태로 촛불빛 속에 앉아 있다. 그녀는 자신의 젖가슴 아래쪽에 두 손을 서로 맞붙여 누르고 있다. 어떤 이들은 그녀가 양쪽 엄지손톱 사이에서 벼룩을 눌러 으깨고 있는 중이라고 말하기도 한다. 나는 그녀의 두 손이 거기에 놓여 있는 것을 확신의 동작으로 해석한다. 이 그림이 보여주고 있는 정신은, 이제까지 전해 오는 라 투르의 다른 그 어떤 작품의 그것과도 같지 않다. 그것은 그의 작품에 대한 통상적인 견해를 거의 확증해 주는 것이다. 거기에 앉아 있는 그 여인은 상징이나 암호 그 어느쪽도 아니다. 촛불빛은 부드럽고, 환영 같은 것은 존재하지 않는다. 그녀가 거기에 있는 것이다. 그녀의 육체가 가지고 있는 분위기가 그 그림을 채우고 있는 것이다. 어쩌면 라 투르는 그녀와 사랑에 빠져 있었을는지도 모른다.

하지만 이들 세 작품을 감상하는 것이 '모든 인류를 하나로 통합시키는 공감이라는 정서'와 마주치게 되는 것은 아니다. 라 투르가 열망하고 있었던 형식의 미학적 완벽함이라는 것은, 정확히 타자(他者)들의 의미라는 것에 대한 종교적·사회적 문제에 대하여 그가 특별히 제시한 해결책이었으며, 그 문제는 그것 자체의 조건에 있어서는 해결할 수 없는 것임을 그가 알게 되었던 그러한 것이었다. (1972년)

7
프랜시스 베이컨과 월트 디즈니

피로 얼룩진 인물이 침대에 누워 있다. 여기저기 부목을 댄 사람의 몸체. 담배를 피우면서 의자에 앉아 있는 남자. 한 사람이 그의 그림을 마치 그것이 거대한 공공 시설이라도 되는 것처럼 걸어서 지나친다. 앉아 있는 의자를 회전시키고 있는 남자. 면도날을 든 남자. 똥을 누고 있는 남자.

우리가 보고 있는 이 사건들이 의미하고 있는 것은 무엇인가? 그림 속의 이 인물들은 모두 서로 다른 사람의 존재나 곤경에 대해서는 아주 무관심하다. 우리가 그 인물들을 보며 걸어 지나치면서, 우리도 그들과 마찬가지인가? 소매를 걷어붙이고 있는 모습인 베이컨의 사진은, 그의 팔뚝이 그가 그린 수많은 사람들의 팔뚝과 아주 닮았다는 것을 보여준다. 한 여자가 어린아이처럼 레일을 따라 기어가고 있다. 《코네상스 데자르》(예술의 인식)라는 잡지에 따르면, 1971년 베이컨은 생존해 있는 가장 중요한 10명의 화가들 가운데서 첫째를 차지하게 되었다. 한 남자가 벌거벗은 채로 앉아 있고, 찢어진 신문지가 그의 두 발 주위에 놓여 있다. 한 남자는 햇볕가리개 끈을 노려보고 있다. 조끼를 입은 남자는 붉은 얼룩이 진 침상에 비스듬히 뒤로 기대고 누워 있다. 움직이는 많은 얼굴들은 움직이면서 고통을 당하고 있다는 인상을 준다. 이것과 아주 같은 그림은 일찍이 없었다. 그것은 우리가 살고 있는 이 세계에 대하여 말한다. 하지만 어떻게 말인가?

우선 몇 가지 사실들을 들어 보자.

1) 프랜시스 베이컨은 20세기 들어 국제적인 영향력을 얻어 온 유일한 영국 화가이다.

2) 그의 작품은 최초의 그림들에서 가장 최근의 것에 이르기까지 놀라울 정도의 일관성을 지니고 있다. 우리는 충분히 명료하게 표현된 세계관에 직면하게 된다.

3) 베이컨은 비범한 기교를 지닌 화가이자 대가이다. 유화로 회화적 표현을 해내어야 하는 것의 문제점들에 익숙한 그 누구도 그가 내세우는 해결책에 감명을 받지 않을 수 없다. 함부로 찾아볼 수 없는 그러한 정통함은 이 매체에 대한 엄청난 헌신과 극도의 평정이 가져온 결과인 것이다.

4) 베이컨의 작품에 대한 해설은 대개 제대로 이루어져 왔다. 데이비드 실베스터·미셸 레리스, 그리고 로렌스 고윙과 같은 비평가들은, 그것이 본질적으로 함축하고 있는 바에 대하여 뛰어난 능변으로 논의해 왔다. '본질적'이라는 말을 사용하면서 내가 의미하는 바는, 그것 자체의 표현 안에 들어 있는 그것 자체의 주장을 함축한다는 뜻이다.

베이컨의 작품은 인간의 몸체에 집중되어 있다. 그 몸체는 대개 뒤틀려 있는 반면, 그 몸체에 입혀져 있는 옷이나 그 몸체의 주변을 둘러싸고 있는 것은 비교적 뒤틀려 있지가 않다. 비옷과 몸통, 우산과 팔, 담배꽁초와 입을 비교해 보라. 베이컨 자신에 의하면, 얼굴이나 몸이 겪게 되는 뒤틀림은 그가 안료를 '신경 계통과 직접 만나게' 만드는 방법을 찾으면서 얻어진 결과라는 것이다. 되풀이해서 그는 화가와 관객의 신경 계통에 대해 언급한다. 그에게 있어서 신경 계통이라는 것은 두뇌와는 독립되어 있는 것이다. 그는 두뇌에 호소하는 그러한 종류의 회화적 표현이 도해나 마찬가지이며, 지루한 것임을 알게 된다.

나는 언제나 내가 할 수 있는 한 사물을 직접적이고 있는 그대로 전달할 수 있게 되길 바랐으며, 아마도 어떤 한 가지 사물을 직접적으로 마주치게 된다면 사람들은 그것을 두려운 것으로 느끼게 될 것입니다.

신경 계통에 직접 말을 거는 이러한 있는 그대로의 상태에 도달하기 위해서, 베이컨은 그가 '사고(事故)'라고 부르는 것에 크게 의존한다. "내 경우, 나는 그것이 무엇이건 내가 좋아했던 것이라면, 그것은 그것에서부터 내가 작업을 할 수 있었던 것인 하나의 사고가 가져온 결과였다고 느낍니다."

그의 그림에서 이러한 '사고'는 그가 화포에 '무의식중에 본의 아닌 표시들'을 하게 될 때 생겨난다. 그렇게 되면 그의 '본능'은 이러한 표시들에서 이미지로 발전시킬 수 있는 방법을 찾아내게 되는 것이다. 그렇게 해서 생겨난 이미지는 사실에 입각한 것이면서 신경 계통에 암시를 주는 것, 두 가지 모두가 된다.

우리가 원하는 것은 하나의 사물이 가능한 한 사실에 입각한 것이면서, 그럼에도 불구하고 동시에 마찬가지로 우리가 그림을 그릴 때 하기 시작하는 것처럼 단순히 대상을 도해하는 것이 아니라 그것이 깊은 암시를 주는 것이거나, 또는 감각의 영역을 깊은 곳까지 열리게 하는 것을 그려내는 것이 아닌가요? 그것이 예술이 추구하는 전부가 아닌가요?

베이컨에게 대상을 '열리게 하는 것'은 언제나 인간의 몸체이다. 그의 그림에서 다른 사물들(의자들, 신발들, 햇볕가리개들, 전등 스위치들, 신문지들)은 단순히 도해된 것들이다.

내가 하고자 하는 것은 사물들을 그 외양을 훨씬 넘어서까지 뒤틀어 놓는 것이지만, 그 뒤틀어놓기는 외양의 기록이라는 것을 다시 상기시켜 줄 수 있게 하기 위한 것입니다.

과정을 이해했으니 이제 우리는 이것이 다음과 같은 의미임을 알 수 있게 된다. 어떤 몸체의 외양은, 그 위에 찍혀진 무의식중에 이루어진 본의 아닌 표시들이라는 사고를 겪는다. 그것의 뒤틀린 이미지는, 그 다음 그것이 가지고 있는 표시를 통하여, 또는 그 표시 아래에 감춰진 몸체의 외양을 재발견해내는 관람자(또는 화가)의 신경 계통과 직접 마주치게 된다.

그리면서 우연히 가해진 표시들과는 별개의 것으로서, 때로는 몸체나 매트리스에 그려진 표시들 또한 존재한다. 어느 정도 눈에 띄게 체액의 흔적들——피, 정액, 어쩌면 대변과 같은——이 존재한다.

그런 일이 생겨나면, 화포에 나타난 얼룩들은 실제로 그 몸체와 맞닿아 있는 표면에 생긴 얼룩과 같이 되는 것이다.

베이컨이 자신의 그림에 대하여 말할 때면 언제나 사용하는 낱말들(사고, 있는 그대로임, 표시들)의 이중적인 의미, 그리고 어쩌면 그 자신의 이름이 가지고 있는 이중의 의미조차도 몰두의 어휘이자, 어쩌면 그의 자의식이 시작된 곳까지 거슬러 올라가는 것일 수도 있는 경험의 어휘의 일부로 여겨진다. 베이컨의 세계에 제공되는 대안이라는 것은 존재하지 않으며, 빠져나갈 길이라곤 없다. 시간이나 변화에 대한 의식은 존재하지 않는다. 베이컨은 사진에서 얻어낸 이미지로부터 한 점의 그림을 그리는 작업을 시작하는 경우가 흔하다. 사진은 하나의 순간에 대한 기록이다. 그림을 그리는 과정에서, 베이컨은 그 순간을 모든 순간으로 바꿔 놓게 될 사고를 모색하고 있는 것이다. 생명체에 있어서 이전과 이후의 모든 순간들을 몰아내는 순간이라는 것은 육체적인 고통의 순간인 경우가 가장 흔하다. 그리고 고통이라는 것은 베이컨의 집착이 열망하고 있는 이상일 수도 있는 것이다. 그럼에도 불구하고 그의 그림의 내용이 되는 것, 즉 그 그림이 가지고 있는 호소력을 구성하고 있는 것은 고통과는 별 관계가 없는 것이다. 흔히 그러하듯 그러한 집착은 하나의 기분전환이며, 진짜 알맹이는 엉뚱한 곳에 들어 있는 것이다.

베이컨의 작품은 서유럽 사람들이 지니고 있는 고뇌에 찬 외로움의 표현이라고들 말한다. 그의 인물들은 유리 상자 속에, 순수한 색채로 되어 있는 투기장 속에, 익명의 방들 속에, 또는 바로 그들 자신의 내부에서까지도 고립되어 있다. 그들의 소외는 그들이 다른 사람들의 관찰의 대상이 되고 있다는 사실을 배제하지 않는다. (각각의 인물이 그 스스로가 차지하고 있는 화포 내부에 고립되어 있지만, 다른 사람들이 그들을 볼 수 있게 되어 있는 3부작 형식의 작품은 그러한 사실에 대한 징후가 된다.) 그의 인물들은 혼자이지만, 그들은 전적으로 남의 눈을 피할 수가 없다. 그들이 지니고 있는 표시들, 그들의 상처들은 스스로 자초한 것으로 여겨진다. 하지만 아주 특별한 의미에서 그것들은 스스로 자초한 것이다. 개인에 의한 것이 아닌 인간이라는 종에 의한 것인데, 그 까닭은 그토록 보편적인 고독함이라는 조건하에서는 개인과 종 사이의 구분은 무의미한 것이기 때문이다.

베이컨은 최악의 것을 있음직한 것이라고 상상하면서 〈요한계시록〉에 나오는 세계 종말과 같은 것을 그려내는 화가와는 정반대에 있다. 베이컨에게 그러한 최악의 것은 이미 일어나고 있는 일이었던 것이다. 일어나고 있었던 그러한 최악의 것은 피나 얼룩들, 내장과는 관계가 없는 것이다. 그 최악의 것은 인간이 생각 없는 존재로 여겨지게 되어 왔다는 것이다.

그 최악의 것은 1944년의 〈그리스도를 십자가에 못박음〉이라는 작품에서 이미 일어나고 있었다. 붕대와 비명은 이미 제자리를 잡고 있으며, 이상적인 고통을 향한 열망 또한 그러하다. 하지만 목들은 입에서 끝난다. 얼굴의 위쪽 절반은 존재하지 않는다. 두개골은 사라져 버린 것이다.

뒤에 오게 되면, 그 최악의 것은 보다 미묘하게 불러일으켜진다. 인간의 해부학적 구조는 그대로 남겨져 있고, 심사숙고하는 것에 대한 인간의 무능함은 그의 주변에서 일어나고 있는 일들에 의해서와 그의 표정, 또는 표정이 없는 것에 의해 암시되고 있다. 친구들, 혹은 교황이 들어가 있는 유리 상자들은 동물의 행동 양식을 연구하는 데 사용되는 유리 상자들을 생각나게 해주는 것들이다. 소도구들, 매달린 의자들, 난간들, 끈들은 그 우리 안에 설치되는 것들과 같은 것들이다. 인간은 불행한 원숭이이다. 하지만 만약 그가 그 사실을 알고 있다면 그는 불행하지가 않다. 따라서 인간이 그 사실을 알 수가 없다는 것을 보여줘야 할 필요가 있는 것이다. 인간은 자신이 불행한 원숭이라는 사실을 모르고 있는 불행한 원숭이인 것이다. 인간과 원숭이 두 종을 분리시켜 놓고 있는 것은 두뇌가 아니라 지각하는 힘인 것이다. 이것이 베이컨의 작품이 기초하고 있는 공리가 되는 것이다.

1950년대초, 베이컨은 얼굴 표정에 관심을 가지고 있는 것처럼 보였다. 하지만 그가 인정하고 있는 것처럼 그 얼굴 표정이 표현하고 있는 것에 대한 관심은 아니었다.

사실 나는 공포보다는 그 공포로 인해 지르게 되는 비명을 그려내고자 했습니다. 그리고 만약 무엇이 누군가로 하여금 비명을 지르게 만드는 것 —— 비명을 지르게 만드는 공포와 같은 —— 인가에 대해 진정으로 생각을 해왔다면, 그것은 내가 그려내려 했던 비명을 보다 성공적으로 그려내게 만들었을 것입니다. 그것들은 원래 입과 입의 형태, 이들의 움직임에 의해 내가 언제나 아주 감동을 받아 왔다는 사실을 통해 시작된 것입니다. 여러분은 내가 입에서 나오는 반짝임과 색조를 좋아한다고 이야기할 수도 있겠지만, 나는 어떤 의미에서는 항상 모네가 그려냈던 해지는 풍경과도 같은 입을 그려낼 수 있게 되기를 원하고 있었습니다.

이자벨 로스돈과 같은 자기 친구들의 초상화, 또는 그가 새로 그린 일부 자화상에서 우리는 한쪽 눈에, 때로는 두 눈에 들어 있는 표정과 대면하게 된다. 하지만 이들 표현들을 면밀히 살펴보고, 그것들을 해석해 보라. 그 중 어느것도 스스로에 대하여 숙고하고 있는 눈이 아니다. 그 눈들은 그것들이 처한 상황에서, 그저 멍청하게 그것들을 둘러싸고 있는 것들을 내다보고 있을 뿐이다. 그것들은 어떤 일이 그것들에 일어나고 있었는지 알고 있지 못하며, 그것들이 보여주고 있는 신랄함은 그것들의 무지함 속에 들어 있는 것이다. 그에 더하여 그것들에는 어떤 일이 일어난 것일까? 그들 얼굴의 나머지 부분은 그들 자신의 것이 아닌 표정으로 일그러진 것이 되어 왔는데, 그것은 실로 전혀 표정이랄 수 있는 것이 아니라(그 얼굴들 이면에는 표현될 수 있는 것이 아무것도 없었기 때문에) 화가와의 충돌에서 우연히 생겨난 사건들인 것이다.

그러나 그것들은 전적으로 우연에 의한 것만은 아니다. 유사함은 남아 있는 것이며, 그 유사함에서 베이컨은 그의 완성된 모든 기법을 사용하고 있다. 일반적으로 유사함은 성격을 규정하고, 인간에게 있어서 성격이라는 것은 정신과는 불가분의 관계에 있는 것이다. 그런 까닭에 이들 초상화들 중 어떤 것들은 미술사에서 그 유례가 없는 것이며, 비록 절대로 비극적인 것은 아니지만, 머릿속에서 지워지지 않는 것이 되는 이유인 것이다. 우리는 성격이라는 것을 결여된 의식의 비어 있는 거푸집으로 여기고 있다. 다시 한 번 말하거니와 최악의 것은 있어 왔다. 살아 있는 인간은 자기 자신의 생각이 없는 망령이 되어 온 것이다.

한 명 이상의 사람이 등장하는 좀 더 큰 규모의 인물 구성 작품들에서 표정의 부재는 전적으로 다른 인물들을 받아들이지 못하는 것에 의해 조화를 이룬다. 그들은 모두 계속해서 서로를 탐색하고 있기 때문에 그 어떤 표정도 가질 수가 없는 것이다. 단지 찌푸린 표정만이 남아 있게 된다.

부조리한 것에 대한 베이컨의 견해는 실존주의, 혹은 사뮈엘 베케트와 같은 예술가들의 작품과는 전혀 공통점을 갖고 있지 못하다. 베케트는 절망에 대하여 따지고 드는 것의 결과로서, 전통적으로 그 답이 주어져 있는 언어를 해명해내려 드는 것의 결과로서 접근한다. 베이컨은 그 어떤 것에 대해서도 따지고 들지 않으며, 그 어떤 것에 대해서도 해명하지 않는다. 그는 최악의 것이 있어 왔다는 것을 받아들인다.

인간의 조건에 대한 그의 견해 내에서 그가 대안을 가지고 있지 않다는 점은, 그가 일생 동안 제작해낸 작품에 있어서 그 어떤 주제와 관련된 발전이 없었다는 사실에 반영되어 있다. 30년 동안에 걸친 그의 진보라는 것은, 최악의 것에 보다 날카로운 초점을 맞추는 기교적인 것이다. 그는 성공을 거두지만, 동시에 반복적으로 나타나는 기교는 그 최악의 것을 보다 덜 신뢰할 만한 것으로 만들어 놓는다. 그것이 그가 가지고 있는 역설적인 면이다. 우리가 그의 그림이 걸려 있는 방들을 하나하나 걸어 지나가면서, 우리는 우리가 최악의 것과 함께 공존할 수 있으며, 그것을 거듭해서 계속 그려낼 수 있으며, 그것을 점점 더 우아한 미술품으로 바꿔 놓을 수 있으며, 그것을 둘레가 벨벳과 금으로 된 액자에 넣을 수 있으며, 다른 사람들이 그것을

지미 크리켓, 만화영화 <피노키오> 중에   돌아서고 있는 인물상, 프랜시스 베이컨,
서, 월트 디즈니   (런던) 말버러 미술품거래주식회사

그들이 식사하는 방에 걸어두기 위해 사들이게 되리라는 점이 분명
해진다. 베이컨은 협잡꾼일 수도 있는 것으로 여겨지기 시작한다. 하
지만 그는 그렇지 않다. 그리고 자신의 집착에 대한 그의 성실함은
그의 작품이 가지고 있는 역설적인 면이, 비록 그것이 자신이 의도했
던 진실은 아닐지라도 일관성을 가진 진실을 낳도록 보증해 주는 것
이 된다.

베이컨의 작품은 사실상 순응주의적인 것이다. 그와 비교되어야만 하는 사람은 고야, 혹은 초기의 아인슈타인과 같은 사람들이 아니라 월트 디즈니가 되어야 한다. 베이컨과 디즈니 두 사람 모두 우리 사회에 존재하는 소외된 행동에 대한 조건을 제시하며, 그 둘 모두 각기 다른 방식으로 그것을 관람하는 사람들에게 존재하는 것 그대로를 인정하도록 권유한다. 디즈니는 소외된 자들의 행동을 우스꽝스럽고 감상적인 것으로 만들었으며, 따라서 인정할 수 있는 것이 되게 한다. 베이컨은 그러한 행동을 있을 수 있는 최악의 것이 이미 일어나고 있었다는 측면에서 해석하며, 따라서 그것을 거부하거나 바라는 것 둘 모두 무의미한 것이라고 주장한다. 그들의 작품이 가지고 있는 놀라울 정도의 형식에 있어서의 유사성 —— 손발이 뒤틀려 있는 방식, 몸체의 전반적인 형태, 인물들이 배경 및 다른 인물들에 대하여 가지고 있는 관계, 단정한 양복의 이용, 손의 동작, 사용된 색채의 범위 ——은 두 사람 모두 이 동일한 위기에 대하여 보완적인 태도를 가지고 있다는 것의 결과인 것이다.

디즈니의 세계 또한 시시한 폭력으로 채워져 있다. 최후의 파국은 언제나 가까운 장래에 있다. 그의 피조물들은 개성과 침착성이 없는 태도 두 가지 모두를 지니고 있으며, 그들에게 결여되어 있는 것은 (거의 언제나) 정신이다. 만약 디즈니가 만든 만화의 장면을 보기에 앞서 우리가 그밖의 다른 어떤 것도 존재하지 않는다는 자막을 읽고 그것을 믿는다면, 그 만화영화는 베이컨이 그린 그림만큼이나 소름끼치는 인상을 주게 될 것이다.

베이컨의 그림들은 흔히 그렇게 말해지듯이 외로움과 고뇌, 혹은 형이상학적 의문점의 그 어떤 실제적 경험에 대해서도 언급을 하지 않으며, 또한 사회적 관계, 관료주의, 산업사회, 혹은 20세기의 역사와 같은 것들에 대해서도 언급하지 않는다. 이러한 것들 중 그 어떤 것이건 하기 위해서라면 그것들은 의식에 대하여 관심을 가지는 것이 되어야만 할 것이기 때문이다. 그것들이 하는 일은 어떤 방식으로 소외가 그것 자체의 절대적인 형식——그것은 생각을 갖고 있지 못함이라는 것이다——에 대한 갈망을 자극하는지를 입증하는 것이다. 이것이 베이컨의 작품에서 표현되고 있다기보다는 입증되고 있는 일관성 있는 진리인 것이다. (1972년)

8
하나의 신조

발행 부수가 얼마 되지 않는 같은 이름의 한 잡지를 그 중심점으로 하고 있는 데 스테일 운동은, 1917년 네덜란드에서 비평가이자 화가인 테오 반 두스뷔르흐에 의해 창시되었다. 이 운동은 그가 세상을 떠난 1931년에 중단되었다. 그것은 시종 소규모이며, 상당히 비공식적인 운동이었다. 회원들이 탈퇴했고, 다른 사람들이 가입했다. 이 운동의 초창기 몇 년 동안이 아마도 이 운동에서 가장 독창적으로 생산적인 시기였다. 당시의 회원들에는 화가인 몬드리안과 바르트 반 데르 레크, 디자이너인 게리트 리트벨트, 그리고 건축가인 J. J. P. 오우트가 포함되어 있었다. 데 스테일 운동이 진행되던 전체 기간 동안, 이 잡지와 그에 관련된 예술가들 모두 비교적 세상에 알려져 있지 않으며 인정을 받지 못하고 있었다.

그 잡지는 《데 스테일》이라 불리었는데, 그 까닭은 그것이 의도하는 바가 이차원 및 삼차원적 디자인이 안고 있는 모든 문제점에 적용할 수 있는 현대적인 양식을 설명해내려는 것이었기 때문이다. 그 잡지에 실린 기사들과 도판들은 인간의 총체적인 도시적 환경이 될 수 있는 것에 대한 정의이자 원형이요, 청사진으로 여겨졌다. 이 집단은 상이한 학문들(회화·디자인·도시계획 등과 같은) 사이에서 계급적인 구분을 하는 것에 대하여, 그 어느 예술에서건 세련미를 내세우는 개인주의에 대한 것만큼이나 반대하는 입장이었다.

개인은 보편적인 것 속에서 스스로의 모습을 잊어버리고 자신을 재발견해내야만 하는 것이다. 그들은 예술이, 인간이 어떻게 자신의 전체 환경을 통제하고 정돈할 것인지를 발견해낼 수 있는 수단이 되는 기본적인 모형이 되어 왔다고 믿었다. 그러한 통제가 자리를 잡게 될 때, 예술이라는 것은 사라져 버릴 수조차도 있는 것이다. 그들이 가지고 있었던 미래상은 의식적으로 사회적이며, 우상파괴적이고, 미학적으로는 혁명적인 것이었다.

《데 스테일》지의 양식이 가지고 있는 기본적인 요소들은 직선, 직각, 십자형으로 교차하는 선들, 점, 직사각형의 평면들, 언제나 다른 것으로 뜯어고칠 수 있는 인공적인 공간(외관이라는 자연적 공간과는 상당히 구별되는 것인), 빨강·파랑 그리고 노랑의 3원색, 흰 바탕과 검은 선 등과 같은 것들이었다. 이러한 순수하고 엄격한 추상적 요소들을 가지고 데 스테일 운동에 참여한 예술가들은 본질적인 조화를 표현해내고 구성해내기 위해 분투했다.

이 집단의 회원들은 각기 이러한 조화의 성격을 어느 정도 다르게 이해했는데, 몬드리안에게 있어서 그것은 의사신비주의적인 보편적 절대성이었고, 리트벨트 또는 건축가이자 토목기사였던 반 에스테렌에게 그것은 형식상의 균형과 그들이 하나의 특정 작품에서 성취해낼 수 있게 되길 바랐던 함축된 사회적 의미였던 것이다.

역사책에서 흔히 거론되는 하나의 전형적인 작품에 대하여 생각해 보기로 하자. 리트벨트가 설계한 빨간색과 푸른색의 의자(나무로 되어 있는 팔걸이가 달린 의자)가 그것이다.

그 의자는 나무로 되어 있는 단 두 가지의 요소로만 만들어져 있는데, 등받이와 앉는 부분에 사용된 판자, 다리들과 늑재(肋材), 그리고 팔걸이에 사용된 직각을 이루는 부분들이 그것이다. 여기에는 가구 제작자가 사용하는 용어가 의미하는 바의 장부로 이어진 부분이 존재하지 않는다. 둘 또는 그 이상의 부분들이 만나는 곳은 어디서나, 그것들은 하나가 다른 하나의 위에 얹혀져 있고, 그 각각은 교차하는

리트벨트가 설계한 빨간색과 푸른색의 의자

부분을 지나 돌출해 있다. 각 요소들이 칠해진 방식――파랑·빨강 또는 노랑――은 가벼움과 그 접합의 의도적인 분명함을 강조한다.

우리는 각 부분들이 작은 탁자나 책꽂이, 또는 도시의 모형을 만들기 위해 금방 재결합될 수 있으리라는 느낌을 받는다. 우리는 어린아이들이 때로 온갖 것이 다 갖추어진 하나의 세계를 건설해내는 데 색칠이 되어 있는 쌓기놀이 토막나무들을 어떻게 사용하는지를 상기해내게 된다. 그러나 이 의자에 관한 한 유치한 점이라곤 거의 없다. 그것의 수학적 비례는 정확하게 계산된 것이며, 그것에 함축되어 있는 것들은 정해져 있는 태도나 선입견을 논리적인 방식으로 공격한다.

이 의자는 수제품이 가지고 있는 심미적인 측면들, 소유자로서의 자격이 권위와 무게를 부여한다는 개념, 내구성과 파괴할 수 없다는 것의 미덕, 수수께끼와 비밀의 애호, 기술이 문화를 위협한다는 두려움, 개성이 없다는 것이 주는 공포감, 신비스러운 분위기와 특별한 취급을 받을 권리 등과 같이 여전히 살아남아 있는 가치들에 웅변으로 반대한다. 그것은 이러한 모든 것들에 대하여 그것의 심미적인 측면이 가지고 있는 권위로서 반대하는 한편, 여전히 하나의 팔걸이의자(그리 안락하지는 못한)로서 남아 있다.

그것은 인간이 스스로 보편적인 입장에 놓일 수 있기 위해서라면 그는 더 이상 신, 또는 자연이 보여 주는 모범, 또는 계급이나 국가의 의식적 행사, 또는 국가에 대한 사랑을 필요로 하지 않으며, 그가 필요로 하는 것은 정확한 수직과 수평의 좌표라고 주장한다. 이것만으로도 그는 본질적인 진리를 발견하게 될 것이다. 그리고 이러한 진리는 그가 살아가고 있는 양식과 불가분의 관계에 있게 될 것이다. "자언이 목표했던 것은 인간이며, 인간이 목표하는 것은 양식"이라고 반 두스뷔르흐는 말했다.

손으로 만들어진 그 의자는 대량 생산되기를 기다리는 의자처럼 거기에 서 있다. 하지만 몇 가지 점에 있어서 그것은 반 고흐의 그림 만큼이나 머릿속에서 떠나지 않는 그러한 것이다.

왜 그처럼 간결하게 만들어진 한 점의 가구가 —— 최소한 일시적 으로나마 우리에게는 —— 일종의 신랄함을 지녀야만 했는가?

하나의 시대가 1960년대초에 끝났다. 그 시대가 계속되는 동안 현재와는 다른, 변화된 미래에 대한 생각은 유럽과 북미 지역의 특권 으로 남아 있었다. 미래가 부정적으로 숙고되고 있을 때조차도(《멋진 신세계》《1984년》과 같은 작품에서처럼) 그러한 생각은 유럽적인 조건 에서 이해되고 있었다.

오늘날 비록 유럽(동구와 서구)과 북미 지역이 세계를 변화시킬 수 있는 기술적 수단을 보유하고 있긴 하지만, 그들은 그 어떤 변화가 되었건 그것을 이루어낼 수 있는 정치적 · 정신적 주도권을 상실한 것으로 보인다. 이처럼 우리는 오늘날 초기 유럽의 예술적 아방가르 드의 예언을 다른 견해에서 볼 수 있게 되었다. 우리와 그들 사이의 연속성 —— 겨우 10년 전만 하더라도 우리는 좀 약화된 형태의 가치 에 대한 믿음을 가질 수도 있었으리라는 것과 같은 —— 은 이제 끊 어져 버린 것이다. 그것들은 우리가 옹호하거나 공격하라는 것이 아 니다. 그것들은 그들이나 우리가 예견하거나 고려해 보는 데 실패한 것인 세계 혁명의 다른 가능성들에 대하여 이해하기 시작할 수도 있 도록 면밀히 검토해 보라는 것이다.

20세기 들어 처음 10여 년 동안인 1914년까지, 그것은 작용중인 변화시키려는 힘들, 즉 이 세계는 유례없이 빠른 변화의 시기에 돌입하고 있었다는 것에 대하여 필요성 또는 상상 그 어느쪽에 의한 것이 되었건 고려해 보지 않을 수 없게 된 모든 사람들에게 분명한 것이었다. 미술에서 이러한 가망성과 예언의 분위기가 가장 순수하게 표현된 것은 입체파에서였다. 입체파 화가들의 작품을 거래하는 미술품상인이자 친구이기도 했던 칸바일러는 이같이 말했다.

나는 1907년에서 1914년까지 7년이란 세월을 내 화가 친구들과 함께 지냈는데…… 그 당시에 조형미술에서 일어났던 일들은, 알려져 있는 그 어떤 역사적 시대 안에서보다 더 급진적인 변화를 인간(사실상 전 인류가)이 겪게 되는 새로운 시대가 탄생하고 있다는 사실을 염두에 둘 때에만 이해될 수 있는 것이었다.

정치적으로 좌익에서는 앞날의 가망성에 대한 마찬가지의 확신이 국제공산주의에 대한 근본적인 믿음으로 표현되었다.

모든 것이 한 점으로 집중되는 보기 드문 역사적 순간들이 존재하는데, 그것은 수많은 분야에서의 발전이 유사한 질적인 변화의 시대에 돌입한 다음 각양각색의 새로운 항목들로 분화하게 되는 때이다. 그런 순간들을 거치면서 살아온 사람들 중 일어나고 있는 일들에 대한 완전한 의미를 파악할 수 있는 사람들은 거의 없다. 하지만 모든 사람들이 변화를 자각하고 있으며, 미래는 연속성을 제공하는 대신에 그들을 향해 다가오는 것으로 여겨지는 것이다.

1914년 이전의 10년간이 그러한 순간이 된다. 아폴리네르가

> 나는 어디에나 있네. 더 정확히 말하면 나는 어디에나 있기 시작하네.
> 앞으로 닥칠 수세기 동안 있을 이러한 일을 시작하는 건 바로 나라네.

라고 노래했을 때, 그는 한가한 공상에 빠져 있었던 것이 아니라 구체적인 상황에 대하여 직관적으로 반응하고 있었던 것이다.

하지만 당시엔 그 누구도, 레닌조차도, 그 변화의 과정이 얼마나 시간을 질질 끄는 것이며, 혼란스럽고, 무시무시한 것이 될 것인지에 대해서는 예상하지 못했던 것이다. 무엇보다도 다가오는 정치적 역위(逆位) —— 말하자면 이념이 점차 정치를 지배하게 되는 것 —— 의 영향이 얼마나 멀리까지 미치는 것이 될지 그 누구도 깨닫지 못했다는 것이다. 그것은 오늘날 우리가 바랄 수 있는 것보다 더 장기적이고, 어쩌면 더 정확한 시각을 제공하는 시대였으나, 나중에 있었던 사건들에 비추어 본다면 우리는 또한 그것을, 비록 사정에 따라 정당화된 것이긴 하지만 상대적으로 정치적인 순수함을 지니고 있었던 시기로 볼 수도 있는 것이다.

곧 순수함에 대한 그러한 정당화는 끝을 보게 되었다. 그것을 유지하기 위해서는 지나치게 많은 증거가 부인되어야만 했는데, 그 중에서도 특히 제1차 세계대전의 수행(단순히 그것의 발발이 아니라)과 그것에 있어서 만연되어 있는 대중적 묵인이 그러한 것이다. 10월 혁명은 처음에는 정치적 순수함의 초기 형태를 확인해 주는 것으로 여겨졌을 수도 있지만, 유럽의 나머지 지역 전체에 걸쳐 혁명을 확산시

키는 것에 대한 실패와 구소련 자체 내에서의 그 실패의 모든 결과는 당시 그러한 것에 대한 궁극적인 종지부를 찍게 했던 것이다. 사실상 일어났던 일은 대부분의 사람들이 거부의 경험이라는 것을 대가로 하여 정치적으로는 순수한 상태로 남아 있었다는 것이며, 나아가서 이것은 그 자체로 정치-이념 간의 역위가 이루어지는 것에 기여했다.

1917년까지 몬드리안은 데 스테일 운동이 입체파 화가들이 뱃심 좋게 해냈던 것보다도 한층 더 나아가서 입체파의 논리를 추구한 결과라고 주장하고 있었다. 어느 정도까지는 이것이 사실이다. 데 스테일 운동에 참여했던 화가들은 입체파 운동을 정화했고, 그것으로부터 하나의 체계를 이끌어냈다. (입체파 운동이 건축에 영향을 미치기 시작한 것은 이 체계에 의해서였다.) 하지만 이러한 정화는 1911년 입체파 화가들이 일찍이 상상해 왔던 것보다 더 비극적이고, 훨씬 덜 순수한 것으로서의 현실이 그 모습을 드러내고 있었던 때에 일어났던 것이다.

전쟁에서 네덜란드가 중립을 지킨 것과 칼뱅주의가 내세우는 절대성에 대한 믿음으로 회귀하려는 국민적 추세는 분명 데 스테일 운동의 이론에 영향을 미치는 데 있어서 한 가지 역할을 해냈다. 하지만 이것이 내가 입증해낼 수 있게 되길 바라는 논지는 아니다. (데 스테일 운동과 그것의 네덜란드라는 배경 사이에 존재하는 관계를 이해하기 위해서라면, 우리는 H. L. C. 야페의 선구자적인 저술인 《데 스테일 1917-31》을 참고로 해야만 할 것이다.) 중요한 논점은 입체파 화가들에게 여전히 직관적으로 진정한 예언처럼 되고 있던 것들이 데 스테일 운동에 참여하고 있는 화가들에게는 유토피아적인 실현 불가능한 꿈이 되었다는 것이다.

데 스테일 운동의 유토피아적 이념은, 눈에 보이지 않는 보편적 원칙들의 이름으로 현실로부터 주관적 후퇴를 하는 것, 그리고 객관성이라는 것이 그토록 중요한 것이라는 독단적 주장이 혼합되어 있는 것이다. 대립되는 것이지만 상호 의존적인 이 두 가지 경향들은 다음의 두 진술이 그에 대한 예증이 된다.

'추상파 화가들'이라고 잘못 불리는 이 집단에 속한 화가들은, 화가는 자기 스스로의 내부에 자신의 주제를 가지고 있다는 것, 즉 예민한 감수성과의 관계에 대하여 충분히 잘 알고 있기 때문에 어떤 특정 주제를 다른 것보다 더 좋아하거나 하지 않는다. 진정한 화가들, 즉 그러한 관계에 있는 화가들에게 이 사실은 세계에 대한 그의 개념 전체를 담고 있다. (반 두스뷔르흐)

우리는 조형미술에 있어서의 주된 문제는 대상물의 묘사를 피하는 것이 아닌, 가능한 한 객관적이 되어야 한다는 것임을 알게 되었다. (몬드리안)

이제 이 운동의 심미적인 측면에서 유사한 모순을 찾아볼 수 있다. 이것은 자신 있게 질서와 정확성, 그리고 수학이라는 기계와 현대적인 기술에서 탄생한 가치에 그 기반을 두고 있었다. 하지만 이것의 미학이 가지고 있는 진행 과정은 혼란스럽고, 어수선하며, 예측이 불가능하고, 필사적인 것인 이념적 요인이 사회 발전에 있어서 중요한 것이 되고 있었을 때 형성된 것이다.

아주 분명하게 밝혀 보기로 하자. 나는 데 스테일 운동의 진행 과정이 보다 솔직하게 정치적인 것이 되었어야 한다고 주장하려는 것이 아니다. 실로 좌익의 정치적 진행 과정은 곧 그와 정확하게 동등한 것인 모순을 겪게 되어 있었다. 현실로부터의 주관적인 후퇴는 순수한 객관성에 대한 요구가 스탈린주의의 본질이었다고 독단적으로 강조하는 것에 이르게 한다. 나는 또한 데 스테일 운동에 참여한 화가들이 개인적으로 불성실했음을 주장하고자 하는 것도 아니다. 나는 그들을 역사의 중요한 한 부분으로——그들도 그렇게 취급되길 바랐을 것이 분명한—— 취급하고자 한다. 우리가 데 스테일 운동의 목표에 공감할 수 있다는 것은 말할 나위도 없다. 하지만 우리에게는 현재 무엇이 데 스테일 운동에서 빠진 것으로 여겨지는가?

빠진 것은 하나의 역사적 요인으로서 주관적 경험의 중요성에 대한 자각이다. 대신에 주관성은 탐닉되기도 하는 것인 동시에 부인되는 것이기도 하다. 그에 맞먹는 사회적·정치적 실수는 경제적 결정론을 신뢰하는 것이었다. 그것은 이제 막 끝난 시대 전체를 지배했던 실수였다.

하지만 화가들은 대부분의 정치인들보다 그들 스스로에 대하여 더 많은 것을 드러내 보여주며, 그들 스스로에 대하여 더 많이 알고 있는 경우가 흔하다. 이것이 왜 그들의 선언이 역사적으로 그토록 가치 있는 것인가 하는 이유가 된다.

주관성에 탐닉하면서 한편으로는 그것을 부인해야 하는 것에서 오는 부담은 반 두스뷔르흐의 다음 선언문에서 통쾌할 정도로 분명하게 나타난다.

흰색이다! 우리의 모든 행동에 방향을 제시해 주는 우리 시대의 정신적 색깔이며, 그 윤곽이 분명한 태도가 있다. 회색도 아니고, 상아빛의 흰색도 아닌 순수한 흰색이 그것이다! 흰색이다! 새로운 시대의 색깔이며, 완벽주의자의 시대이자, 순수함과 확실성의 시대인 우리의 시대, 신기원을 이룩한 시대 전체를 나타내 주는 색깔이다. 흰색, 그뿐이다. 우리의 등뒤에는 쇠퇴와 전통주의를 나타내는 '갈색,' 점묘화법을 나타내고, 푸른 하늘, 초록빛이 도는 수염을 가진 신들, 그리고 유령 숭배를 나타내는 '청색'이 있다. 흰색, 순수한 흰색이다.

리트벨트의 의자에서 표현된 비슷하게 거의 무의식적인 회의를 우리로 하여금 이제 느끼게 하는 것은 단지 상상이기만 한 것일까? 그 의자는 하나의 의자로서가 아니라 하나의 신조로서 우리의 머릿속에서 떠나지 않고 있는 것이다. (1968년)

9

두 콜마르 사이에서

그뤼네발트(1528년 사망. 독일의 화가. 그의 생애에 관해서는 제대로 알려진 바가 없으며, 예의 이름도 그의 출생지로 알려진 지명을 따서 17세기의 한 비평가가 붙인 가명이다)가 그린 제단화(altarpiece)를 보기 위해 콜마르(알자스 지역에 있는 프랑스의 산업도시. 이곳에 있는 운터린덴 미술관에 그뤼네발트가 이젠하임에 있는 성 안토니우스 교단 수도원을 위해 그렸던 제단화가 소장되어 있다)에 내가 처음 간 것은 1963년 겨울이었다. 10년 후 나는 그곳에 두번째로 가게 되었다. 나는 그럴 계획이 아니었다. 그만큼의 세월이 흐르는 동안 엄청난 변화가 있었다. 콜마르에서가 아니라, 전반적으로 세계와 또한 내 삶에 있어서 엄청난 변화가 있었던 것이다. 이 극적인 변화의 지점은 그 10년의 세월에 걸쳐 정확히 그 중간에 있었다. 1968년, 여러 해 동안 밖으로 어느 정도 드러나지 않고 숨겨진 채 자라난 희망들이 세계의 몇몇 곳에서 세상 밖으로 얼굴을 내밀고 그 이름을 얻게 되었으며, 같은 해에 이들 희망들은 단정적으로 좌절되었다. 이 점은 돌이켜 생각해 보면 보다 더 분명한 것이 되었다. 당시 우리들 대부분은 진실의 가혹함으로부터 우리 자신을 방어하려고 애썼던 것이다. 예를 들면 1969년이 시작되면서 우리는 여전히 제2의 1968년이 다시 반복된다는 가능성에 대해서 생각하고 있었다.

이 지면은 세계적인 규모로 이루어지는 정치 세력들의 제휴를 무엇이 변화시키게 되었는지를 분석하기 위한 곳이 아니다. 나중에 '정상화'라 불리게 될 어떤 것을 위한 길은 닦여진 상태였다고 말해 두는 것만으로도 충분할 것이다. 수많은 사람들의 삶 또한 변화되었다. 하지만 이것은 역사책에서 읽을 수 있는 내용이 아닐 것이다. (비록 아주 다른 것이긴 하지만 비교해 볼 수 있는 분수령이 1848년에 있었고, 그것이 한 세대의 삶에 끼친 영향은 역사가 아닌 플로베르의 《감정교육》에 기록되어 있다.) 내 친구들——특히 정치 의식이 강했던(또는 여전히 강한 정치 의식을 가지고 있는)——을 둘러보게 되면, 마치 예컨대 병에 걸린다든가, 예기치 않게 그 질병으로부터 회복된다든가, 파산을 겪는다든가 하는 개인적인 사건들에 의해 그렇게 될 수도 있었던 것과 마찬가지로, 장기적으로 본 그들의 삶의 방향이 그 당시 어떻게 바뀌고 빗나가게 되었던가를 알게 된다. 나는, 만약 그들이 나를 바라본다면 그들도 그와 유사한 어떤 것을 보게 되리라고 상상한다.

정상화라는 것은 거의 전세계의 지배권을 공유하고 있는 상이한 정치 체제들 사이에서, 그 어느곳에서건 어떤 것도 근본적으로 변화됨이 없이 단일한 조건하에서 어느것이건 교환될 수 있는 것을 의미한다. 현재라는 것은 연속적인 것이며, 그 연속성은 기술적인 발전을 할 수 있게 해주는 것으로 가정된다.

바라는 것이 이루어지기를 기다리는 시간(1968년 이전처럼)은, 우리로 하여금 우리 자신이 어느것에도 굴하지 않는다고 생각하도록 격려한다. 모든 것은 정면으로 맞서야 할 필요가 있는 것이 된다. 유일한 위험은 회피와 감상인 것처럼 여겨지는 것이다. 가혹한 진실은 해방에 도움을 주게 될 것이다. 이러한 원칙은 아무런 의문을 제기함이 없이 그것을 우리가 받아들이게 될 정도로 우리의 생각 속에서 절대 필요한 부분이 되고 있다. 우리는 그 반대의 경우 어떠할 것인지에 대하여 깨닫고 있다. 희망은 초점을 맞추는 훌륭한 렌즈가 된다. 우리의 눈은 그것에 고정되게 된다. 그리고 우리는 그 어떤 것이건 면밀하게 조사할 수 있게 되는 것이다.

그리스 비극이나 19세기 소설 못지않은 그 제단화는, 원래 삶의 총체성과 세계에 대한 설명을 포함하고 있는 것으로 계획되었던 것이다. 그것은 돌쩌귀가 달린 목판에 그려졌다. 그 목판들을 닫았을 때, 제단 앞에 있는 사람들은 성 안토니우스와 성 세바스티아누스가 좌우에 자리잡고 있는 중앙에 그리스도가 십자가에 달려 있는 장면을 보게 되어 있었다. 목판들을 열었을 때, 사람들은 수태고지와 부활의 장면이 좌우에 자리잡고 있는 중앙에 천사들의 합주, 그리고 성모와 아기 예수를 보게 되어 있었다. 목판들을 다시 한 번 열면, 사람들은 좌우로 성 안토니우스의 생애에 관한 장면들이 자리잡고 있는 중앙에 12사도들과 교회의 고위 성직자들을 보게 되어 있었다. 그 제단화는 성 안토니우스 교단에 의해 이젠하임에 있는 말기 환자들을 위한 요양원의 장식용으로 제작이 의뢰되었던 것이다. 그 요양원은 역병이나 매독 환자들을 위한 것이었다. 이 제단화는 환자들에게 그들이 받고 있는 고통과 타협하게 하는 데 도움을 주기 위해 사용되었다.

콜마르에 내가 처음 찾아갔을 때, 나는 십자가에 매달린 그리스도를 제단화 전체의 의미를 이해하는 열쇠로 보았고, 질병을 십자가에 매달린 그리스도의 의미를 이해하는 열쇠로 보았다. "보면 볼수록 나는 그뤼네발트에게 질병은 인간이 실제로 처해 있는 상황을 대표해 주는 것임을 더욱더 확신하게 되었다. 그에게 질병이라는 것은 죽음의 전주곡—— 현대인들이 두려워하는 경향이 있는 것처럼—— 이 아니라 삶의 조건인 것이다." 이것이 내가 1963년에 발표했던 글의 일부분이다. 나는 그 제단화에 돌쩌귀가 달려 있다는 사실을 무시했었다. 내가 가지고 있는 희망의 렌즈에는 그림이 그려진 목판이라는 희망을 전혀 필요로 하지 않았다. 부활 장면에서 내가 본 그리스도는 '죽음의 창백함만큼이나 핏기가 없었고,' 수태고지 장면에서 내가 본 동정녀 마리아는 천사들이 알리는 소식에 반응을 보이는 것이 마치 '치료할 수 없는 질병에 걸렸다는 소식을 듣는 것과 같았고,' 성모와 아기 예수가 나오는 장면에서 나는 아기를 감싸는 포대기가 나중에 십자가에 매달릴 때 허리에 두르는 천조각으로 사용되게 되어 있는, 너덜너덜 해어진(병균도 득실거리는) 넝마조각으로 묘사되어 있다는 사실을 포착하게 되었다.

그 작품에 대한 이러한 견해는 전적으로 자의적인 것만은 아니었다. 16세기가 시작되던 시점에 유럽의 여러 지역에서 느껴지고, 경험된 것은 저주의 시대라는 것이었다. 그리고 의심의 여지없이 이러한 경험은 그 제단화에도 들어 있었다. 그럼에도 불구하고 오로지 그러했던 것만은 아니었다. 하지만 1963년에 난 단지 이러한 점만을, 황량함만을 보았을 뿐이었다. 나는 그밖의 다른 것은 전혀 필요로 하지 않았다.

10년이 지난 후, 십자가에 매달린 그 거대한 몸뚱이는 여전히 그림 속에서 애도하고 있는 자들과 그림 밖에서 보고 있는 관람자들을 상대적으로 왜소해 보이도록 만드는 것이었다. 이번에는 이런 생각이 들었다. 즉 유럽의 전통은 그 대부분이 극단적인 잔학성을 드러내는 것인, 고문과 고통의 이미지들로 가득 차 있다는 것이다. 어떻게 그 모든 것들 중에서 가장 가혹하며, 가장 고통에 찬 것인 이 그림이 예외가 되는 것일까? 그것은 어떻게 그려졌던 것일까?

그것은 조금씩 조금씩 그려진 것이다. 윤곽선, 움푹 파인 곳, 윤곽선 안의 솟아오른 부분, 그 어디에서도 묘사의 강렬함이 한순간이라도 불안정했음을 드러내는 부분은 존재하지 않는다. 묘사는 겪고 있는 고통에 고정되어 있다. 몸체의 그 어떤 부분도 고통에서 벗어날 수 없는 것이기 때문에, 그 묘사는 그것의 정확성을 위해서는 그 어느 부분에서도 되는 대로 소홀히 다룰 수 없는 것이었다. 고통의 원인은 무의미한 것이었으며, 이제 가장 중요한 것은 그 묘사의 충실성인 것이다. 이 충실함은 사랑에의 공감에서 나오는 것이었다.

사랑은 순수함을 부여한다. 그것은 용서를 해야 할 그 어떤 것도 가지고 있지 않다. 사랑의 대상이 되고 있는 사람은 우리가 보게 되는 길을 건너고 있거나, 또는 세수를 하고 있는 여자와 같은 것이 아니다. 또한 그(또는 그녀) 자신 스스로의 삶과 경험 속에서 살아가는 사람과도 정확히 같은 것이 아닌데, 그 까닭은 그(또는 그녀)는 순수하게 남아 있을 수가 없기 때문이다.

그렇다면 사랑의 대상이 되는 사람은 누구인가? 하나의 수수께끼로서, 그의 정체성은 그 사랑의 대상을 사랑하는 사람 이외의 그 누구에 의해서도 확인되지 않는 것이다. 도스토예프스키는 참으로 이점을 잘 알고 있었다. 사랑은 비록 그것이 쌍방이 결합되는 것이라 할지라도 혼자만의 것인 셈이다.

사랑의 대상이 되는 사람은, 그 사람 스스로의 행위들과 자기 본위의 측면이 점차 사라져 버리고 났을 때에도 지속되는 존재이다. 사랑은 그러한 행위가 있기 이전의 어떤 사람과, 그러한 행위가 있고 난 이후의 마찬가지인 그 사람을 알아보는 것이다. 그것은 미덕으로 바꾸어 놓을 수 없는 가치를 이 사람에게 부여하는 것이다.

그러한 사랑은 자식에 대한 어머니의 사랑이라는 것이 그 전형이 될 수 있을지 모른다. 열렬한 연애 감정은 단지 사랑의 한 가지 방식일 뿐이다. 하지만 차이점들이 존재한다. 어린아이는 생성하는 과정에 있다. 어린아이는 불완전한 존재인 것이다. 현재 그 상태의 어린아이에게 있어서, 어떤 주어진 한순간에 그는 놀라울 정도로 완벽한 존재일 수도 있는 것이다. 그러나 그러한 순간들간의 이행에 있어서 그는 의존적인 존재가 되며, 그의 불완전성은 분명한 것이 된다. 어머니의 사랑은 그 어린아이를 너그럽게 묵인하게 된다. 그녀는 자신의 자식이 보다 완벽한 존재라고 상상한다. 그들의 소망은 뒤섞여 있는 것이거나, 또는 번갈아 생겨나는 것이다. 걷고 있는 두 다리처럼 말이다.

이미 형성되었고, 완벽한 존재가 되어 있는 사랑의 대상이 되는 사람을 발견하는 것은 열렬한 연애 감정의 시작인 것이다.

우리는 우리가 사랑하지 않는 사람을 그들의 재능으로 알아내게 된다. 우리가 중요한 것으로 여기게 되는 재능이라는 것은 사회 일반에서 환영하면서 인정하는 것과는 다를 수도 있다. 그럼에도 불구하고 우리는 우리가 사랑하지 않는 사람들을 그들의 윤곽선을 채우는 방식에 따라 고려하게 되며, 이러한 윤곽선을 묘사하기 위해서 우리는 비교형용사들을 사용한다. 그것들의 전체적인 '형태'는 형용사들에 의해 묘사되는 것과 같이, 그들이 가지고 있는 재능을 모두 합한 것이 된다.

사랑의 대상이 되는 사람은 정반대의 방식으로 이해된다. 그들의 윤곽선, 즉 형태는 마주치게 되는 표면이 아니라 경계를 이루는 지평선인 것이다. 사랑의 대상이 되는 사람은 재능에 의해서가 아니라 그 사람을 만족시킬 수 있는 동사(動詞)들에 의해 알아보게 된다. 그 또는 그녀가 필요로 하는 것은, 그 또는 그녀를 사랑하는 사람이 필요로 하는 것과는 상당히 차이를 지니는 것이 될 수도 있지만, 그것들은 그 사랑의 가치를 창조해내게 되는 것이다.

그뤼네발트에게 그 동사는 '그림을 그린다'는 것이다. 즉 예수의 생애에 대한 그림을 그려낸다는 것이다.

그뤼네발트가 진행시킨 정도까지 진행된 공감이라는 것은 객관적인 것과 주관적인 것 사이에 존재하는 진실의 영역을 드러내 보여줄 수도 있는 것이다. 오늘날 고통이라는 현상에 대하여 학문적으로 연구하고 있는 의사들과 과학자들은 이 그림을 놓고 연구해 보는 것도 괜찮을 것이다. 형태와 비례의 왜곡—— 발을 크게 확대하거나, 인체의 몸통에서 가슴통을 두툼하게 하거나, 팔을 길게 잡아늘인 것처럼 만들거나, 손가락들을 땅에 간격을 두고 심어 놓은 것처럼 만들거나 하는 등의——은 거기서 느껴진 고통의 해부학적 구조를 정확하게 묘사하고 있는 것일 수도 있다.

나는 내가 1963년보다 1973년에 더 많은 것을 보았노라고 주장하고 싶은 것이 아니다. 나는 다르게 본 것이다. 그게 전부이다. 그 10년이라는 세월이 반드시 발전이라는 것으로 그 특색을 이루고 있는 것은 아니며, 여러 가지 면에 있어서 그것들은 패배를 나타내는 것이 되고 있다.

이 제단화는 몇 채의 창고들 곁을 흐르는 강 근처에 고딕식 창문이 달려 있는 높직한 미술관에 소장되어 있다. 내가 두번째로 찾아갔을 때, 나는 필요한 사항들을 적으면서 가끔씩 천사들의 합주 장면을 올려다보고 있었다. 그 미술관은 휴대용 석유 난로 위에 털장갑을 낀 두 손을 댄 채 마주 비비고 있는 나이든 수위 한 사람을 제외하고는 아무도 없었다. 나는 올려다보고 뭔가가 움직여졌거나, 아니면 변화가 생겼다는 것을 깨닫게 되었다. 그럼에도 불구하고 나는 아무런 소리도 듣지 못했으며, 미술관 안은 그야말로 조용하기만 했다. 그 다음 나는 무엇이 변화했는지를 보게 되었다. 구름 속에서 해가 나왔던 것이다. 겨울 하늘에 낮게 걸린 채 태양은 고딕식 창문들을 통해 곧장 비춰져 반대편의 흰 벽에 뚜렷한 가장자리 선을 가진 뾰족한 끝의 아치형 창문 모양을 빛으로 새겨 놓고 있었다. 나는 벽에 비춰진 '창문을 통해 들어온 빛줄기들'로부터——수태고지가 일어나고 있는 그림으로 그려진 성당의 한쪽 끝에 있는 그림 속의 창문, 성모 마리아의 뒤편에 있는 산자락에 쏟아지고 있는 빛, 부활한 예수 그리스도 주위를 북극의 극광처럼 둘러싸고 있는 거대한 원형의 빛과 같은

—— 목판에 그림으로 그려져 있는 빛을 향해 바라보았다. 각각의 경우에 있어서 그림으로 그려진 빛들은 그 자체의 빛을 잃지 않고 있었다. 그것은 빛으로 남아 있었지 채색된 안료로 분해되는 것이 아니었다. 태양은 들어가 버렸고, 흰 벽은 그것이 지니고 있던 생기를 잃었다. 그 그림들은 그것들이 가지고 있는 광채를 계속 유지했다.

나는 그제서야 그 제단화 전체가 어둠과 빛에 관한 것임을 깨달았다. 십자가에 매달린 그리스도의 뒤쪽에 펼쳐져 있는 하늘의 무한한 공간과 평원 —— 전쟁과 기근을 피해 도망치는 수천 명의 난민들이 건넜던 알자스 평원이기도 한 —— 에는 사람 하나 보이지 않으며, 최후 심판의 그것과도 같은 어둠으로 채워져 있다. 1963년에는 다른 목판들에 그려진 빛들이 내게는 덧없고, 인위적인 것처럼 보였다. 아니 보다 정확히 말하자면 덧없고, 비현실적인 것으로 보였던 것이다. (어둠 속에서 꿈꿔 온 빛과도 같이.) 1973년이 되어, 나는 이 목판들에 그려진 빛들이 빛이라는 것에 대한 본질적인 경험과 일치하는 것임을 알게 되었다.

아주 드문 상황에 있어서만 빛은 한결같고 일정한 것이 된다. (때로는 해상에서, 때로는 고산 지대에서.) 일반적으로 빛은 다양한 색채로 이루어진 것이며, 변화가 많은 것이다. 그림자는 그것을 방해한다. 어떤 표면들은 다른 것들보다 더 많은 빛을 반사시킨다. 빛이라는 것은, 도덕가들이 우리로 하여금 믿게 하려 드는 것처럼 일정하게 어둠과는 정반대에 있는 것이 아니다. 빛은 어둠으로부터 타오르는 것이다.

성모 마리아와 천사들의 합주 장면이 그려진 목판을 보라. 그것이 절대적인 정상 상태에 있지 않을 때는, 빛은 공간의 정상적인 넓이를 붕괴시켜 버린다. 빛은 우리가 그것을 지각하는 것처럼 공간을 재편성한다. 처음에 빛 속에 들어 있는 것은 그림자 속에 들어 있는 것보다 더 가까이 있는 것처럼 보이는 경향이 있다. 밤에 마을의 불빛은 그 마을을 보다 가까이 있는 것처럼 다가와 보이게 만든다. 우리가 이러한 현상을 보다 자세히 조사하게 되면, 그것은 보다 더 미묘한 문제가 된다. 빛이 집중되어 있는 각각의 지점들은 상상 속에서 우리가 그림자, 혹은 어둠의 영역에 걸쳐 있는 그것으로부터 평가할 수 있도록 상상에 관한 흡인력의 중심으로 작용한다. 따라서 빛이 집중된 지점들만큼이나 많은 수의, 분명하게 표현된 공간들이 존재하는 것이다. 우리가 실제로 어디에 위치해 있는가 하는 점이 기초 계획에서 일차적인 공간들을 확정하게 된다. 하지만 그곳에서 멀리 떨어져서, 아무리 멀리 떨어져 있는 곳이라 할지라도 빛이 있는 각각의 장소에서 대화가 시작되며, 각각의 장소는 또 다른 장소와 상이한 서로 다른 공간적으로 명료한 표현을 제안하게 된다. 그것은 마치 시력을 가진 눈이, 빛이 집중된 곳이면 그곳이 어느곳이건 그것 자체의 반향을 보게 되는 것과 같다. 이러한 다양성은 일종의 기쁨이다.

에너지의 근원으로서 눈을 빛에 끌어들이는 것, 유기체를 빛에 끌어들이는 것은 기본적인 것이다. 상상력을 빛에 끌어들이는 것은 그것이 하나의 전체로서의 정신과 관련이 있으며, 따라서 그것은 상대적인 경험과 관련을 갖는 것이기 때문에 좀 더 복잡하다. 우리는 빛의 물리적 변형에 대하여 구별이 되는 것이긴 하지만 원기왕성함과 의기소침함, 희망적인 것과 두려워하는 것처럼 극소량의 정신적 변형과 함께 반응하게 된다. 대부분의 장면들 앞에서 우리가 경험하게 되는 그것들의 빛은 확실함과 불확실함이라는 공간적 구역들로 나뉜다. 눈에 보이는 장면들은 징검다리를 걸어 지나가는 인물과도 같이 빛에서 빛으로 진행한다.

앞에서 한 이 두 가지 관찰들을 종합해 보라. 그러면 희망은 우리가 가까이 있고 싶어하며, 그것으로부터 우리가 평가를 내리고 싶어하게 되는 한 점으로서 매혹하며 광채를 내게 된다. 불확실함은 그 어디에도 중심이 없으며, 어디에나 존재하는 것이 된다.

그렇게 해서 그뤼네발트가 그려낸 빛은 힘과 덧없음을 가지고 있게 된다.

내가 콜마르를 찾아갔던 두 차례 모두 겨울이었으며, 그 도시는 두 번 모두 비슷하게 추웠었는데, 평원에서 밀려오는 그 추위는 굶주림을 상기시키는 어떤 것을 싣고 있었다. 비슷한 물리적 조건하에 있는 바로 그 도시에서 나는 다르게 보았던 것이다. 하나의 미술품이 계속 살아남게 되면서 그것이 가지고 있는 의미가 변화한다는 것은 흔히 있는 일이다. 하지만 대개 이러한 지식은 '그들'(과거의)과 '우리들'(현재의) 사이의 구분을 하는 것이 보통이었다. 그것들, 그리고 미술품을 역사에 깊숙이 박혀 있는 존재로서의 미술품에 대한 그것들의 반응을 마음속에 그려 보며, 동시에 그것에 대하여 우리가 역사의 정점으로 취급하는 것으로부터 건너다보면서 개관하는 것을 우리들 스스로의 공으로 돌리는 경향이 있다. 그렇게 되면 살아남은 미술품은 우리의 우월한 위치를 확증해 주는 것처럼 보이게 된다. 그것의 생존이 목표하는 바는 우리들인 것이다.

이것은 환상이다. 역사로부터의 면제란 있을 수 없는 것이다. 내가 그뤼네발트의 작품을 처음으로 보았을 때, 나는 그것을 역사적인 위치에 놓고 싶어 안달을 했었다. 중세의 종교·역병·의학·나병원 등의 측면에서 말이다. 이제 나는 나 자신을 역사적인 위치에 놓도록 강요를 받아 왔다.

혁명으로 이루고자 하는 목표에 대한 기대가 존재하던 시기에, 나는 과거의 절망에 대한 증거로서 살아남은 미술품을 보게 되었으며, 어려움을 견뎌내야 했던 시기에 나는 그 마찬가지의 작품이 기적적으로 절망을 딛고 건널 수 있는 좁다란 길을 제공하는 것을 보게 된다. (1973년)

10

쿠르베와 쥐라 지방

　그 어떤 화가의 작품도 독자적인 진리로 환원될 수 없으며, 그 화가의 생애 —— 또는 당신이나 나의 —— 와 마찬가지로 일생 동안의 작품은 그것 자체의 타당한, 또는 무가치한 진리의 구성 요소가 된다. 설명·분석·해석 등은 관람자가 보다 빈틈없이 그의 주의를 작품에 집중시키는 데 도움을 주는 구도나 렌즈에 지나지 않는 것이다. 비판에 대한 유일한 정당화는 그것이 우리에게 보다 명확하게 볼 수 있도록 해준다고 말하는 것이다.

　몇 년 전 나는 쿠르베에 대하여 설명하는 데 필요한 두 가지를 언급한 적이 있었는데, 왜냐하면 그것들은 불분명한 채로 남아 있었기 때문이다. 첫째는, 그의 이미지가 갖고 있는 물질인 측면·비중·중요성의 진정한 성격이다. 둘째는, 그의 작품이 왜 부르주아 미술계를 그토록 격노케 했는가 하는 깊이 있는 까닭이다. 두번째 물음에 대해서는 그 이래로 재기에 넘치는 대답들이 제시되었는데 —— 놀랍게도 프랑스 학자들에 의해서가 아니라 ——《사람들의 이미지》와《독재적 부르주아들》이라는 두 권의 책에서 그에 대한 답을 제시했던 티모시 클라크나,《사실주의》라는 그녀의 책에서 그에 대한 답을 했던

린다 노클린과 같은 영국과 미국의 학자들에 의해서였다.

그러나 첫번째 물음은 대답이 제시되지 않은 채로 남아 있었다. 쿠르베의 사실주의에 대한 이론이나 진행 과정에 대해서는 사회 · 역사적으로 설명이 되어 왔지만, 그는 자신의 눈과 손을 가지고 그것을 어떻게 실행에 옮겼던 것일까? 그가 외양을 그려냈던 독특한 방식이 가지고 있었던 의미는 무엇일까? 그가 미술이란 "존재하는 것에 대한 가장 완전한 표현"이라고 말했을 때, 그는 표현이라는 말을 어떤 식으로 이해했던 것일까?

화가가 자신의 어린 시절과 청소년기를 보낸 지역은 그의 통찰력의 구성에 있어서 중요한 역할을 하게 되는 경우가 흔하다. 템스 강은 터너를 키워냈다. 모네의 경우에 있어서는 르아브르 주변의 절벽들이 그의 재능을 발달시켰다. 쿠르베는 쥐라 산맥 서쪽 사면에 있는 뢰에 계곡에서 성장했는데, 그의 생애 전체를 통하여 거기서 그림을 그렸고, 자주 그곳으로 돌아왔다. 그의 출생지인 오르낭을 둘러싸고 있는 시골 지역의 특징을 고려해 보는 것은, 그의 작품을 초점에 맞출 수 있는 구도를 구성해내는 한 방법이라고 나는 믿는다.

그 지역은 예외적일 정도로 많은 강우량을 가지고 있는데, 연간 대략 51인치인 반면 프랑스 평원 지대의 평균 강우량은 서부의 31인치에서 중부의 16인치에 이르기까지 다양하게 나타난다. 이렇게 내리는 비의 대부분은 지표면 아래에서 물길을 이루도록 석회암층을 통해 스며들게 된다. 수원지가 되는 뢰에 계곡의 암석 지대에서는 이미 실질적인 강으로 여겨질 수 있을 정도로 물이 솟아난다. 그곳은 지표면에 드러난 석회암층들, 깊은 계곡들, 동굴들과 습곡들이라는 특징을 보이는 전형적인 카르스트〔침식된 석회암 대지〕지역이다. 수평을 이루고 있는 석회암층들에는 흔히 풀이나 나무가 암석 위에서 자라날 수 있게 해주는 이회토(泥灰土) 퇴적층이 존재한다. 우리는 이러한 형태의 지층——아주 초록빛을 띠고 있는 풍경이 하늘 가까이 수평으로 자리잡고 있는 회색의 바윗덩어리에 의해 분할되어 있는——을 〈오르낭의 매장〉을 포함하여 쿠르베의 다수 작품들에서 보게 된다. 하지만 나는 이러한 풍경이나 지질학적 특성이 쿠르베의 작품에 끼친 영향은 멋진 풍경 이상의 것이라고 믿는다.

그러한 풍경이 조장할 수도 있는 지각(知覺)적 관습이 어떤 것인지를 알아보기 위하여, 그러한 풍경에 있어서의 외양이 드러나는 양식을 시각화해 보기로 하자. 그것이 가지고 있는 습곡으로 인해 그 풍경은 하늘이 멀리 떨어져 있는 것처럼 높다랗게 보인다. 가장 두드러진 색채는 녹색이며, 이 녹색을 배경으로 벌어지는 사건들에 해당하는 것은 암석이다. 계곡 안 외관의 배경은 어두운 빛깔로서, 그것은 마치 보이는 것 안으로 동굴의 어두움이 가지고 있는 어떤 면과 지하수가 스며든 것처럼 말이다.

이러한 어두움으로부터 빛을 받는 것(바위의 한쪽 면, 흐르는 물, 나무의 굵은 가지)은 그것이 무엇이 되었건 생생하고 아무런 대가가 없지만, 단지 부분적인 것으로 나타나는(왜냐하면 대부분이 여전히 그늘 속에 남아 있기 때문) 명료함만을 지닌 것으로 나타나게 된다. 그것은 눈에 보이는 것이 불연속적인 것으로 나타나게 되는 장소인 것이다. 아니 다른 방식으로 말해 보면 눈에 보이는 것이 언제나 당연한 것으로 여겨질 수는 없으며, 그것은 그것이 나타날 때 파악되어야만 하는 장소인 것이다. 풍부한 사냥감뿐만 아니라 그 장소의 외양이 드러나는 방식 또한 그곳의 빽빽한 숲과 가파른 경사면들, 폭포들, 굽이치는 강물에 의해 창조되었으며, 우리로 하여금 사냥꾼이 가지고 있는 것과 같은 시각을 발전시키도록 부추기고 있다.

이러한 특징들 중 대다수가 쿠르베의 그림 속으로 들어가 그 본질을 잃지 않은 상태로 고쳐져 표현되고 있으며, 그 점은 주제가 더 이상 그의 고향 풍경이 아닌 경우에도 그러하다. 그가 옥외에 있는 인물들을 그린 그림들 중 유별나게 많은 수에는 하늘이 거의 나타나 있지 않거나, 또는 전혀 나타나 있지 않다(〈돌 깨는 사람들〉〈프루동과 그의 친구들〉〈센 강 둑에 있는 소녀들〉, 그리고 〈목욕하는 사람들〉을 그린 대부분의 그림들). 그 빛은 원근법에 따라 사물을 관찰하지 못하도록 하는 수중의 빛과 다를 것이 없는, 숲에서 볼 수 있는 측면으로부터 나오는 빛이다. 〈화가의 작업실〉이라는 규모가 큰 작품에서 나타나는, 우리를 혼란케 하는 것은 그 그림 속에서 화가(畵架)에 올려져 있는 숲 풍경을 그린 그림의 빛이 파리의 사람들로 북적대는 방을 가득 채우고 있는 것과 같은 빛이라는 점이다. 이러한 일반적인 통례에서 벗어난 하나의 예외는 〈안녕하시오, 쿠르베 씨〉라는 그림인데, 여기서 그는 하늘을 배경으로 자신과 자신의 후원자를 묘사하고 있다. 하지만 이것은 의식적으로 멀리 떨어진 몽펠리에 평원이라는 장소에 위치시킨 그림이었다.

나는 물이 이런저런 형태로, 쿠르베의 그림들 중 약 3분의 2가량에서——흔히 전경에——나타나는 것으로 추측하고 있다. (그가 태어난 시골 중산 계급의 주택은 강으로 돌출해 있다. 흐르는 물은 그가 경험하게 되었던 최초의 경치이자 소리 중 하나였던 것이 분명하다.) 그의 그림에서 물이 등장하지 않는 경우, 전경은 흐르는 물의 흐름과 소용돌이를 생각나게 하는 것들로 이루어져 있는 경우가 빈번하다. (예를 들면 〈앵무새를 데리고 있는 여인〉 〈잠들어 있는 실잣는 소녀〉에서처럼.) 그의 그림에서 빛을 받고 있는, 보기 좋게 표현된 대상물들의 생생함은 흔히 물을 통해 보이고 있는 조약돌이나 물고기의 반짝임을 떠올리게 한다. 물속에 있는 송어를 그린 그의 그림이 가지고 있는 색조는 그의 다른 그림들이 가지고 있는 색조와 동일하다. 온전히 경치를 위주로 그린 것으로서, 연못물에 비춰진 경치를 그린 것일 수도 있는 쿠르베의 풍경화들이 여러 점 존재하는데, 그것들이 가지고 있는 색채는 물 표면에 빛나면서 대기 속에서의 원근법에 적용되는 것을 허용하지 않는다(예를 들면 〈무시에의 바위들〉과 같은).

그는 대개 어두운 바탕에 한층 더 어두운 색채를 써서 그림을 그렸다. 그의 그림들이 가지고 있는 깊이는 언제나 어두움에 기인하는 것으로서, 비록 아주 위쪽 높은 곳에 강렬한 푸른색의 하늘이 존재한다 할지라도 그러하며, 이러한 점에 있어서 그의 그림은 우물과도 같다. 물체들이 어두움 속으로부터 빛을 향해 나타나는 곳은 어디에서나, 그는 대개는 팔레트 나이프로 그것들에 좀 더 밝은 색채를 바름으로써 그것들의 윤곽을 뚜렷하게 보여준다. 우선은 화가로서의 그의 기교라는 문제를 논외로 한다면, 나이프의 이러한 움직임은 그밖의 다른 어떤 것으로도 해낼 수 없었던 나뭇잎들·바위·풀의 울퉁불퉁한 표면 위를 통과하는 한 줄기로 이어진 빛의 움직임을, 즉 생명력과 설득력을 부여하는 것이지만 반드시 구조를 드러내어 보여주는 것은 아닌 한 줄기로 이어진 빛의 움직임을 재현해냈던 것이다.

이와 같은 일치하는 점들은 화가로서 쿠르베의 실제 작품 활동과 그가 자라난 시골 지역 사이의 밀접한 관계를 암시하는 것이다. 하지만 그것들은 그가 외양에 어떠한 의미를 부여했는가 하는 물음에 대해서는 그것 자체로서는 대답하지 않고 있다. 우리는 그 풍경에 대하여 보다 자세한 질문을 던져 봐야 할 필요가 있다. 바위들은 이 풍경에서 기본적인 외형이 되고 있다. 그것들은 정체성을 부여하고, 초점을 맞출 수 있게 한다. 그러한 풍경의 존재를 창조해내는 것은 지표면으로 드러나 있는 암반이다. 이 용어가 가지고 있는 반향을 충분히 인정한다면, 우리는 바위의 표면에 대하여 이야기해 볼 수가 있다. 바위들은 그 지역의 특징이며, 정신인 것이다. 같은 지역 출신인 프루동은 "나는 순수한 쥐라기 석회암이다"라는 말을 했다. 언제나 그러했던 것처럼 쿠르베는 자신의 그림 속에서 "돌이 생각까지도 할 수 있게 만들었다"라고 자화자찬을 했었다.

바위의 표면은 언제나 그곳에 있었다. (루브르 박물관에 소장되어 있으며 〈10시의 도로〉라고 불리는 풍경화에 대하여 생각해 보라.) 그것은 관객들에게 보아 줄 것을 위압적으로 요구하고 있지만, 형태와 색채 두 가지 모두에 있어서 그것의 외관은 햇빛과 날씨에 따라 변화한다. 그것은 끊임없이 그것 자체가 가지고 있는 상이한 측면들을 눈으로 보이는 상태에 제공한다. 나무나 동물·사람과 비교했을 때, 그것의 외관이 가지고 있는 기준이 될 만한 점은 아주 미약할 뿐이다. 바위는 거의 어떤 모양으로든 보일 수 있는 것이다. 그것이 가지고 있는 그것 자체임은 부정하기 힘든 것이지만, 그럼에도 불구하고 그것의 본질은 그 어떤 특정한 형태를 가지고 있다고 긍정적으로 단정할 수 없는 그러한 것이다. 그것은 단연코 존재하는 것이지만, 그럼에도 불구하고 그것의 외관(몇 가지의 아주 넓은 의미에서의 지질학적 한계 안에서)은 자의적인 것이다. 그것은 단지 이번에만 현재의 모습과 같을 뿐인 것이다. 그것의 외관은, 사실 그것이 가지고 있는 의미의 한계인 것이다.

그러한 바위들에 둘러싸여 자라난다는 것은, 눈에 보이는 것들이 원칙을 지키지 않는 것과 환원할 수 없을 정도로 사실적인 것, 두 가지 모두인 지역에서 자라나는 것이나 마찬가지이다. 시각적 사실은 존재하지만, 시각적 질서는 최소한도만이 존재하는 것이다. 쿠르베의 친구인 프랑수아 웨이에 의하면, 쿠르베는 그것이 무엇이었는지를 모르고서도 대상물——예컨대 멀리 떨어져 있는 잘라서 쌓아 놓은 장작더미 같은 것——을 설득력 있게 그릴 수 있었다고 한다. 그것은 화가들 가운데서는 보기 드문 일이며, 내게는 아주 의미심장한 일로 생각된다.

낭만주의적 초기 작품인 〈검은 개를 데리고 있는 자화상〉에서, 쿠르베는 커다란 둥근 돌을 배경으로 망토와 모자가 주는 어둠에 둘러싸인 자신의 모습을 그렸다. 그리고 거기서 그 자신의 얼굴과 손은, 뒤에 있는 돌을 그리는 것과 정확히 같은 정신에서 그려지고 있다. 그것들은 동일한 시각적 사실성을 가지고 있는, 비교해 볼 수 있는 시각 현상들이었다. 만약 눈에 보이는 상태에서 원칙이 지켜지지 않는다면, 외양의 계급적 등급이란 존재하지 않는 것이다. 쿠르베는 모든 것——눈, 살갗, 머리칼, 털가죽, 의복, 나무껍질——을 마치 그것이 바위의 표면이었다면 그렇게 그렸으리라고 여겨지는 방식으로 그려냈던 것이다. 그가 그렸던 그 어떤 것도 내면성—놀랍게도 그가 모방해서 그린 렘브란트의 자화상조차도—을 가지고 있지 않지만, 모든 것은 놀라울 정도로 묘사되어 있다. 왜 놀라운가 하면, 원칙이 존재하지 않는 곳에서 무엇을 본다는 것은 끊임없이 놀라움을 주는 것이기 때문이다.

이제 나는 쿠르베를, 그에게 그토록 영향을 끼쳤던 쥐라 지방의 산들만큼이나 역사 따위와는 관계가 없는 것인 '시대를 초월한' 존재처럼 취급하고 있는 것으로 여겨질 수도 있다. 이것은 내가 의도하는 바가 아니다. 그가 화가로서 작업을 하고 있었던 역사적 상황을 감안하고, 그의 특정한 성벽을 감안한다면, 쥐라 지방의 풍경은 예전에 그래 왔던 것과 같은 방식으로 그의 그림에 영향을 주었던 것이다. 쥐라기 시대의 기준으로 본다 할지라도, 쥐라 지방은 단지 한 사람의 쿠르베만을 '만들어내게' 되었을 것이다. '지리학적 해석'이라는 것이 하는 일은 사회적·역사적 해석에 근거를 제시하고, 자료와 시각적 알맹이를 제공하는 것에 지나지 않는다.

쿠르베에 대한 티모시 클라크의 지각력 있고 치밀한 연구를 몇 개의 문장으로 요약해낸다는 것은 힘든 일이다. 그는 온갖 것이 개재되어 있는 그 복잡했던 정치적 시기에 대하여 우리가 알 수 있게 해준다. 그는 이 화가를 둘러싸고 있었던 전설들, 즉 화필을 다루는 재능을 가졌던 촌뜨기 익살꾼의 전설을, 위태로운 혁명가의 전설을, 야비하고 주정뱅이인데다가 호언장담을 해대는 선동가의 전설을 기억해냈다. (쿠르베에 대한 가장 박진감 있고, 가장 공감이 가는 생생한 묘사는 아마도 쥘 발레스의 《민중의 함성》에서일 것이다.)

　그런 다음 클라크는 지나친 야망을, 중산 계급에 대하여 진정으로 증오심을, 시골 생활의 경험을, 극적인 것에 대한 애호를, 그리고 비범한 직관을 가지고 있었던 1850년대초 쿠르베의 위대한 작품들이, 어떻게 해서 사실상 순전히 그림이라는 예술을 이중으로 변형시키는 것에 바쳐진 것이었던가 하는 점을 보여준다. 이중의 변형이라고 말하는 이유는 그것이 주제와 관람객의 변형을 제안했기 때문이다. 몇 년 동안, 그는 그 두 가지가 최초로 인기 있는 것이 되리라는 이상적인 목표에 고무된 채 작업을 해낼 수 있었다.

　그 변형이라는 것은 그림을 있는 그대로 '포착하는 것'과 그것의 주소를 바꿔 놓는 것을 의미했다. 나는 우리가 쿠르베를 최후의 대가라고 생각할 수도 있다고 여긴다. 그는 물감을 다루는 천재적인 기교를 베네치아의 화가들, 렘브란트, 벨라스케스, 수르바란, 그리고 여타의 화가들에게서 배웠다. 실제로 작품을 그리는 화가로서의 그는 전통주의자로 남아 있었다. 하지만 그는 그러한 기교가 만족시키도록 되어 있는 전통적인 가치들을 떠맡지 않고 그가 이루어낸 그러한 기교를 배웠던 것이다. 우리는 그가 그러한 전문가적 솜씨를 거저 얻은 것이나 마찬가지라고 말할 수도 있을 것이다.

　예를 들면 나체화의 관행은 보는 사람을 불쾌하지 않게 하는 것, 사치스러움, 그리고 부유함의 가치들과 밀접하게 연관되어 있었다. 나체라는 것은 성애를 다룬 장식물이었던 것이다. 쿠르베는 나체화의 그러한 관행을 훔쳐, 벗은 옷을 강둑에 뚤뚤 뭉쳐 쌓아 놓은 시골 여성의 '조악한' 벌거숭이 상태를 묘사하는 데 사용했다. (나중에 환멸감이 찾아들면서, 그 또한 〈앵무새를 데리고 있는 여인〉과 같은 성애의 장식이 되는 그림을 그리게 된다.)

예를 들면 17세기 스페인의 사실주의가 가지고 있었던 관행은 검소함과 금욕 행위, 그리고 자선을 베푸는 행위의 고결함에 도덕적 가치를 두는 종교적 원칙과 밀접하게 연관되어 있었다. 쿠르베는 이러한 관행을 훔쳐 그것을 〈돌 깨는 사람들〉에서처럼 구원받지 못한 절망적인 시골 지역의 빈곤함을 표현하는 데 사용했다.

예컨대 17세기 네덜란드에서 단체 인물화라는 관행은 일종의 단체 정신을 찬미하는 한 방식이었던 것이다. 쿠르베는 이러한 관행을 훔쳐 〈오르낭의 매장〉에서처럼 무덤을 마주 대한 채 모여 서 있는 여러 사람들이 느끼는 고독함을 드러내어 보여주는 데 사용했다.

쥐라 지방 출신의 사냥꾼이자 시골의 민주주의자이며, 산적인 화가는 1848년과 1856년 사이의 몇 년 동안 하나의 동일한 화가로 합쳐져 충격적이고 독특한 이미지들을 그려내게 된다. 이 세 개의 가면을 쓴 인격 모두에게 외양이라는 것은 전통에 의해 상대적으로 간섭을 받지 않는 직접적인 경험이며, 바로 그러한 이유로 해서 놀랍고도 예측할 수 없는 것이 되었다. 이 셋 모두가 가지고 있는 통찰력은 사실적인(그를 적대시하는 사람들은 조악한 것이라고 일컬었던) 것과, 순수한(그를 적대시하는 사람들은 멍청한 것이라고 일컬었던) 것 양쪽 모두에 다 해당되는 것이었다. 1856년 이후 제2제정 시대(나폴레옹 3세가 황제로 등극한)의 방탕함이 계속되는 동안, 그 어떤 다른 화가들이 그려낸 풍경화와도 여전히 다른 면을 지닌 풍경화들을, 그 위에 눈이 내려 쌓일 수도 있는 풍경화들을 때때로 그려냈던 것은 사냥꾼으로서의 가면을 쓴 쿠르베뿐이었다.

1849년에서 1850년 사이에 그려진 〈오르낭의 매장〉에서 우리는, 단일한 영혼으로서 각기 다른 순간에 사냥꾼·민주주의자 그리고 산적 화가가 되기도 했던 쿠르베의 영혼이 가지고 있는 어떤 면들을 어렴풋이 감지해낼 수 있다. 인생에 대한 그의 욕망, 그의 호언장담과 소문이 자자했던 웃음소리에도 불구하고 쿠르베의 인생관은 비극적인 것은 아니라 할지라도 아마도 음울한 것이었으리라.

화포의 중앙을 따라, 그것의 길이 전체(거의 7야드)에 암흑인 검은 부분이 뻗어 있다. 명목상으로는 이러한 검은 부분은 운집한 조객들의 검은 옷에 의한 것이라고 설명될 수 있다. 하지만 그것은 지나치게 광범위하고, 지나치게 짙은 것이어서——수년의 세월 동안 그림 전체가 어두워져 왔다는 사실을 감안한다 할지라도——그것이 가지고 있는 의미는 거기서 멈추게 된다. 그것은 계곡 풍경화의 어두움이며, 다가오는 밤의 어두움, 그리고 관이 놓이게 될 땅속의 어두움인 것이다. 하지만 이 어두움은 또한 하나의 사회적·개인적 의미를 가지고 있었다고 생각한다.

그 암흑의 부분에서 나타나는 것은 이상화시킴이 없이, 그리고 악의도 없이, 미리 정해져 있는 규범에 의지함이 없이 그려진 오르낭에 있는 쿠르베의 가족이며 친구 그리고 친지의 얼굴들이다. 이 그림은 냉소적이고, 신성을 더럽히는 것이며, 야비한 것이라고 간주되었다. 그것은 마치 어떤 음모인 것처럼 취급되었다. 하지만 어떤 것이 그 음모에 연루되어 있는 것일까? 추악한 것에 대한 예찬? 사회 전복? 교회에 대한 공격? 비평가들은 실마리를 발견해내기 위해 그림을 유심히 살폈지만 헛일이었다. 그 누구도 그것이 실제로 타도하고자 하는 근원이 되는 것을 발견해내지 못했다.

쿠르베는 일단의 남녀가 마을의 장례식에 참석하고 있을 때 그러하리라고 여겨지는 모습 그대로를 그렸고, 그는 그러한 외관이 어떤 허위의 —— 아니면 진정한 것으로서조차도 —— 더 고상한 의미를 갖도록 유기적인 형태를 주는 것을(조화시키기를) 거부해 왔다. 그는 외양에 대한 중재자로서의, 눈에 보이는 물질 세계를 기품 있는 것으로 만들어 주는 것으로서의 예술이 갖고 있는 기능을 인정하기를 거부해 왔다. 그 대신에 그는 묘지 주위에 모여 있는 인물들을 실물 크기로 21제곱미터의 화포에 그렸는데, 그것은 '이것이 우리가 어떻게 보이는지를 나타내 주는 모습이다'라는 점을 제외하면 그 어떤 것도 알리고 있지 않는 것이다. 그리고 예술에 관심을 가진 파리의 일반인들이 시골에서 날아온 이러한 고지(告知)를 받아들이는 정도는 바로 그것을 악의적으로 과장된 것이라면서, 그것의 진실성을 부인하는 데까지 이르는 것이었다.

그의 영혼에서 쿠르베는 이러한 것을 예상하고 있었을 수도 있으며, 그의 웅대한 희망은 어쩌면 그가 계속 그림을 그리도록 용기를 주는 하나의 장치였을 수도 있다. 그가 그림으로 나타냈던 주장은, 즉 〈오르낭의 매장〉에서, 〈돌 깨는 사람들〉에서, 〈플라지의 농부들〉에서처럼 빛 속으로 나타나는 것은 그것이 무엇이건, 눈에 보이는 모든 부분이 동등하게 가치가 있다는 것으로서, 어두운 바탕은 확실하게 굳어진 무지함을 의미하는 것이라는 생각을 갖도록 만든다. 그가 미술이란 "존재하는 것에 대한 가장 완전한 표현"이라고 말했을 때,

그는 미술이 그 기능이 존재하는 것의 대부분에 대한 표현을 축소시키거나 부인하는 그 어떤 계급 체계, 혹은 그 어떤 문화가 되는 것을 반대하고 있었던 것이다. 그는 세련된 사람들이 선택한 무지함에 도전한 오직 한 사람의 위대한 화가였던 것이다. (1978년)

11

터너와 이발소

터너는 일찍이 그 유례를 찾아볼 수 없는 화가이다. 그리고 이러한 점은 그가 자신의 작품 속에 너무도 많은 상이한 요소들을 결합시켰기 때문이다. 비범한 창조적 천재성으로 19세기 영국적 특징을 가장 완전하게 표현해낸 것은 디킨스도, 워즈워스도, 월터 스콧도, 컨스터블도, 랜시어도 아닌 바로 터너로 봐야 한다는 강력한 주장이 존재한다. 그리고 터너가 유일하게 중요한 화가라는 사실에 대한 설명이 되는 것은, 그가 세상을 떠난 1851년 이전과 이후 모두 영국에서 대중적인 호소력을 지닌 화가였다는 점 때문일 수도 있다. 최근까지도 광범위한 일반 사람들은 터너가 어떻게든 해서 불가사의하게, 말없이 (그의 통찰력은 말을 필요 없는 것으로 만들거나 배제한다는 의미에서) 그들 자신들의 다양한 경험의 근저를 이루는 어떤 것을 표현해냈다고 느꼈다.

터너는 1775년 런던 중심부에서 뒷골목 이발사의 아들로 태어났다. 그의 숙부는 정육업자였다. 그의 가족은 템스 강에서 아주 가까운 곳에 살았다. 일생 동안 터너는 여행을 아주 많이 했지만, 그가 선택한 대부분의 주제들에서는 물과 해안선 혹은 강둑이 끊임없이 등장한다. 그의 생애 중 만년에 이르러서는—은퇴한 한 선장의 이름이기도 한 캡틴 부스라는 별명으로—템스 강의 하류로 좀 더 내려간 지역인 첼시에서 살았다. 그가 중년이 되었을 때는 해머스미스와 트위켄엄이라는 곳에서 살기도 하였는데, 두 곳 모두 템스 강을 굽어보고 있는 지역이었다.

그는 신동이었고, 9세가 되었을 때 이미 동판화의 채색 작업으로 돈을 벌어들이고 있었으며, 14세가 되었을 때 왕립 아카데미 부속학교에 입학했다. 18세가 되었을 때는 자기 소유의 작업실을 가지고 있었으며, 그 직후 그의 아버지는 직업인 이발사 노릇을 그만두고 아들의 작업실 조수 겸 잡역부가 되었다. 아버지와 아들 사이의 관계는 눈에 띄게 가까운 것이었다. (이 화가의 모친은 정신병을 앓다가 세상을 떠났다.)

초기의 어떤 시각적 경험이 터너의 상상력에 영향을 주었던 것인지 정확하게 알기란 불가능한 일이다. 하지만 이발소의 시각적 요소들에 해당하는 어떤 것들과 이 화가의 성숙한 양식 사이에 강력하게 일치되는 점이 존재하는데, 그것은 포괄적인 설명으로 이용됨이 없이 스쳐 지나가면서 인지되어야만 하는 것이다. 그의 후기 작품 몇 점에 대하여 생각해 보고, 뒷골목 가게의 물, 거품, 증기, 번쩍이는 금속, 뿌옇게 김이 서린 거울, 이발사가 면도용 솔로 휘저어 놓은 비누거품이 이는 액체와 부스러기가 달라붙어 있는 흰 사발, 또는 세면대에 대하여 상상해 보라. 그의 아버지가 사용하던 면도칼과, 비판에도 불구하고 터너가 그토록 광범위하게 사용하기를 고집했던 팔레트 나이프 사이의 등가성에 대하여 고려해 보라. 보다 의미심장하게—유치한 요술 환등기가 보여주는 광경과도 같은 수준에서 —— 이발소에 의해 암시되는 것인 피와 물, 물과 피의 언제나 가능한 배합에 대하여 상상해 보라. 20세의 나이에 터너는 〈피로 변한 물〉이라는 제목의, 〈요한계시록〉에서 그 주제를 따온 그림을 그릴 계획을 하고 있었다. 그는 그 그림을 결코 그려내지 못했다. 하지만 시각적으로 석양과 불을 그 수단으로 하여, 그것은 나중에 수많은 그의 작품과 시작(試作)의 주제가 되었다.

터너의 초기 풍경화들 대부분은 다소간 고전적인 것으로서, 다시금 클로드 로랭의 화풍에 속하는 것이었으나, 또한 최초의 네덜란드 풍경화 화가들의 영향을 받은 것이기도 했다. 이 작품들의 의도는 호기심을 끄는 것이다. 언뜻 보기에 그 작품들은 평온하고 '장엄하며,' 또는 부드럽게 향수를 자극하는 것이다. 그러나 궁극적으로 우리는 이들 풍경화들이 자연보다는 미술에 훨씬 더 많은 관련성을 가지고 있으며, 미술로서의 그 풍경화들은 혼성기법을 이용한 그림의 한 형식이라는 것을 깨닫게 된다. 그리고 혼성기법을 이용한 그림에서는 언제나 일종의 침착하지 못한 들뜬 면과 필사적인 면이 존재한다.

터너의 작품 속에 —— 더 정확히 말하자면 그의 상상 속에 —— 들어오는 자연은 격렬함이다. 1802년, 그는 칼레의 방파제를 둘러싸고 포효하는 폭풍우 장면을 그렸다. 그 직후 그는 알프스 산맥에서의 또 다른 폭풍우 장면을 그렸다. 그 다음에는 산사태 장면을 그렸다. 1830년대까지 그의 작품에 나타나는 두 가지 측면인 외견상의 평온함과 거친 면은 나란히 존재하지만, 점차 그 거친 면이 우위를 차지하게 된다. 결국에는 격렬함이 터너의 통찰력 그 자체에 함축되어 있는 것이었으며, 그것은 더 이상 주제에 의존하지 않게 되었다. 예를 들면 〈고요: 수장(水葬)〉이라는 제목이 붙여진 그림은, 그 나름대로 〈눈보라〉라는 그림만큼이나 격렬하다. 전자는 상처에 뜸을 뜨는 것과도 같은 이미지이다.

터너의 그림 속에 존재하는 격렬함은 원소들로 되어 있는 것처럼 보인다. 물·바람·불에 의해 표현되고 있으니 말이다. 때로 그것은 단순히 빛에 속해 있는 특성으로 여겨지기도 한다. 〈햇빛 속에 서 있는 천사〉라고 불리는 후기 작품에 대한 글을 쓰면서, 터너는 빛을 눈에 보이는 세계 전체를 집어삼키는 것이라고 피력했다. 하지만 나는 그가 자연에서 발견한 격렬함이 그 자신의 상상력이 풍부한 통찰에 내재되어 있는 어떤 것에 대한 확증으로 작용했을 뿐이라고 믿는다. 나는 이미 어떻게 해서 이러한 통찰력이 부분적으로는 어린 시절의 경험으로부터 탄생하게 된 것이었을 수도 있는가 하는 점을 시사해 왔다. 나중에 그것은 자연에 의해서뿐만 아니라, 인간의 투기심에 의해서도 확증되었을 것이다. 터너는 영국의 산업혁명이라는 최초로 사회적 대변혁을 가져온 단계를 겪으면서 살았다. 증기는 이발소를 채우는 것 이상을 의미하는 것이었다. 주홍빛은 피뿐만 아니라 용광로를 의미하는 것이기도 했다. 바람은 알프스 산맥을 넘어 지나가는 것뿐만이 아니라 밸브를 통해서도 휘파람 소리를 내는 것이기도 했다. 눈에 보이는 세계 전체를 집어삼키는 것으로 그가 보았던 빛은 부유함, 멀리 떨어진 거리, 인간의 노동, 도시, 자연, 신의 의지, 어린아이, 시간 등에 대하여 이전에 가지고 있었던 모든 생각들에 도전장을 내어 파괴해 버리고 있었던 새로운 생산 에너지와 아주 유사한 것이었다. 터너를 실물과 똑같이 표현해낼 수 있었던 거장으로만 생각하는 것은 실수이지만, 그것은 러스킨이 그의 작품을 보다 깊이 있게 해석해낼 때까지 어느 정도 그가 공식적으로 평가를 받던 방식이기도 했다.

19세기 초반의 영국은 신앙심이 몹시 결여된 사회였다. 이것은 터너로 하여금 자연을 상징으로 사용하도록 강요했던 것일 수도 있다. 그 어떤 설득력 있고, 접근할 수 있는 상징 체계도 깊은 도덕적 호소력을 발휘하지 못했지만, 그것이 갖고 있는 도덕적 의미는 직접적으로 표현될 수가 없었다. 〈고요: 수장〉이라는 작품은 화가인 데이비드 윌키 경의 장례 장면을 보여주는 것이며, 망인은 터너의 몇 되지 않은 친구들 가운데 하나였다. 그것의 지시 체계는 우주적이다. 하지만 하나의 진술로 볼 때 그것은 저항일까, 아니면 용인일까? 우리는 불가능할 정도로 검은 돛, 혹은 불가능할 정도로 빛나는 그 너머의 도시에 대한 그 이상의 설명을 받아들이는 것일까? 예의 그림이 제기하고 있는 물음들은 도덕과 관련된 것이지만——그런 까닭에 터너의 후기 작품들 다수에 있어서와 마찬가지로 그것은 어느 정도 밀실공포증과 관련된 특성을 갖고 있게 된다——제시되는 대답은 모두 서로 용납되지 않는 양면성을 지닌 것들이다. 그림에 있어서 터너가 찬탄해 마지않았던 것은 의문을 품게 하는 능력, 불가사의함 속으로 던져넣는 능력이었다는 것은 신기할 것도 없는 일이다. 렘브란트는 "정말 대단치 않은 평범한 한 점의 작품에 대해서도 불가사의한 의문을 갖게 만들었다"라고 터너는 감탄하여 말했던 것이다.

터너가 화가로서의 생애를 시작한 처음부터, 그는 공공연하게 경쟁적인 방식으로 아주 야심에 차 있었다. 그는 자신의 나라와 자신이 속한 시대의 가장 위대한 화가로 인정을 받는 것뿐만 아니라, 모든 시대에 걸쳐 가장 위대한 화가들에 속하게 되길 원했다. 그는 스스로를 렘브란트나 와토에 필적하는 것으로 여겼다. 그는 자신이 클로드 로랭보다 훨씬 더 그림을 잘 그렸다고 믿었다. 그가 가지고 있는 경쟁심은 염세적인 면과 인색함으로 치닫는 뚜렷한 경향을 수반하는 것이었다. 그는 자신의 작업 방식에 대하여 지나칠 정도로 숨기려는 경향을 보였다. 그는 스스로의 선택에 의해 사회로부터 격리되어 살았다는 의미에서 은둔자였다. 그의 고독함은 무시당한 것의 부차적 산물이거나 인정을 받지 못하는 것에 기인한 것이 아니었다. 젊어서부터 화가로서의 그의 생애는 아주 성공적인 것이었다. 때로 그의 고독한 괴짜 기질이 광기로 지칭되기도 했지만, 그가 위대한 화가 이하로 취급된 적은 일찍이 단 한번도 없었다.

그는 자신의 그림의 주제가 되는 것들에 대한 시를 썼으며, 저술을 하고 때로는 미술에 대한 강연을 하기도 했는데, 두 가지 경우 모두에 있어서 호언장담이긴 했으나 맥빠진 언어를 사용했다. 대화에 있어서 그는 과묵했거나 거친 말을 사용했다. 만약 누군가 그가 몽상가라고 말했다면, 그는 실제적인 경험론에 의해 그것에 대한 검증을 받아야만 했다. 그는 홀로 지내는 것을 좋아했지만, 아주 경쟁이 심한 사회에서 자신이 성공을 거둘 수 있도록 주선은 해두는 쪽이었다. 그가 가지고 있는 웅대한 통찰력은 그가 그것을 그림으로 그렸을 때 위대함을 성취할 수 있게 해주는 것이었고, 그것에 대하여 글로 표현하게 될 때면 단순히 허풍을 떠는 것에 지나지 않게 되는 것이었지만,

그가 화가로서 가지고 있었던 가장 진지하게 의식적인 태도는 실용적인 것이었고, 거의 장인(匠人)의 그것에 가까운 것이었으며, 그를 하나의 주제나 특정한 그림과 관련된 장치로 이끌리게 만들었던 것은 그가 실용성이라고 불렀던 것으로서, 곧 하나의 그림을 산출해내는 그것의 능력이었다.

터너의 천재성은 19세기 영국 사회가 요구하는 새로운 유형의 것이었지만, 보다 일반적으로는 과학이나 공학, 또는 사업 분야에서 요구되는 그러한 것이었다. (어느 정도 나중에 와서, 미국에서도 동일한 유형이 이상적인 것으로 등장하게 된다.) 그는 크게 성공을 거둘 수 있는 능력을 가지고 있었지만 성공이 그를 만족시키지는 못했다. (그는 14만 파운드라는 재산을 유산으로 남겼다.) 그는 역사 속에 자신만이 존재하는 듯이 느꼈다. 그는 포괄적인 통찰력을 가지고 있었는데, 그것은 말로 표현해내기에는 부적당한 것으로서, 그것은 오로지 실용적인 생산이라는 구실하에서만 설명될 수 있는 그러한 것이었다. 그는 인간을 아무런 통제력도 가지지 못한 엄청난 힘들에 의해 왜소하게 되어 버린 존재로 그렸지만, 그럼에도 불구하고 그는 통제할 수 있는 수단을 발견했던 것이다. 그는 거의 절망한 상태였지만, 그럼에도 불구하고 보통을 뛰어넘는 생산적인 에너지로 견뎌냈던 것이다. (사후 그의 작업실에는 1만 9천 점의 소묘와 수채화, 그리고 수백 점의 유화가 있었다.)

러스킨은 터너의 작품 기저에 깔려 있는 주제는 죽음이라고 말했다. 나는 차라리 그것이 고독함과 격렬함, 그리고 구원 불가능성이라고 여긴다. 그의 그림들 대부분은 마치 범죄의 후유증에 대한 것과도 같다. 그리고 그것들에 대한 것들 중에서 우리를 그토록 혼란스럽게 만드는 것——실제로 그것들을 아름다운 것으로 보이도록 만드는 것——은 죄의식이 아니라 그것들이 기록하고 있는 것에 대한 포괄적인 무관심이다.

일생 동안 몇 가지의 주목할 만한 경우에, 터너는 자신이 목격한 실제 사건들을 통하여 자신의 통찰력을 표현해낼 수 있었다. 1834년 10월, 의회 건물에 화재가 발생했다. 터너는 서둘러 화재 현장으로 가서 미친 듯이 스케치를 했고, 이듬해 왕립 아카데미에 완성된 그림을 선보였다. 몇 년 후 그가 66세가 되었을 때, 그는 눈보라가 몰아치는 가운데 증기선에 타고 있게 되었는데, 나중에 가서 그때의 경험을 그림으로 그렸다. 한 점의 그림이 실제로 발생했던 사건에 기초한 것일 경우에 그는 언제나 제목, 혹은 목록에 실리는 짧은 글을 통해서 그 작품이 직접적인 경험의 결과임을 강조하곤 했다. 그것은 마치 그가 삶이라는 것은——아무리 가차없다 할지라도——자신의 통찰력을 확증해 주는 것임을 증명하고 싶어하는 것 같았다. 〈눈보라〉라는 작품의 완전한 제목은 〈눈보라. 항구 입구 먼 바다의 수심이 얕은 곳에 들어서 수로 안내를 받아 입항하고자 신호를 보내고 있는 증기선. 그날 밤, 필자는 이 눈보라 속에서 하위치 항구를 출발한 아리엘호 선상에 있었음〉이다.

한 친구가 터너에게 자신의 모친이 눈보라 그림을 마음에 들어했다는 사실을 말해 주었을 때, 그는 이같이 말하였다.

"나는 이해되기 위해 그림을 그렸던 것은 아니지만, 그러한 상황이 어떤 모습이었는지를 보여주고 싶었지. 나는 눈보라 장면을 관찰하기 위해서 선원들에게 날 돛대에 잡아매게 했다네. 난 묶인 채로 네 시간을 보냈고, 그 눈보라에서 벗어나게 되리라고는 기대하지 않았지만, 만약 내가 거기서 벗어날 수만 있다면 그것을 꼭 기록으로 남기겠다고 느꼈지. 하지만 그 누구도 그 그림을 좋아해야 할 필요 따위는 없다네."

"하지만 우리 모친께서도 꼭 그러한 상황을 겪으신 적이 있고, 그 그림은 그때의 기억을 모두 되살려 놓게 되었던 걸세."

"자네 모친께서는 화가이신가?"

"아니라네."

"그렇다면 자네 모친께서는 뭔가 다른 것이나 생각하고 계셨어야 할 걸 그랬나 보네."

좋아할 수 있는 것이건, 또는 그렇지 않은 것이건, 무엇이 이들 작품들을 그토록 새롭고, 그토록 차이를 지닌 것으로 만들었던 것일까 하는 물음은 여전히 남아 있다. 터너는 풍경화에 전통적으로 적용되던 원칙, 즉 풍경화라는 것은 우리의 눈앞에서 펼쳐지는 어떤 것이라는 원칙을 초월했다. 〈불타는 국회의사당〉에서 그 장면은 그것의 형식적인 가장자리를 지나 확장되기 시작한다. 그것은 관람자를 측면으로 치고 들어가 포위하려는 노력에서 관람자를 우회하여 힘들여 나아가기 시작한다. 〈눈보라〉에서 그러한 경향은 사실이 되어 왔다. 만약 우리가 진정으로 우리의 눈이 화포에 그려져 있는 형태와 색채에 몰입하도록 허락한다면, 우리는 그것을 바라보면서 우리 자신이 그러한 커다란 혼란의 중심에 있음을 깨닫게 되기 시작하며, 가까움과 멂이라는 개념은 더 이상 존재하지 않는 것이 된다. 예를 들면 우리가 예상하게 되듯이, 원경으로 기울어지는 것은 그림으로 들어가는 것이 아니라 오른쪽 가장자리를 향해 그림으로부터 나오는 것이 된다. 그것은 국외자로서의 관람자를 배제하는 그림인 것이다.

터너의 신체적인 용기는 대단한 것이었음이 분명하다. 자기 자신이 경험한다는 것 앞에서 그가 화가로서 보여준 용기는 어쩌면 한층 더 대단했던 것일 수도 있다. 그러한 경험에 대한 그의 성실성은 그가 자신이 속해 있음을 그토록 자랑스럽게 여겼던 전통마저도 파괴해 버릴 정도였던 것이다. 그는 총체성들을 그려내기를 그만두었다. 〈눈보라〉는 그 배의 돛대에 묶여 있었던 사람이 보고 파악할 수 있는 모든 것을 더한 것이다. 그것 이외에는 아무것도 존재하지 않는 것이다. 이러한 점이 누군가가 그 그림을 좋아한다고 생각하는 것이 불합리하게 여겨지도록 만드는 것이다.

어쩌면 터너는 정확하게 이러한 측면에서 생각지 않았을 수도 있다. 하지만 그는 직관적으로 그 상황의 논리를 따랐던 것이다. 무자비하고 무관심한 힘들에 둘러싸인 채 그는 혼자였던 것이다. 그가 목격했던 것을 외부에서 볼 수 있었으리라고 여긴다는 것은, 비록 그것이 하나의 위안이 되는 것이긴 하지만 더 이상 가능한 일이 아니었던 것이다. 부분들은 더 이상 전체들로 취급될 수 없는 것이다. 전무한 것, 아니면 모든 것, 둘 중 하나만이 존재할 뿐인 것이다.

보다 실제적인 의미에서 그는 자신의 일생 동안 그려낸 작품에 있어서의 총체성의 중요함을 자각하고 있었다. 그는 자신의 작품을 매각하는 것을 달가워하지 않게 되었다. 그는 자신의 그림들을 가능한 한 많이 한곳에 모아 놓을 수 있게 되길 원했고, 그것들을 하나의 전체로서 전시할 수 있게끔 그가 세상을 떠난 후 국가에 기증한다는 생각에 사로잡혀 있게 되었다. "그것들은 한데 모아 놓아야 한다"라고 그는 말했다. "그것들을 모아 놓지 않는다면 무슨 소용이 있겠는가?" 왜 그랬을까? 그 까닭은 그렇게 하고 난 다음에야 그 그림들은 그가 믿기를, 전례가 없었으며 후대 사람들이 이해할 그리 큰 희망도 없는 것인, 그의 경험에 대한 상상할 수 있는 한의 집요한 증거가 될 수 있을 것이기 때문이다. (1972년)

12

루오와 파리 근교

"가장 어두운 암흑 속에서 모든 것을 잊은 채 그림을 그리는 바보인 나는, 그림을 그리면서 정말 행복해했었다." 이것은 조르주 루오가 자기 자신에 대하여 했던 여러 가지 언급들 가운데 하나이다. 그의 그림과 마찬가지로 그것은 외견상 단순해 보이며, 사실 모순된 것 (어떻게 가장 어두운 암흑 속에서 모든 것을 잊으면서 행복할 수가 있겠는가?)이고, 절망적임을 나타내는 충분한 근거가 있는 것이다.

그는 5피트 6인치의 작은 키를 가진 사람이었다. 그가 그린 광대 그림들 가운데 몇 점에서 여러 가지로 나타나는 그의 얼굴 모습을 찾아볼 수 있다. 하지만 실제로 루오의 얼굴은 그가 그린 광대들의 얼굴보다 얇은 살갗을 가지고 있으며, 보다 감수성이 풍부한 것이고, 보다 심술궂은 것 두 가지 모두에 해당한다. 그것은 야행성 동물 같은 고독한 얼굴이다. 우리는 그의 사진을 보는 것만으로는 그가 나방에 심취해 있는 괴짜 곤충학자였다고 성급하게 결론을 내렸을 수도 있는 것이다.

그는 정부군이 입성하여 대학살을 시작하기 직전, 정부군의 포격을 받고 있었던 파리에서 1871년 5월에 출생했다. 그의 부친은 가구

장이었다. 그가 성장했던 파리 근교는 그에게 대다수 그림과 동판화의 무대와 분위기를 제공하게 되어 있었다. 파리 근교에는 여러 가지 상이한 측면들과, 그것들을 살펴보는 다양한 방식들이 존재한다. 루오에게 있어서의 파리 근교는 인상파 화가들이나 위트릴로에게 있어서의 파리 근교와는 별 관계가 없는 것이다. 루오의 파리 근교는 우리를 먼 곳으로 데려가 줄 수 있는 길이 나 있는 근교이고, 황혼 무렵 희미한 가로등이 켜지는 근교이며, 외로운 행상인이 떠돌고 있는 근교이고, 도시에서의 생활에 실패했음에도 그곳을 떠나지 못하고 억지로 그 언저리에서 맴돌아야 하는 사람들의 근교인 것이다. 루오의 그림에서 이들 근교들에 대한 정확한 경계표라는 것은 존재하지 않는다. 그것들을 구성하고 있는 것은 정신적인 분위기——아마도 그 자신이 젊은 시절에 느끼고 있었던 그 지역의 분위기——이다. 그 스스로도 그러한 작품 중 하나를 〈긴 고통의 근교〉라고 불렀다.

14세의 나이에 그는 한 스테인드글라스 제작자의 도제가 되었고, 저녁에는 미술학교에 다녔다. 비평가들은 특히 그가 사용한 화려했던 색채와 스테인드글라스 창문에 사용된 납과도 같은 굵고 검은 윤곽선을 예로 들면서, 그의 미술작품에서 스테인드글라스가 끼친 영향을 중요하게 취급했다. 그러한 유사함은 실로 밀접한 것이지만, 그것은 그다지 많은 것을 설명해내지 못한다는 것이 내 견해이다. 루오의 그림이 가지고 있는 본질은 그 양식이 아니라 심리적인 것이다.

19세였을 때 그는 귀스타브 모로의 제자가 되었고, 렘브란트가 보여주었던 선례를 따르고 있는 것으로 여겨졌던 19세기의 낭만적 방식으로 어둡고 신비스러운 분위기의 풍경화들과 종교적인 것들을 주제로 그림을 그려내기 시작했다. 그것들, 즉 그 그림들은 묵직하게 드리워져 있는 커튼의 주름 속에서 상상된 것과 같은 이미지를 주는 것이었다. 제자와 스승은 서로에 대해 깊은 애착을 가지고 있었다. "가엾은 루오, 난 자네의 미래를 읽을 수 있어. 절대적으로 한 가지에만 전념하는 자네의 마음씨, 작품에 대하여 자네가 가지고 있는 열정, 그림의 구조에 있어서 평범하지 않은 것을 애호하는 마음——사실상 자네가 가지고 있는 모든 본질적인 특성들——으로 인해서 자네는 점점 더 독창적인 인물이 될 걸세."

1898년 모로가 세상을 떠났다. 그 충격과 그에 뒤따르는 고독감은, 격앙되어 거의 제정신이 아닌 루오를 그의 생애에 있어서 가장 위대한 창조적 시기에 돌입하게 만들었다.

스승 모로의 죽음에 대하여 내가 느끼는 감정은 마음이 찢어질 듯 아픈 것이었지만, 처음 완전히 당황하게 되었던 상태가 지나고 나서 나는 그러한 감정을 곧 극복하게 되었으며, 그것은 극도로 심한 내적 변화였다. 나는 얼마 전 살롱전(해마다 파리에서 개최되는 현대 미술전람회)에서 입상했고, 공직 사회에서도 아주 편안한 위치를 이룰 수 있었다. 나는 또한 모로의 찬양자들과도 꾸준히 접촉해 오고 있다.

하지만 나 혼자 힘으로 고생하면서 깨달아야 한다고 내 스승께서 늘 말씀하시곤 하였는데, 그렇게 하는 것이 내게는 전혀 가치가 없는 일이었으며, 그외에 내가 할 수 있는 일이라곤 없었다. 미술관에서 봤던 작품들 중 내가 마음에 들어했던 모든 것에 대하여 일부러 잊어버리고자 하지 않고도, 나는 점차 보다 객관적인 통찰력에 의해 넋을 잃어가고 있었던 것이다.

내가 가장 격렬했던 도덕적 위기를 넘긴 것은 바로 그때였다. 나는 말로 옮길 수 없는 일들을 경험했다. 그리고 나는 모든 사람들을 당혹스럽게 만들었던 기괴한 서정성을 가진 그림들을 그려내는 일에 착수했던 것이다.

수년 동안 나는 내가 어떻게 살아왔던가 하는 점에 대하여 궁금히 여긴다. 품위 있는 것이었지만 효과가 없었던 항의에도 불구하고 모든 사람들은 나를 깎아내렸다. 사람들은 내게 편지로 독설을 퍼붓기도 했다. 그때야말로 내 스승의 말씀을 되새겨봐야 할 때였던 것이다. "다행스럽게도 자네는 최소한 가능한 한 늦게까지 성공을 거두지 못한 화가로 남아 있다. 그렇게 해서 자네는 제약을 받지 않고 자기 자신을 보다 완전하게 표현해낼 수 있는 것이다."

하지만 내 몇몇 작품들을 보게 될 때면, 나는 그 그림을 그린 것이 진정 나였던가 싶어 스스로 묻게 된다. 그게 사실일 수가 있을까? 내가 해놓은 일을 보면 무서워진다.

그가 해놓은 일은 무엇인가? 죽음은 삶을 진정한 것으로 만들어왔지만, 동시에 그에게 증오스러운 것이 되기도 했다. 그는 거리 · 불모지 · 법정 · 카바레 · 파리 시내의 공공 시설들로 나가 그곳에서 본 것들을 그렸다. 그는 행상인들, 판사들, 매춘부들, 집세 징수원들, 미식가들, 교사들, 서커스 곡예사들, 부인들, 푸줏간 주인들, 변호사들, 범죄자들, 설교자들, 장인(匠人)들을 그렸다. 그가 증오했던 몇몇 부류의 사람들은 그들 스스로 때문이었다. 그가 증오심을 갖도록 만든 피해자들은 자기 스스로를 부당하게 취급했던 사람들이었다. 그는 종잇조각에 수채화 물감, 구아슈, 파스텔, 유화 물감, 잉크 등 별난 재료들의 혼합물로 그림을 그렸다. 처음에 이것은 그의 가난함에 기인하는 것이었을 수도 있는 것으로서, 그는 손에 쉽게 넣을 수 있는 것은 무엇이나 이용하여야 했지만, 그의 무절제한, 재료 위에 재료를 더하는 재료 사용 방식은 또한 그의 통찰력이 가지고 있는 발작적인 성격과도 일치하는 것이다.

그는 스스로 지옥과도 같다고 생각했던 것 속으로 떨어지게 될 정도로 타락했다. 그에게 지옥과도 같다는 것은 거기서 그가 마주치게 되었던 사람들, 그리고 그들이 서로가 서로를 이기적인 목적에 이용하는 것에 의해 확실하게 입증되는 것이었지만, 그것은 마찬가지로 그 자신의 타협하지 않는 태도에 대한 자각과 그 자신의 증오가 가지고 있는 힘에 의해서도 확실하게 입증되는 것이었다. 그는 자신이 그 안에 빠져 있었던 무도함과 죄악이 속속들이 배어 있는 여느 때의 그 자신이었던 것이다. 하지만 그가 숭배했던 보들레르와 달리, 그는 결코 자신을 또 다른 위치에 놓을 수가 없었다. 루오는 기록을 남기고 비난하는 사람으로 언제나 남아 있는 것이다.

이러한 점은, 예컨대 거울 앞에 앉아 있는 매춘부를 그린 그림에서 아주 분명하게 나타나 있다. 그를 위해 자세를 취해 준 그러한 매춘부들을 묘사하면서, 루오는 그들의 '진심에서 우러나오는 입맞춤을 결코 다시는 받지 못하게 될 두꺼운 아교질의 살덩어리들, 출렁이는 알몸'에 대하여 말하고 있다. 오늘날 이들 그림들은 육욕의 덧없음, 나이가 들어간다는 쓸쓸한 사실, 상대를 가리지 않는 성행위가 주는 삭막함을 예증하고 있는 것으로 언급된다. 하지만 만약 우리가 좀 더 조심스럽게 그림을 들여다본다면, 그것은 아주 다른 어떤 것에 대한 증거가 된다. 거기 앉아 있는 여성의 품위를 떨어뜨리는 것은, 루오가 그녀의 윤곽을 나타내고 해석해내는 데 사용한 검은색 선들이다. 양젖가슴 사이에 내리그은 선들. 불에 탄 구멍과도 같은 두 눈. 상상 속에서 이러한 검은색으로 된 자국들을 없애 보라. 그렇게 되면 벌거 벗은 상태가 여러 가지로 해석될 수 있는, 매력이 아주 없지마는 않은 여인이 남아 있게 될 것이다. 당신은 여전히 루오의 눈을 통해 보고 있는 것이지만, 당신이 보는 것은 그가 글로 묘사한 혐오스러움과 더이상 일치하지 않는 것이 되는데, 그 까닭은 당신이 그가 찍어 놓은 인간 혐오의 낙인을 지워 버렸고, 당신은 그가 이미 '진심에서 우러나오는' 입맞춤이 결코 다시는 그녀의 몸에 찍히지 않을 것이라고 결정해 놓지 않았었을 경우에 그가 그녀를 인지했을 것과 같은 그 여성의 모습을 보고 있게 될 것이며, 따라서 그는 세상에 대한 자기 자신의 판단을 그녀의 벌거벗은 상태에 찍어 놓지 않을 수 없었기 때문이었던 것이다.

이것과 같은 작품은 선험적으로 세상을 비난하는 통찰력의 산물이다. 그 판단은 그것이 보여주고 있는 것으로부터 생겨나는 것이 아니다. 반대로 그것이 보여주고 있는 것은 그 판단을 확증하기 위하여 찾고 있었던 것이다. 하지만 화가로서의 루오는 강한 믿음을 가지고 작업을 했는데, 왜냐하면 이들 이미지들은 만약 우리가 그것들을 편견이 없는 시각으로 본다면, 그것들 자체의 동기에 대한 진실을 드러내 보여주기 때문이다. 1905년에서 1912년 사이의 기간 동안 그 어떤 화가도 루오처럼 순전히 인간 혐오에 관한 그러한 양의 작품을 그린 적이 없다. 이들 그림들은 그것들 자체의 통찰이 지니고 있는 비극적인 면을 기록하고 있다. 채찍질당한 그리스도의 머리를 마주 대하면서 당신은 그것들 자체의 잔인함을 고백하고 있는, 그가 물감으로 그려넣은 선들과 벤 자국, 그리고 검은색 표시들을 보게 된다.

1912년에 있은 루오가 두번째로 겪게 되는 죽음은 그에게 깊은 충격을 주었는데, 이번에는 그의 아버지의 죽음이었다.

이승에서 우리 모두는 도망자들이다. 질병으로부터, 권태로움으로부터, 최악의 빈곤으로부터, 아는 사람이나 친구가 없는 것으로부터, 사람들이 수군거리는 험담으로부터, 그 무엇보다도 죽음으로부터의 도망자들인 것이다. 우리는 떨리는 손으로 홑이불을 턱밑까지 끌어올리면서 그 아래에 우리 자신들을 숨기는데, 그 홑이불 밑에 들어가는 그 순간에조차도 우리는 여전히 이야기를 하고 있다 —— 은퇴에 관한 이야기, 그리고 이탈리아의 보로메아 제도[이탈리아 북부 마조레 호수에 있는 네 개의 섬들로 이루어진 휴양지]에 가서 편히 쉬는 것에 대한 이야기들을.

그의 그림은 차차 변화했다. 그의 주제들 중 일부 —— 광대들, 난쟁이들, 재판관들 —— 는 여전히 그대로 남아 있었다. 새로운 주제를 가지고 그린 그림도 그 정신에 있어서는 마찬가지로 우울한 것이었다. 하지만 색채에 있어서 그것은 반향을 일으키는 것이었고, 그것이 점점 더 나타내 주게 되는 것은 증오가 들어설 자리는 없으며, 오로지 죄의 뉘우침만이 있는 사제와도 같으며, 자신의 내면을 성찰하는 신성한 또 하나의 세계였다. 검은색 선들과 물감으로 칠해진 얼룩들은 그것들이 가지고 있는 기능을 변화시켰다. 비난하는 대신 그것들은 정적이며, 기꺼이 받아들여지는 고통을 나타내 주고 있다.

그것은 마치 루오가 자신의 새로운 작품에서는 교회 안에서 그림을 그리고 있는 것과도 같다. 그의 작품은 전통적 의미에서의 종교화가 아니며, 그것은 또한 가톨릭 교리를 선전하고 있는 것도 아니다. 내가 밝히고자 하는 요점은 단지 루오 자신의 개인적 심리 전개라는 측면에 대한 것이다. 1914년 이후로 줄곧 그의 그림 대부분은 교회의 제단화로 착상된 이미지들이다. 그것들은 끊임없이 1905년에서 1912년에 이르는 기간 동안에 보였던 것과 같은 성향을 나타내 주는 것이었지만, 그것들은 어떤 속죄의 정신과도 같은 것에서 그렇게 하고 있는 것이다. 그가 이제 교회 안에 혼자 있는 것은 그의 이전 작품들에 대한 속죄를 위해서일까 하고 우리는 스스로에게 묻는다.

그처럼 단도직입적인 물음에 대한 대답처럼 간단한 삶이라는 것은 존재하지 않는다. 하지만 루오에 관한 이야기의 나머지 부분은 그 자신이 작품을 창조해냈던 과거에 대하여 삐뚤어져 있고, 죄의식에 시달리는 태도를 가지고 있었음을 암시해 주고 있다.

1917년 미술품 거래상인 볼라르는, 1905년에서 1912년 사이에 제작된 것이 대부분인 당시 거의 8백 여 점이나 되는 루오의 작품 전부를 사들였다. 루오는 이들 그림들의 대부분이 마무리가 되지 않은 상태라고 주장했고, 그는 볼라르에게 그 어떤 작품도 화가인 자신이 그림들이 마무리가 되었음을 밝히기 전까지는 다른 사람에게 팔지 않겠다는 동의를 받아냈다. 이미 완성된 그림을 자신이 만족할 수 있을 만큼 마무리한다는 것은 어려운 것이어서, 그 이후 30년에 걸쳐 그림을 그리면서 루오는 스스로를 자신이 맺은 계약의 포로라고 여겼다. "자신의 양어깨에 온 세상을 떠메고 있는 아틀라스도 내게 비하면 유치할 정도였다…… 그것은 피가 마르는 일이다…… 과거와 현재·미래에 걸친 나의 모든 노력은 앙브루아즈 볼라르에 달려 있는 것이다. 그 점이 바로 왜 내가 잠을 이루지 못하는 밤들을 보내면서 기진맥진하게 되었는지, 왜 내가 몰래 기도를 하는지의 이유이며, 어쩌면 그것은 내가 왜 쓰러지게 될 것인지에 대한 이유가 될 수도 있는 것이다"라고 그는 말했다.

볼라르는 1939년 사고로 목숨을 잃었다. 그의 죽음에 대한 소식도 루오에게는 전혀 안도감을 주지 못하였다. 다시 한 번 그는 고통을 받게 되었다. 하지만 전쟁이 끝난 후, 그는 볼라르의 유산 상속자들을 상대로 소송을 제기하여 마무리되지 않은 자신의 작품들을 반환해 줄 것을 요구했다. 그는 그 소송에서 이겼다. 그의 옛 그림들은 그의 손에 다시 돌아왔다. 1948년 11월 5일, 그는 공개적으로 그의 작품 3백15점을 소각했는데, 그 까닭은 자신이 그것들을 결코 마무리할 수 없으며, 그것들을 결코 자신의 양심과 세상이 받아들일 수 있는 것으로 만들어낼 수 없다고 믿었기 때문이다. (1972년)

13

마그리트와 불가능한 것들

　마그리트(1898-1967, 벨기에의 초현실주의 화가)는 한 가지 특정 회화 언어를 받아들이고 사용한다. 그 회화 언어는 5백 년 이상 된 것으로, 그것을 최초로 자유롭게 구사할 수 있었던 이는 반 에이크(1395-1441, 플랑드르의 화가. 그의 사실주의적 화법은 유럽 전역의 회화에 영향을 미쳤다)였다. 그 언어는 진리라는 것을 외양에서 찾아낼 수 있게 되어 있는 것이며, 따라서 표현되는 것에 의해 보존될 가치가 있는 것이라고 가정한다. 그 언어는 공간에 있어서와 마찬가지로 시간에 있어서의 연속성도 상정한다. 그것은 가장 자연스럽게 대상물들— — 가구 · 유리잔 · 피륙 · 주택과 같은——을 다루는 언어이다. 그것은 정신적 경험을 표현해낼 수 있는 것이지만 언제나 구체적인 배경 안에 존재하며, 언제나 어떤 일정한 정적 물질성——그것에 등장하는 인물상들은 기적을 행하는 힘을 가진 조각상들과도 같다——에 의해 한계가 정해져 있다. 물질성의 이러한 가치는 만져서 알 수 있는 것이라는 환상에 의해 표현되었다. 나는 여기서 그 언어가 5세기 동안에 걸쳐 겪게 되었던 변형 과정을 추적해낼 수는 없다. 하지만 그것이 본질적으로 가정하고 있는 것들은 여전히 그대로 남아 있으며, 대부분의 유럽인들이 시각예술 작품에서 보게 되기를 예상하고 있는 것들——유사성, 외양의 재현, 특정 사건과 그것의 배경이 되는 것의 묘사 등과 같은——의 일부분을 형성하고 있다.

마그리트는 자신이 말해야 했던 것을 표현하는 것에 이 언어가 적합한 것인지에 대하여 한번도 의문을 제기하지 않았다. 이처럼 그의 미술에서는 모호한 점이 전혀 존재하지 않는다. 모든 것은 명백하게 읽어낼 수 있는 것이다. 생애 마지막 20년 동안보다 훨씬 그 기교가 덜 원숙한 때인 그의 초기 작품에 있어서조차도 그러하다. (내가 '읽어낼 수 있는'이라는 말을 사용한 것은 은유적인 것이다. 그의 언어는 문자로 되어 있는 것이 아닌 시각적인 것이며, 언어이긴 하지만 그것은 그것 자체가 아닌 다른 것을 의미한다.) 하지만 그가 말하여야만 했던 것은 자신이 사용한 언어의 존재 이유를 파괴하는 것인데, 즉 그의 그림 대부분은 보여지지 않는 것, 발생하지 않을 사건, 사라져 버릴 수 있는 것에 의존하고 있다는 점이 그것이다.

몇몇 초기의 예가 되는 작품들 가운데서 〈곤경에 처한 암살자〉를 검토해 보기로 하자. 암살자는 축음기를 타고 흘러나오는 레코드 음악을 들으며 서 있다. 사복형사 두 명이 모퉁이 뒤에서 그를 체포하기 위해 기다리고 있다. 한 여자가 죽은 채 널브러져 있다. 창문을 통해서 남자 셋이 그 암살자의 등을 노려본다. 우리에게는 모든 것이 보여졌으며, 또한 아무것도 보여지지 않는 것이다. 우리는 어떤 특정한 사건을 그것의 구체적인 배경 속에서 보게 되지만, 모든 것은——저질러진 살인, 앞으로 있을 체포, 창문을 통해서 노려보고 있는 세 남자의 등장처럼——불가사의한 것으로 남아 있는 것이다. 묘사된 순간을 채우고 있는 것은 축음기에서 흘러나오는 소리이며, 이것은 그것이 바로 그림의 특성이듯이 우리가 들을 수 없는 것이다. (마그리트는 시각적인 것이 가지고 있는 한계를 설명해 주는 주석으로서 소리라는 착상을 이용한다.)

또 하나의 초기 작품인 〈찾아낼 수 없는 여자〉를 보자. 그림은 시멘트에 박혀 있는 다수의 불규칙한 돌들을 보여준다. 이 돌들은 옷을 하나도 걸치지 않은 한 여인을 둘러싸고 있으며, 커다란 손 네 개가 그 여자를 더듬어 찾고 있다. 이 그림은 만져서 알 수 있게 됨을 강조한다. 하지만 그 손들이 비록 돌들 위를 더듬어 나갈 순 있지만, 여자는 그 손들을 피한다.

세번째의 초기 작품은 〈어느 날 밤의 박물관〉이다. 그것은 찬장 선반 네 개를 묘사하고 있다. 선반 하나에는 사과가 한 개 놓여 있고, 두번째 선반에는 잘린 손 한 개, 세번째 선반에는 납덩이 하나가 놓여 있다. 네번째 선반 위로 나 있는 들창은 가위로 구멍을 낸 분홍색 종이가 발라져 있다. 그 구멍을 통해서 우리는 단지 어둠만을 보게 된다. 하지만 우리는 네번째 선반에 있는 종이의 이면에 자리잡고 있는 밤의 의미심장하며, 모든 것을 드러내 보여주는 전시품을 상정하게 된다.

1년 후, 마그리트는 담배 파이프를 하나 그리고는 그 파이프의 아래쪽 화포에 이렇게 썼다. "이것은 파이프가 아니다." 그는 두 개의 언어(시각적인 것과 말로 되어 있는)가 서로를 무효화시키도록 만들고 있다.

이러한 끊임없는 무효화는 무엇을 의미하는 것인가? 마그리트의 경고에도 불구하고 비평가들은 그의 작품을 상징적으로 해석하고, 그것이 가지고 있는 수수께끼를 낭만적으로 묘사하려는 경향을 가지고 있었다. 그는 자신의 그림이 "생각의 자유에 대한 물질적 기호로" 여겨져야 한다고 말하였다. 그리고 그는 이러한 자유라는 것이 무엇을 의미하는 것인지 정의를 내렸다. "삶, 우주, 무한한 공간 등은 생각이 진정으로 자유로울 경우에 아무런 가치도 갖지 못한다. 그것에 대하여 가치를 지니는 유일한 것은 의미, 즉 불가능한 것들이라는 정신적 개념이다."

불가능한 것들에 대하여 상상해 본다는 것은 쉬운 일이 아니다. 마그리트는 이 점을 알고 있었다. "삶의 평범한 순간들과 평범하지 않은 순간들 양쪽 모두에 있어서, 우리의 생각은 그것이 가지고 있는 자유를 최대한의 범위에 이르기까지 나타내지 않는다. 그것은 쉴새 없이 위협을 받거나, 또는 우리에게 일어나는 일에 연루되어 있다. 그것은 그것을 규제하는 수많은 것들과 동시에 일어난다. 이러한 동시 발생은 거의 영구적인 것이다." 그 점은 거의 그러하지만, 그것으로부터 탈출한다는 경험은 대부분 사람들의 삶에 있어서 언젠가는 자연스럽고 간단하게 일어난다.

첫번째로, 마그리트의 작품을 그가 목표하는 바에 비추어 판단해 보기로 하자. 이는 각각의 경우에 있어서 우연히 발생하는 것들과 동시에 발생하는 것들로부터 그가 얼마나 솜씨 있게 도망쳐 왔는지를 우리가 결정한다는 것을 의미한다. 그의 초현실주의 운동과의 유대관계, 그리고 그 운동이 무의식과 자동적인 것에 상당히 막연하게 호소하고 있다는 점은 앞서 이 문제를 혼란스러운 것으로 만들어 왔다.

마그리트가 그린 그림들 중에는 꿈에서, 또는 의식이 명료하지 않은 상태에서 우리가 경험하는 것과 같은 불가능한 것들을 나타내는 느낌의 표현이라는 것을 넘어서지 않는 것들이 있다. 그러한 느낌은 동시에 발생하는 것들로부터 우리를 격리시키게 되지만, 그것으로부터 우리를 해방시켜 주지는 않는다. 거대한 사과가 방 전체를 꽉 채우고 있는 그림(〈엿듣기 위한 방〉), 또는 인물들이나 장면 전체가 돌로 변해 버린 것으로 묘사된 1950년대 초기의 많은 그림들을 나는 그러한 예들로서 열거하고자 한다. 그와 대조적으로, 그가 충분히 성공을 거둔 작품들은 그 안에서 불가능한 것들이 파악되고 평가되어, 특정한 배경의 특정한 사건들을 묘사하기 위하여 원래 특별히 개발된 언어로 이루어진 진술 속에서의 부재(不在)로 끼워넣어진 것들이다. 그러한 그림들(〈빨간 모델〉 〈여행자〉 〈자유의 한계〉)은 마그리트의 의미가 거둔 승리이며, 불가능한 것들이라는 정신적 개념의 승리인 것이다.

만약 마그리트의 그림이 우리가 오늘날까지 살아오면서 경험한 것들을 확증해 주는 것이라면, 그것은 그의 기준에 의하면 실패한 것이며, 만약에 그것이 일시적으로 그러한 경험을 파괴한다면, 그것은 성공을 거둔 것이 된다. (이러한 파괴는 그의 예술에 있어서 유일하게 두려움을 주는 것이다.) 그의 예술과 그의 통찰력이 갖고 있는 역설적인 면은 친숙한 것들을 나타내는 언어를 사용하는 데 필요한 친숙한 경험을 파괴한다는 것이다. 오늘날의 대부분 화가들과는 달리 그는 이국적인 것을 경멸한다. 그는 친숙하고 평범한 것들에 대하여 등을 돌릴 정도로 그것들을 지나치게 증오한다.

그의 목표는 정당한 것이었는가? 그의 미술작품을 감상하는 일반 사람들에게 그것이 갖는 가치는 무엇인가?

　맥스 라파엘은 모든 예술이 목표하는 바는 "사물들로 이루어진 세계를 취소시켜 버리고" 가치들로 이루어진 세계를 확립하는 것이었다고 말했다. 마르쿠제는 예술을 있는 그대로의 세계에 대한 '위대한 거부'라고 설명했다. 예술이 당연히 존재하는 것과 소망하는 것 사이를 중재한다는 것은 나 자신이 말해 왔던 견해이다. 하지만 과거의 위대한 작품들은, 그것들의 과거 상태에 저항하여 하나의 언어에 대한 믿음을 가질 수 있었고, 확립된 한 벌의 가치들에 대하여 설명해낼 수 있었다. 과거의 상태와 생각될 수도 있었던 것 사이의 모순은 아직 능가할 수 없는 것은 아니었다. 그러므로 그들의 작품 속에서 통일성이 성취되는 것이다. 실로 불균형을 이루는 현실에 대한 그들의 비판은(우리가 피에로나 렘브란트·푸생 또는 세잔을 생각하건 어쩌건 간에) 언제나 보다 탁월한, 그리고 보다 의미심장한 통일성을 대리하는 것이었다. 20세기 들어서──그리고 좀 더 정확히 말하자면 1941년 이래로──그러한 모순은 능가할 수 없는 것이 되어 왔고, 작품 속에서의 통일성은 상상할 수 없는 것이 되어 왔다. 자유에 대한 우리의 생각은 확장되고, 자유에 대한 우리의 경험은 감소한다. 불가능한 것들에 대한 정신적 개념이 비롯되는 것은 이것으로부터이다. 맞물려 있는 억압 체제 사이로 이따금씩 생겨나는 틈새를 통해서만 우리는 그것의 불가능성, 즉 이들 체제 내에서 가능한 것으로 여겨지는 최적의 조건을 갖춘 것이 적절치 않다는 것을 우리가 알고 있기 때문에, 우리를 고무시키게 되는 하나의 불가능성이 그렇지 않게 됨을 어렴풋이 감지할 수 있게 된다.

마그리트는 말했다. "나는 결정론자는 아니지만, 그렇다고 해서 우연을 신뢰하는 것 또한 아니다. 그것은 여전히 세상에 대한 또 하나의 '설명'으로서 쓸모가 있다. 문제점은 정확하게 우연, 또는 결정론 그 어느쪽을 통한 세상에 대한 설명도 받아들이려 하지 않는 것에 있다. 나는 내가 가지고 있는 믿음에 대한 책임이 없다. 내가 책임이 없다는 것을 결정하는 것조차도 내가 아니며, 이런 식으로 무한히 계속되고, 나는 믿지 않을 의무를 가지고 있는 것이다. 출발점이라는 것은 존재하지 않는다."

이러한 진술은——마그리트가 언제나 그러했던 것처럼——그것이 가지고 있는 명쾌함이 두드러져 보이는 것이다. 하지만 그것이 묘사하고 있는 것은 수많은 사람들이 살아오면서 경험하게 되는 것의 한 부분이다. 어쩌면 그것은 산업화된 국가들에 있어서의 대다수 사람들이 내리고 있는 결론일 수도 있다. 언젠가 이러한 태도의 비타협적인 무력함을 한 번이라도 강요받지 않았던 사람이 있었던가? 그러나 화가 마그리트는 그 진술이 끝나는 부분에서 다시 계속한다. 부조리로가 아닌 자유로의 환원과 같은 것이 존재한다. 마그리트의 그림들 중 가장 뛰어나고, 가장 설득력 있는 작품들은 이러한 환원에 대한 것들이다. 〈빨간 모델〉은 나무로 된 벽 앞 땅바닥에 놓여 있으며, 발가락이 들어가는 부분이 인간의 발가락으로 변해 버린 한 켤레의 장화를 보여주고 있다. 나는 마그리트의 작품들 중 그 어느것에 대해서도 단 하나의 의미를 부여하지 않게 되기를 바라고 있지만, 절반쯤이 인간의 발로 변해 버린 장화를 창안해내는 것이 이 그림이 나타내고자 하는 진의는 아니라고 확신한다. 이것은 그가 증오했던, 수수께끼를 위한 수수께끼가 될 것이다. 그 진의는 어떤 가능성/불가능성이 그러한 창안을 해내도록 제안하는가 하는 점이다. 땅바닥에 놓아둔 평범한 장화 한 컬레라면 단순히 누군가가 그것을 벗었다는 것을 암시해 주게 될 뿐이리라. 잘린 두 발은 폭력을 암시하게 될 것이고. 하지만 버려져 있는, 절반쯤 인간의 발로 변해 버린 장화 한 컬레는 그 자신의 몸을 감싸고 있는 피부에서 빠져나와 버린 자아라는 개념을 제안하게 된다. 예의 그림은 부재에 관한 것이며, 부재인 자유에 관한 것이다.

〈유클리드의 산책〉은 한 도시를 굽어보고 있는 창문을 보여준다. 창문 앞에는 그 위에 화포가 얹혀 있는 화가(畵架)가 자리잡고 있다. 화포에 그려져 있는 것은 도시의 경치에서 그 화포가 가리고 있는 부분과 정확하게 일치한다. 그러한 시각적 익살이 또 하나 있다. 화포에 그려진(아니면 그것에 의해 가려진?) 한 조각의 풍경에 지평선까지 곧게 뻗어 있는 도로와 그 곁에 서 있는 첨탑이 포함되어 있는 것이 그것이다.

원근법에 의한 도로와 탑은 동일한 크기, 색채, 그리고 뾰족한 형태로 되어 있다. 그러한 시각적 익살의 목적은 삼차원적인 것으로 이차원적인 것을, 내용으로 외면을 혼란시키는 것이 얼마나 손쉬운 것인지를 증명해 보이기 위한 것이다. 따라서 우리는 결국 그러한 주장에 도달하게 되는 것이다. 그 화가(畵架)는 돌리면 화포가 내려가거나 올라가게 되는 손잡이가 달려 있다. 마그리트는 이 손잡이를 아주 분명하게 강조하여 그렸던 것이다. 그것을 돌리면 어떤 일이 일어날까? 화포가 움직이면 그 화포가 원래 있던 부분의 너머에서 우리가 보게 되는 것은 풍경이 전혀 존재하지 않는 무, 텅빈 여백이라는 것이 가능/불가능할까? 〈망원경〉이라는 또 다른 그림에서도 똑같은 것이 주장되고 있다. 우리는 한쪽 창틀이 꽉 닫혀지지 않은 이중창을 보게 된다. 그 창문들의 유리면에, 또는 유리를 통하여 보이는 것은 햇빛이 비치고 있는 바다와 하늘이라는 전통적인 장면이다. 하지만 바다와 하늘이 나타나고 있는 이면의 틈새를 통하여 우리는 자유롭고 불가능한 공허함을 어렴풋이 보게 된다.

〈영원한 증거〉라는 그림을 보자. 이 작품에는 동일한 여성의 손과 양쪽 젖가슴, 배와 성기, 두 무릎, 두 발을 확대하여 각각 묘사하고 있으며, 별개의 것으로 표구되어 있는 다섯 개의 화포들이 그려져 있다. 그것들은 함께 그녀의 신체와 신체적 근접성의 명백한 증거를 제공한다. 하지만 이러한 증거는 그 가치가 얼마나 되는 것일까? 그러한 부분들 중 어느 하나를 없애 버리거나, 아니면 그것들을 다른 순서로 다시 배열해 볼 수도 있다. 이 작품은 존재하는 것처럼 여겨지는 것 —— 레스 엑스텐사(res extensa) —— 은 한 벌의 불연속적이며 움직일 수 있는 부분들로 볼 수도 있다는 점을 주장하고 있다. 그러한 부분들 뒤쪽에, 그리고 그것들에 나 있는 틈을 통하여 우리는 불가능한 자유로움을 상상한다.

〈자유의 문턱에서〉라는 그림에서는, 대포가 발사될 때 외면 세계를 그린 화판들은 쓰러지게 될 것이다.

마그리트의 작품은 깊은 사회적·문화적인 위기감에서 파생되는 것이며, 그러한 위기감은 어쩌면 몇 가지 혁명에 이르지 않고도 그 어떤 통일성을 갖춘 미술이건 불가능하게 만들 수도 있는 것이다. 그의 작품은 패배주의적인 것이라고 말할 수도 있는 그러한 것이다.

그럼에도 불구하고 그는 예술지상주의, 또는 독특한 개성을 지닌 것 중 한 가지에 대한 예찬으로 우리가 경험하게 되는 있는 그대로의 현재로부터 후퇴하는 것을 거부한다. 그가 화가로서 창조해내어야만 했던 것을 그는 현재라고 생각했던 것이다. 이 점이 바로 왜 많은 사람들이 마그리트의 작품에서 다른 방식으로는 현재 속에서 존재할 여지가 없는 것이 될 자신들의 한 부분, 즉 그들 삶의 나머지 부분과는 일치할 수 없는 부분, 불가능한 것의 정신적 개념을 반박할 수 없는 부분, 다른 부분에 가해진 폭력의 산물인 부분을 인식하게 되는지의 이유이다. (1969년)

14

할스와 파산

상상 속에서 나는 프란스 할스의 이야기를 연극적인 측면에서 보게 된다.

제1막은 벌써 몇 시간씩이나 계속되어 오고 있는 연회 장면으로 시작된다. (이러한 연회들이 실제로는 며칠씩 계속되는 경우가 흔했다.) 그것은 하를렘 시 수비대——1627년의 성 조지 중대로 해두자——소속의 장교들을 위한 연회이다. 내가 이것을 택한 이유는, 할스가 그림을 그려 기록으로 남긴 이 행사가 그의 시 수비대 단체 초상화들 가운데 가장 뛰어난 것이기 때문이다.

장교들은 명랑하고 떠들썩한 것으로, 그리고 두드러지게 강조하여 표현되어 있다. 그들의 군인다운 외모는 전투를 수행하는 군인의 그것으로 보기에는 너무 온화한 얼굴이나 동작보다는 그 자리에 여성들이 존재하지 않는다는 점과, 그들이 입고 있는 제복에 보다 더 관계가 있는 것이다. 그리고 다시 생각해 보면 그들이 입고 있는 제복조차도 이상할 정도로 닳아 떨어진 곳이 없다. 그들이 서로를 위하여 들고 있는 축배는 영원한 우정과 신의를 위한 것이다. 우리 모두가 함께하는 번영을 위해서인 것이다.

가장 생생하게 표현된 인물들 중 하나는——노란색의 짧은 가죽 상의를 입고 무대 앞쪽에 해당하는 부분에 자리잡고 있는——미키엘 데 바엘 대위이다. 그의 얼굴에 나타나 있는 표정은 그 자신이 그날 밤의 분위기만큼이나 젊으며, 자신의 동료들 모두가 그것을 알 수 있다는 것을 확신하고 있는 사람의 얼굴 표정이다. 그것은 우리가 그 어떤 나이트 클럽에서건 어떤 특정 순간에 대부분의 탁자에서 볼 수 있게 되는 그러한 표정인 것이다. 하지만 할스 이전에 그것은 한번도 기록으로 남겨진 적이 없었다. 우리는 데 바엘 대위를, 술에 취하지 않은 사람이 언제나 어떤 사람이 점점 술에 취해 가는 것을 지켜보고 있는 것처럼——하나의 국외자라는 사실을 아주 잘 깨닫고 있는 상태에서 냉정하게——지켜보는 것이다. 그것은 우리가 해볼 수단을 갖고 있지 못한 여행을 떠나는 것을 지켜보는 것과도 같은 것이다. 12년 후, 할스는 똑같은 셈가죽 상의를 입고서 다른 연회에 참석해 있는 그 동일 인물을 그렸다. 노려보는 눈초리와 표정은 고정되어 있었고, 눈빛은 좀 더 축축해져 있었다. 만약 그가 그럴 수 있다면, 그는 이제 한잔하면서 오후 시간을 클럽 바에서 보내고 있는 것이다. 그리고 그가 대화를 하거나 여러 가지 이야기들을 해주면서 내게 되는 묵직한 목소리는 한때, 그가 젊었을 적으로 한참을 거슬러 올라간 때에 그는 우리가 결코 살아 보지 않았을 그러한 방식으로 살았었음을 암시해 주는 일종의 절박함을 담고 있다. 비록 그림에는 나타나 있지 않지만, 할스도 그 연회장에 있었다. 그는 거의 오십에 가까운 사람이었으며, 또한 대단한 주객(酒客)이기도 했다. 그는 그가 이룬 성공의 절정에 있었다. 그는 뭐든 제멋대로 하는 것으로, 그리고 무기력함과 격렬함이 번갈아 찾아드는 경향을 보인다는 평판을 가지고 있었다. (20년 전, 그가 술에 취하여 아내를 때려 숨지게 했다는 말이 사람들 입에 오르내렸기 때문에 생겨난 추문이 있었다. 이후에 그는 다시 결혼하여 자식 여덟을 두었다.) 그는 상당한 지적 능력을 지닌 인물이었다. 우리는 그의 이야기 방식이 어떠한 것이었는지를 입증해 줄 만한 증거 자료들을 갖고 있지는 못하지만, 나는 그의 대화 방식이 즉각적이며, 짧고 날카롭고, 비판적인 것이었으리라고 확신한다. 그가 가지고 있는 사람을 끌어당기는 힘의 일부는, 그의 동료들이 원칙적으로는 믿음을 가지고 있는 자유라는 것을 그가 마치 실제로 누리고 있는 것처럼 행동하는 것에 있는 것임이 분명하다. 그가 가지고 있는 한층 더 큰 매력은 화가로서 필적할 만한 상대가 없는 그의 능력에 있었다. 오직 그만이 동료들을 그들이 바라는 대로 그려낼 수 있었다. 오직 그만이 그들의 바람 속에 존재하는 모순된 점들을 극복해낼 수 있었다. 그의 동료들은 각각 뚜렷한 차이를 지니는 개인들로, 그리고 동시에 자발적이고 꾸밈없는 그 집단의 성원으로 그려져야만 했던 것이다.

이 남자들은 누구인가? 우리가 감지하고 있었던 것처럼 그들은 군인들이 아니다. 이 시의 수비대는 비록 원래는 현역으로 전시에 복무하기 위해 구성되었지만, 순수하게 형식적인 단체가 되어 버린 지 오래였던 것이다. 이 남자들은 직물제조업의 중심지였던 하를렘에서 가장 부유하고, 가장 막강한 상인 가문 출신들이었던 것이다.

하를렘은 암스테르담으로부터 겨우 11마일 거리에 있었으며, 당시로부터 20년 전 암스테르담은 갑자기, 그리고 눈부시게 세계 금융의 중심지가 되었다. 곡물이나 귀금속·통화·노예·향신료, 그리고 온갖 종류의 상품에 관련된 폭등을 예상한 투기적 매입이 일정 규모로, 그리고 성공적으로 수행되어 유럽의 나머지 지역이 네덜란드의 자본에 감탄할 뿐만 아니라 의존하게까지 만들어 놓았던 것이다.

새로운 에너지가 방출되어 왔으며, 화폐에 대한 일종의 원리 체계가 탄생하고 있었다. 화폐는 그 자체의 가치를 획득하게 되었고, 즉 그것 자체가 가치 결정에 대한 힘을 가지면서 스스로의 공차(公差; 화폐를 주조할 때, 표준이 되는 무게나 순도에서 다른 금속 함량의 허용될 수 있는 변화량)를 증명하게 되었다. (네덜란드는 유럽에서 종교적인 박해가 없는 유일한 국가이다.) 모든 전통적인 가치들은 그것들이 가지고 있던 가치가 박탈되거나, 어떤 한계 안에 두어지게 되는 식으로 그것들이 가지고 있는 절대성을 빼앗기게 되었다. 네덜란드 정부는 은행 업계 안에서의 이자 문제에 대하여 교회는 관여할 권리가 없음을 공식적으로 선언해 왔다. 네덜란드의 무기거래업자들은, 유럽 내의 모든 경쟁국가들에 대해서뿐만 아니라 가장 참혹했던 전쟁중에, 자신들과 적대 관계에 있는 국가들에 대해서도 지속적으로 무기를 판매했다.

하를렘 시 수비대의 성 조지 중대 장교들은 근대적 자유기업 정신의 제1세대에 속한 사람들이었다. 그보다 조금 뒤에 할스는 내가 일찍이 목격했던 그밖의 다른 어떤 그림들이나 사진들보다도 내게는 더 생생하게 이러한 정신을 묘사하고 있는 것으로 여겨지는 초상화 하나를 그려냈다. 그것은 빌렘 반 헤이토이젠의 초상화이다.

이 초상화가 부유하고 권력을 가진 인물들을 그린 이전의 초상화들과는 차이를 지니게 만드는 것은 그것이 가지고 있는 불안정성이다. 안전하게 자리잡고 있는 것은 아무것도 없다. 우리는 강풍이 몰아치는 동안 배의 선실에 있는 남자의 모습을 보고 있는 것과도 같은 느낌을 받는다. 책은 탁자에서 떨어질 것이다. 커튼은 구깃구깃 뭉쳐진 채 내팽개쳐질 것이다.

게다가 이러한 위태로움을 강조하고, 그것으로부터 유용함을 이끌어내기 위하여 그 남자는 균형을 이루는 것이 가능한 최대한의 각도까지 자신이 앉아 있는 의자를 뒤로 기울인 채, 두 손에 들고 있는 말채찍이 두 동강이 나기 직전까지 힘을 가하고 있다. 그리고 그러한 점은 그의 얼굴이나 표정에 있어서도 마찬가지이다. 그의 시선은 순간적인 것이며, 그의 눈 주위에서 우리는 매순간마다 언제나 다시 계산을 해내야 하는 것의 결과인 지친 듯한 모습을 보게 된다.

동시에 그 초상화는 어디에서도 쇠퇴와 붕괴의 조짐을 나타내 주고 있지 않다. 강풍이 일어날 수도 있지만 그 배는 빠르게, 그리고 확신에 차서 항해하고 있는 것이다. 오늘날 그의 동료들은 반 헤이토이젠을 틀림없이 '충격적'인 것으로 묘사할 것이며, 그러한 남자들의 태도에 대하여 —— 비록 반드시 의식하고 있는 것은 아닐지라도 —— 그들 스스로가 모델이 되고 있는 수많은 사람들이 존재한다.

반 헤이토이젠을 그가 취하고 있는 자세를 바꾸지 않은 채 회전의자에 앉혀 놓고, 그 앞에 책상을 하나 끌어다 놓은 다음, 그의 두 손에 들려 있는 말채찍을 자나 알루미늄 막대기로 바꿔 놓으면, 당신의 주장을 듣기 위하여 잠시 시간을 내고 있는 오늘날의 전형적인 중역의 모습이 되는 것이다.

하지만 연회 장면으로 다시 돌아오자. 이제 예의 남자들은 모두 어느 정도 취해 있게 된다. 앞서 나이프의 균형을 잡아 보거나, 두 손가락 사이에 술잔을 쥐고 있었거나, 굴 요리 위에 뿌리기 위해 레몬을 쥐어짜고 있었거나 하던 손들이 이제는 조금씩 더듬거리고 있다. 동시에 그들의 몸짓은 좀 더 과장된 것이 되어, 상상 속의 관객인 우리들 쪽으로 좀 더 향해 있게 되었다. 우리가 내보이고 있는 자아가, 이제까지는 언제나 감춰져 있었던 것인 우리의 진정한 자아라는 것을 누군가로 하여금 믿게 만드는 것 중에서 술만한 것은 없다.

그들은 서로의 말에 끼어들고, 동문서답을 하는 식으로 이야기를 한다. 그들이 사색을 통하여 의사소통을 덜하면 할수록 그들은 서로서로를 더 많이 껴안게 된다. 때때로 그들은 자신들이 마침내 일치된 행동을 하게 되었다는 사실에 만족해하면서 노래를 하기도 하는데, 그 이유는 각기 자신의 자아를 표현한다는 환상에 반쯤은 넋을 잃어 자기 스스로에게, 또는 다른 사람들에게 단 한 가지——즉 그가 그곳에서 가장 진실한 친구라는 것——를 증명할 수 있기를 바라기 때문이다.

할스는 대개 그 집단으로부터 조금 거리를 유지하고 있었다. 그리고 그는 우리가 그들을 지켜보고 있는 것처럼 그들을 지켜보고 있었던 것으로 보인다.

제2막은 동일한 연회용 탁자가 놓인 동일한 무대에서 시작되지만, 이제는 할스가 그 탁자 끝에 홀로 앉아 있는 것으로 시작된다. 그는 60대 후반, 또는 70대 초반의 나이지만 여전히 자신의 재능을 아주 많이 지닌 채이다. 하지만 그 사이에 흐른 몇 해의 시간은 그 장면의 분위기를 상당히 많이 변화시켰다. 그것은 기묘하게도 19세기 중반의 분위기를 지닌 것이 되었다. 할스는 어딘가 19세기의 중절모와 비슷한 모자를 쓰고, 소매 없는 검은 외투를 입고 있는 차림이다. 그의 앞에 놓여 있는 병은 검은색이다. 그러한 검정 일색의 음산함에서 유일하게 두드러져 보이는 것은 그의 목의 헐렁한 흰색 깃과 탁자에 펼쳐져 있는 책의 흰색 페이지뿐이다.

그러나 그러한 검정 일색은 음울한 것은 아니다. 그것은 그것 주위에 경쾌하고 도전적인 특질을 가지고 있다. 우리는 보들레르를 생각하게 된다. 우리는 쿠르베나 마네가 왜 할스를 그토록 칭송했는지를 이해하기 시작하게 된다.

전환점은 1645년에 생겨났다. 그 이전의 몇 년 동안 할스는 점점 더 적은 수의 초상화 제작 의뢰를 받게 되었다. 그가 그린 초상화에서 그의 동시대인들을 그토록 만족시켰던 자연스러움은, 이미 보다 도덕적으로 위안을 주는 초상화들을 원하고 있었던 다음 세대의 사람들——그 이래로 줄곧 계속되어 온 것인 공식적인 부르주아의 위선적 초상화 제작법의 원형이 되는 것을 사실상 요구하고 있었던——에게는 유행에 뒤처진 것이 되어 버렸던 것이다.

1645년에 할스는 의자 등받이 너머로 바라보고 있는 검은 옷을 입은 남자를 그렸다. 아마도 모델은 그의 친구였을 것이다. 그의 표정은 할스가 최초로 기록하게 되는 것인 또 다른 것이었다. 그것은 그가 목격하게 되는 삶을 신뢰하지 않지만, 다른 대안을 찾을 수 없는 사람의 표정이다. 그는 상당히 개인의 감정을 섞지 않은 채로, 삶이라는 것이 부조리한 것일 수도 있다는 가능성에 대하여 고려해 왔다.

그는 결코 자포자기하고 있는 것이 아니다. 그는 흥미를 가지고 있다. 하지만 그의 지적 능력은 그를 인간의 현재 목표와 신의 가정된 목표로부터 소외시킨다. 몇 년 후, 할스는 다른 인물이지만 동일한 표정을 보여주고 있는 자화상을 그렸다.

그가 탁자 앞에 앉아 있게 되면서 자신의 처지에 대하여 숙고해 보고 있다고 여기는 것이 이치에 닿는 것이다. 이제 그는 초상화 제작 의뢰를 거의 받지 못하게 되었으므로 심각한 재정적 어려움에 처해 있는 것이다. 하지만 그 자신의 마음속에서는 그러한 재정적 어려움은 그의 작품이 가지고 있는 의미에 대한 스스로의 회의에 비하면 부차적인 것이다.

그가 그림을 그릴 때, 그는 이전보다 한층 더 크게 완성된 기교를 동원한다. 하지만 그의 기교는 그 자체로 하나의 문제점이 되었다. 할스 이전에는 그 누구도 그보다 더 큰 장중함과 더 큰 공감, 더 큰 그림 솜씨로 초상화를 그려낸 적이 없었다. 하지만 그전에는 그 누구도 할스가 그래 왔던 것만큼 모델의 순간적 개성을 포착해낸 적도 없었던 것이다. 그로 인해서 '말을 걸어올 것같이 생생하게 닮은 초상'이라는 개념이 탄생한 것이다. 모델의 직접적 존재가 요구하는 바에 모든 것이 희생되는 것이다.

아니 거의 모든 것이라 할 수도 있는데, 그 이유는 이 화가 자신이 단순히 그 모델이 스스로를 나타내는 매개체가 되어 버리는 것의 위협으로부터 자신을 보호하는 장치를 필요로 하기 때문이다. 할스가 그린 초상화들에서 그의 붓자국은 점점 더 그것 자체의 생명력을 얻어 간다. 붓을 움직인 자국이 가지고 있는 에너지 전부가 그것들의 묘사적 기능에 의해 흡수되어 버리는 것이 결코 아닌 것이다. 우리는 그림의 주제에 대해서뿐만 아니라, 그것이 어떻게 그려졌던 것인지에 대해서도 날카롭게 알아채고 있게 되는 것이다. 모델과 '말을 걸어올 것같이 생생하게 닮은 초상'은 또한 이 화가에 의해 거장다운 솜씨의 발휘라는 개념을 탄생시켰는데, 후자는 전자에 대한 이 화가의 보호장치가 되기 때문이다.

하지만 그것은 별반 위안이 되지 못하는 보호인데, 그 거장다운 솜씨의 발휘라는 것은 단지 그 솜씨가 발휘되는 지속 기간 동안에만 그 화가를 만족시킬 뿐인 것이기 때문이다. 할스가 그림을 그리는 동안 그가 표현해내고 있는 각각의 얼굴과 손은, 마치 그 모든 날카롭고 빠른 붓의 움직임이 판돈인 거대한 도박과도 같은 것이 된다. 하지만 그림이 마무리되고 났을 때 무엇이 남아 있는가? 스쳐 지나가는 개성의 기록과 끝나 버린 솜씨 발휘의 기록뿐이다. 진정한 판돈과 같은 것은 존재하지 않는다. 경력만이 존재할 뿐이다. 그리고 그는 이러한 것들——당연히 해야 하는 일을 해내고는 공치사를 하기——과는 전혀 상종하지 않는다.

그가 거기에 앉아 있는 동안 사람들——그들이 입고 있는 17세기 시대 의상이 지금까지도 우리를 놀라게 하는——은 탁자의 다른 쪽 끝으로 가 거기서 멈춘다. 몇몇은 그의 친구들이고, 몇몇은 그의 후원자들이다. 그들이 자신들의 모습을 그려 달라고 요청한다. 대부분의 경우에 할스는 거절한다. 그의 무기력한 태도가 도움이 된다. 그리고 어쩌면 그의 나이도 마찬가지로 도움이 되는 것일 수가 있다. 하지만 그의 태도에는 또한 어떤 반항적인 면도 존재한다. 그는 자신이 보다 젊었을 때 무슨 일이 있었건 간에 더이상 그들의 환상을 공유하지 않는다는 점을 분명하게 밝히고 있다.

이따금 그는 초상화를 그려 주는 것에 동의하기도 한다. 그의 선택 방식은 자의적인 것처럼 보이는데, 때로 그것은 그 사람이 친구이기 때문이기도 하고, 때로는 그 얼굴이 그의 흥미를 자극하기 때문이기도 하다. (이 두번째 행위가 몇 년이라는 기간에 걸쳐 있음은 분명하게 밝혀둬야만 한다.) 어떤 얼굴이 그의 흥미를 끌게 될 때, 우리는 어쩌면 그것이 모델의 성격이 몇 가지 점에 있어서 할스가 마음을 빼앗기고 있는 문제점, 즉 그의 삶이 지속되는 동안 그토록 근본적으로 변화하는 것은 무엇인가 하는 문제 때문이라는 것을 이야기를 통해 알아낼 수 있을지도 모른다.

그가 데카르트의 초상화를 그린 것, 그가 신참에다가 무능한 한 신학 교수의 초상화를 그린 것, "강철로 만든 검으로 싸우는 것처럼 신의 말씀의 도움으로 무신론에 대적하여 싸웠던" 목사 헤르만 랑겔리우스의 초상화를 그린 것, 알데르만 게라르트, 그리고 그의 아내에 대한 한 쌍의 초상화를 그린 것 등은 바로 이러한 정신에서이다.

그의 아내는 자신이 그려져 있는 화포에서 선 자세로 오른쪽으로 돌아서서 내뻗은 손에 쥔 장미 한 송이를 바치고 있다. 얼굴에는 고분고분해 보이는 미소를 머금고 있다. 남편은 자신이 그려진 화포에서 앉아 있는 자세이며, 한 손은 그 장미꽃을 받기 위하여 맥빠진 듯이 위로 치켜올린 상태이다. 그의 표정은 음란한 것인 동시에 상대를 평가하는 듯한 것이다. 그는 그 어느것이 되었건 가장을 하려는 노력을 기울일 필요가 전혀 없는 것이다. 그것은 마치 그가 자신에게 지급되어야 하는 지불 증권을 받기 위해 손을 내뻗고 있는 것과도 같다.

제2막의 끝에서 한 빵장수가 할스로부터 받아야 하는 빚 2백 플로린을 상환하도록 요구한다. 그의 재산과 그려 놓은 작품들은 압류되고, 그는 파산 선고를 받게 된다.

제3막의 무대는 하를렘의 남자 노인들을 위한 양로원이다. 그곳은 1664년 할스에게 남녀 원장들의 초상화를 그리도록 의뢰했던 양로원이다. 그 결과로 그려지게 된 초상화들은 일찍이 그가 그렸던 가장 뛰어난 작품에 속하는 것들이다.

파산하고 난 후, 할스는 시의 구제기금을 신청하여야만 했다. 오랫동안 그가 실제로 그 양로원 —— 오늘날에는 프란스 할스 미술관인 —— 에 수용되어 있었다고 여겨졌지만, 사실은 그렇지 않았던 것이 분명하다. 하지만 그는 극도의 빈곤함과 관청에서 베푸는 자선 혜택을 받는 맛 두 가지 모두를 경험했던 것이다.

무대의 중앙에는 그 양로원에 수용되어 있는 남자 노인들이, 제1막에서 주요한 소재가 되었던 것처럼 예의 그 동일한 연회용 탁자에 수프 사발들을 앞에 놓은 채 앉아 있다. 다시 한 번 그것은 우리에게 19세기적 장면 —— 디킨스의 작품에 나올 법한 —— 을 생각나게 한다. 탁자를 앞에 두고 앉아 있는 노인들을 지나 뒤쪽으로는, 화가에 올려진 두 개의 화포들 사이에 우리들을 향한 채 할스가 자리잡고 있다. 그는 이제 80대이다. 3막이 계속되는 동안 그는 옆에서 무슨 일이 일어나건 전혀 개의치 않고, 두 개의 화포 모두를 자세히 들여다보면서 그림을 그린다. 그는 아주 나이가 많은 노인들이 대개 그러하듯이 더 야위어 있다.

왼쪽으로 솟아 있는 연단 위에는 그가 한쪽의 화포에 그리고 있는 남자 원장들이 있고, 오른쪽에 있는 비슷한 연단 위에는 그가 다른 한쪽의 화포에 그리고 있는 여자 원장들이 있다.

그 양로원에 수용되어 있는 노인들은 천천히 숟가락을 놀리는 사이에 우리를, 또는 그 두 집단 중 한쪽을 뚫어져라 응시한다. 이따금 그들 중 두엇 사이에서 말다툼이 일어난다.

남자 원장들은 사적인 일들이나 시정 업무에 관한 이야기들을 주고받는다. 하지만 자신들을 응시하고 있는 시선이 있다는 것을 감지하게 될 때면 언제나 이야기를 멈추고는 할스가 자신들을 그리고 있는 자세를 취하는데, 그들은 각기 자기 자신의 도덕성이라는 터무니없는 백일몽에 빠져 있으며, 그들의 손은 부러진 날개처럼 퍼덕인다. 커다란 모자를 삐딱하게 쓰고 있는 주정뱅이만이 계속해서 추억에 잠긴 채, 이따금씩 연회에서 건배를 제의하는 듯한 시늉을 한다. 한 번쯤 그는 할스를 이야기에 끌어들이려는 시도를 해본다. (이쯤에서 나는 이것이 연극적인 장면임을 지적해둬야 할 것 같다. 사실 남녀 원장들은 이 단체 초상화에서 한 사람씩 자세를 취했던 것이다.)

수용된 노인들의 성격을 이야기하는 여자 원장들은, 그들에게 진취성이나 도덕적 정직성이 부족하다는 것에 대하여 설명을 해주려 든다. 그들이 자신들을 응시하는 시선이 있음을 감지하게 되자, 맨 오른쪽에 있던 여자는 인정머리 없는 자신의 손을 허벅지에 내려놓으며, 이것은 다른 사람들에게 수프를 먹고 있는 노인들을 다시 똑바로 쳐다보라는 신호가 된다.

이 여자들의 위선적인 면은 아무런 느낌도 없이 뭔가를 베푼다는 데 있는 것이 아니라, 자신들의 검은 옷 아래에 이제는 영구히 박혀 있는 증오심을 결코 인정하려 들지 않는다는 데 있다. 그 여자들은 각기 자신들이 남몰래 가지고 있는 증오심에 사로잡혀 있는 것이다. 그 여자들은 증오심을 위하여, 그것이 마침내 충분히 길들여져 자신의 침실 유리창을 두들겨 새벽마다 그녀를 깨우게 될 때까지, 영원히 계속될 것 같은 겨울의 매일 아침마다 빵조각을 내놓는 것이다.

어둠. 단지 두 점의 초상화들——일찍이 그려졌던 가장 가차없이 고발하는 내용의 그림들 가운데 두 점인 —— 만이 남아 있다. 그것들은 무대 전체를 가로질러 화면을 가득 채우도록 나란히 비춰진다.

무대 뒤쪽에서는 떠들썩하게 연회를 벌이는 소리가 들린다. 그런 다음 한 사람의 목소리가 다음과 같은 내용을 발표한다. 그는 84세였으며, 자신의 그림 솜씨를 잃었다. 그는 더이상 자신의 손을 마음대로 쓸 수 없게 되었다. 그 결과는 미완성의 것이며, 그가 한때는 어떤 사람이었는가 하는 점을 고려한다면, 애처로울 정도로 형편없는 것이다. (1966년)

15

자코메티

　자코메티가 세상을 떠난 일주일 뒤, 《파리 마치》지에는 그의 9개월 전 생시의 모습을 촬영한 주목할 만한 사진이 실렸다. 사진은 그가 홀로 비를 맞으며 몽파르나스에 있는 작업실 근처의 길을 건너고 있는 모습을 보여준다. 비록 두 팔이 소매 속에 들어 있긴 하지만, 그가 우의 대용으로 입고 있는 코트는 자신의 머리를 덮기 위해서 훌쩍 들어올려진 상태이다. 보이지 않지만, 그 우의 아래에서 그의 양쪽 어깨는 둥글게 구부러져 있다.

　예의 사진이 발표되었을 때, 그것이 주는 즉각적인 효과는 기묘할 정도로 자기 스스로의 안위에 대하여 무관심한 한 남자의 모습을 보여주고 있다는 것에 달려 있었다. 구겨진 바지에 낡은 구두, 우의도 제대로 갖추지 않은 남자의 모습을 말이다. 열중해 있는 문제로 인해 계절의 변화도 잊고 있는 남자의 모습을 말이다.

　하지만 그 사진을 주목할 만한 것으로 만드는 것은 자코메티의 성격에 대한 것 이상의 것을 암시해 준다는 점이다. 그 코트는 마치 빌려입은 것처럼 보인다. 그는 코트 속에 바지 외에는 아무것도 입고 있지 않은 것처럼 보인다. 그는 재난으로부터 구조된 사람과도 같은

알베르토 자코메티, ©존 힐렐슨 에이전시, 앙리 카르티에 브레송

태도를 지니고 있다. 하지만 비극적인 의미에서 그러한 것은 아니다. 그는 자신의 이러한 자세에 아주 익숙해져 있다. 나는 특히 그의 머리 위에 덮어쓴 코트가 두건을 암시하는 것이어서, '수도사와도 같은'이라고 말하고 싶은 유혹을 느꼈다. 하지만 이러한 비유는 만족스러울 정도로 정확한 것은 되지 못한다. 그는 자신의 상징적인 빈곤을 대부분의 수도사들보다 훨씬 자연스럽게 입고 있었던 것이다.

모든 화가의 작품은 그가 세상을 떠나게 되면 변화를 겪는다. 그리고 결정적으로는 그가 생존해 있을 때에는 그의 작품이 어떻게 생긴 것이었는지를 아무도 기억하지 못하고 있다는 것이다. 때로 우리는 그의 동시대인들이 그 작품에 대하여 무슨 말을 했었는지에 대하여 읽어보게 된다. 강조되는 부분과 해석상의 차이는 주로 역사가 어떤 식으로 전개되어 왔는지에 관한 문제이다. 하지만 그 화가의 죽음 또한 하나의 구분짓는 선이 된다.

이제 내게는 일찍이 화가 자신의 죽음으로 인해 자코메티보다 작품에 더 많은 변화가 일어났던 화가는 없는 것으로 보인다. 20년 후면 아무도 이러한 변화를 이해하지 못하게 될 것이다. 그의 작품은 —— 비록 사실은 그것이 다른 어떤 것이 될 것임에도 불구하고 —— 정상으로 되돌아온 것처럼 보이게 될 것이다. 즉 그것이 지난 40년 동안 그래 왔던 것처럼 앞으로 나타나게 될 어떤 것에 대한 가능한 준비가 되는 대신에, 그것은 과거로부터 내려오는 증거가 되어 있으리라는 것이다.

자코메티의 죽음이 그의 작품을 그토록 근본적으로 변화시켜 온 것처럼 보이는 이유는, 그의 작품이 죽음에 대한 자각과 아주 깊은 관련이 있기 때문이다. 그것은 마치 그의 죽음이 그의 작품을 확인해 주는 것과도 같은 것이며, 마치 이제 우리는 그의 작품을 그의 죽음으로 이어지는 한 줄로 배열할 수 있다는 것과도 같은 것인데, 그의 죽음은 그 줄을 중간에서 단절 또는 종결시키는 것을 훨씬 넘어서는 어떤 것을 구성하는 것으로서, 그것은 반대로 그 줄을 따라 거꾸로 작품을 읽어나가는 것, 즉 그의 전생애에 걸쳐 생산된 작품을 감상하는 것의 출발점이 될 수 있는 것이다.

어쨌든 그 누구도 자코메티의 생명이 영원히 계속되리라고 믿은 사람은 일찍이 아무도 없었던 것 아니냐고 당신은 주장할 수도 있다. 그가 죽으리라는 것은 언제나 추론해낼 수 있는 것이었다. 하지만 중요한 것은 바로 그러한 사실이다. 그가 살아 있던 동안에는 그의 외로움, 모든 사람은 불가지(不可知)의 존재라는 그의 확신과 같은 것이, 그가 몸담고 살아가던 사회에 대한 논평이 함축되어 있는 하나의 선택된 관점에 지나지 않는 것이었다. 이제 그는 자신의 죽음으로 자신의 논지를 입증한 것이다. 아니 —— 그것을 좀 더 나은 방식으로 표현해 본다면, 왜냐하면 그는 논쟁 같은 것에 관심을 전혀 갖고 있지 않았던 사람이었으므로 —— 이제는 그의 죽음이 그를 위하여 그의 논지를 입증해 준 것이다.

이것은 극단적인 것처럼 들릴 수도 있는 문제이지만, 그가 실제로 사용했던 방식이 가지고 있었던 상대적인 전통주의에도 불구하고 자코메티는 가장 극단적인 화가였다. 그와 비교해 본다면 오늘날의 반(反)예술운동에 참여하고 있는 화가들(neo-Dadaists)이나 소위 우상파괴자들 정도는 전통을 따르면서도 그 사실을 그럴듯하게 숨기는 사람들이 되어 버릴 정도이다.

자코메티가 자신의 원숙한 작품 모두의 근거로 삼고 있는 그러한 극단적인 주장은, 그 어떤 실재──그리고 그는 실재에 대한 숙고 이외의 그 어떤 것에 대해서도 관심을 갖고 있지 않았다──도 공유될 수 없다는 것이었다. 이것이 바로 왜 그가 하나의 작품이 완성된다는 것이 불가능하다고 여기고 있었는지에 대한 이유이다. 이것이 바로 왜 어느 작품이건 그 내용물은 묘사된 인물이나 두상의 특질이 아니라, 그것에 대한 그의 응시가 가지는 불완전한 역사가 되는지에 대한 이유이다. 본다는 행위가 그에게는 일종의 기도와도 같은 것이어서, 그것은 절대적인 존재에 접근하는 한 방식은 되었지만 결코 그것을 움켜쥘 수 있게 해주는 것은 되지 못하였다. 그가 존재와 진리 사이에서 끊임없이 떠돌고 있다는 것을 계속 자각하게 해줬던 것은 바로 이 본다는 행위였던 것이다.

만약 좀 더 이른 시대에 태어났더라면, 자코메티는 종교화를 그리는 화가가 되어 있었을 수도 있는 일이다. 그러나 실상은 깊고 광범위한 소외의 시대에 태어났기 때문에, 그는 과거 속으로의 도피가 되었을 뻔한 종교를 통한 현실도피를 거부했다. 그에게는 차라리 자신의 피부와도 같은 것으로 여겨졌을 게 분명하며, 태어나면서 들어와 있게 된 자루와도 같은 것인 자신이 속한 시대에 고집스러울 정도로 충실했다. 그 자루 속에서 그는 더할나위없는 정직함으로도 그 자신이 언제나 그래 왔고, 앞으로도 언제나 완전히 혼자일 것이라는 확신을 진정 극복할 수 없었던 것이다.

그러한 인생관을 갖는다는 것은 어떤 특정한 종류의 기질을 필요로 하게 된다. 그러한 기질에 대하여 정확하게 정의한다는 것은 내 능력 밖의 일이다. 그것은 자코메티의 얼굴에서 찾아볼 수 있는 그러한 것이다. 노련함에 의해 경감된 일종의 인내라고나 할까. 만약 인간이 사회적 존재가 아닌, 순전히 동물적 특성만을 갖춘 존재라면 모든 노인들은 이러한 표정을 갖고 있었을 것이다. 우리는 사뮈엘 베케트의 표정에서도 비슷한 어떤 것을 어렴풋이 느낄 수 있다. 그것과 정반대가 되는 것은 우리가 르 코르뷔지에의 얼굴에서 볼 수 있었던 그러한 것이다.

하지만 그것은 단지 기질이라는 문제에만 국한되어 있는 것은 결코 아니어서, 그것은 주변 환경이 되는 사회적 현실이라는 문제에 한층 더 가까운 것이다. 자코메티의 생전에는 그 어떤 것도 그가 침잠해 있는 고독을 깨뜨리고 그의 내면으로 들어오지 못했다. 그가 좋아했거나 사랑했던 사람들은 그와 함께 일시적으로 그 고독을 공유하도록 그 안으로 초대되었던 것이다. 그가 처해 있는 근본적인 상황──그가 태어나서 들어와 있게 된 자루 속인──은 변화되지 않은 채로 남아 있었던 것이다. (그에 대한 전해 오는 이야기 중에서, 그가 40년 동안 살았던 그의 작업실은 거의 어떤 것도 변하거나 옮겨지지 않았다는 것을 말하고 있는 부분은 흥미를 끈다. 그리고 그의 생애 마지막에 해당하는 20년 동안 그는 똑같은 대여섯 가지의 주제에 대한 작업을 계속해서 다시 시작하곤 했던 것이다.) 하지만 본질적인 사회적 존재로서의 인간이 가지고 있는 특질은──비록 그것이 언어와 학문, 문화가 존재한다는 바로 그 사실에 의해 객관적으로 증명되는 것이긴 하지만──공통적인 행위의 결과로 나타나게 되는 변화의 힘을 경험하는 것을 통해서 주관적으로만 느껴 볼 수 있는 것이다.

자코메티의 견해가 이전의 그 어떤 역사적 시기가 계속되는 동안에건 사람들이 품고 있었던 것일 수 없는 한, 우리는 그것이 사회의 분열 및 뒤에 나타나게 된 부르주아 지식 계급의 광적인 개인주의를 반영하는 것이라고 말할 수도 있다. 그는 더이상 은거하고 있는 화가조차도 아니었다. 그는 사회라는 것을 부적절한 것으로 여기는 화가였던 것이다. 만약 그러한 견해가 그의 작품들을 계승했다면, 그것은 태만함에 의한 것이었다.

하지만 이러한 모든 것들이 언급되었음에도 그의 작품은 여전히 그대로이며, 잊혀질 수 없는 것이다. 그가 처한 상황이나 전망의 결과에 대한 그의 명료함과 전적인 솔직함은 그가 여전히 진리를 지키고 표현해낼 수 있을 그러한 정도였던 것이다. 그것은 인간이 관심을 가질 수 있는 최종적인 한계에 도달해 있는 엄숙한 진리였지만, 그것에 대한 그의 표현은 그것을 생겨나게 한 사회적 절망과 냉소주의를 초월하고 있다.

실재하는 것은 공유될 수 없는 것이라는 자코메티의 주장은 죽음속에서 진정한 것이 된다. 그는 죽음이라는 과정에 대하여 병적으로 관심을 가지고 있었던 것은 아니었다. 하지만 그는 스스로가 언젠가는 죽을 운명이라는 사실에서, 그가 신뢰할 수 있는 단 하나의 시각을 제공받게 된 인간에 의해 관찰된 삶의 과정에 유일하게 관심을 가지고 있었다. 우리들 중 그 누구도, 비록 우리가 동시에 다른 시각을 계속해서 가지고 있어 보려고 노력할 수는 있다 할지라도, 이러한 시각을 부인할 만한 위치에 있지 않은 것이다.

나는 그의 작품이 그의 죽음에 의해 변화를 겪어 왔다고 말했었다. 죽음으로 인해 그는 자기 작품의 내용을 강조하고, 명백한 것으로 만들어 놓게 되었던 것이다. 하지만 그러한 변화——어쨌든 당장에는 내게 그렇게 여겨지는 것인——는 그것보다 더 정확하고 구체적인 것이다.

당신과 마주하도록 놓여진 두상만 그려진 초상화들 중 하나를 당신이 서서 바라보고 있다고 상상해 보라. 아니 나체라는 문제가 제기되지 않고, 나체 상태에 대한 모든 논의가 부르주아 여성들이 결혼식에 어떤 옷을 입고 갈 것인지를 결정하기 위한 이야기만큼이나 사소한 것이 되어 버리도록, 허리에 그녀의 두 손을 댄 채 자루 두 개——그녀의 것과 당신의 것인——의 두께를 통해서만 만질 수 있는 나체화들 중 한 점이 거기에 세워져 있다고 상상해 보라. 나체 상태라는 것은 스쳐 지나가는 행사의 한 세부 묘사인 것이다.

조각작품들 중 하나에 대하여 상상해 보라. 가늘고 더이상 뜻하는 형태로 만들 수 없으며, 움직이지 않는 것임에도 불구하고 구부릴 수도 있는 것이고, 별것 아닌 것으로 치부해 버린다는 것은 불가능하며, 면밀히 살피거나 응시하는 것만이 가능한 그러한 것이다. 당신이 응시하면 그 인물상도 되받아 응시한다. 이러한 점은 또한 대부분의 평범한 초상화들에 있어서도 마찬가지이다. 이제 차이를 갖게 되는 것은 당신이 응시하는 시선과 그녀가 응시하는 시선이 가지고 있는 궤적을 당신이 어떻게 의식하게 되는가 하는 점이다. 즉 당신과 그 인물상 사이의 시선이 오가는 좁다란 회랑이 그것으로서, 어쩌면 이것은 만약 그러한 것이 볼 수 있는 것으로 만들어질 수 있다면 기도의 궤적과도 같은 것일 수 있다. 그 회랑의 양쪽에서 중요하게 여겨질 수 있는 것은 아무것도 없다. 그녀에게 도달하는 단 한 가지의 방법이 존재하는데, 곧 조용히 서서 응시하는 것이다. 그것이 왜 그녀가 그처럼 가느다랗게 되어 있는가 하는 이유가 된다. 다른 모든 가능성들과 기능들은 박탈되어 버려진 것이다. 그녀의 실재 전체는 보여진다는 사실로 축소되어 버린다.

자코메티가 살아 있었을 때는, 말하자면 당신이 그의 자리에 서 있었을 것이다. 당신은 당신 자신을 그의 시선이 가지고 있는 궤적이 시작되는 부분에 놓았을 것이고, 그 인물상은 거울처럼 이 시선을 다시 당신에게 반사시켰을 것이다. 이제 그가 세상을 떠났으므로, 아니 이제 그가 세상을 떠났다는 것을 당신이 알고 있으므로, 당신은 당신 스스로를 그 자리에 놓기보다는 그의 자리를 차지한다. 그렇게 하고 나면, 그 궤적을 따라 맨 처음 움직이는 것은 그 인물상에서 나오는 것처럼 보이는 것이다. 그것이 응시하면, 당신은 그 응시하는 시선을 가로챈다. 그러나 당신이 아무리 멀리까지 그 좁은 통로를 따라 뒤로 물러난다 하더라도 그 시선은 당신을 거쳐 지나가게 된다.

이제는 자코메티가 생전에 이러한 인물상들을 만들었던 것은 자기 스스로를 위해서였으며, 그것들은 미래에 닥칠 자신의 부재, 자신의 죽음, 자신이 불가지한 존재로 되는 것에 대한 관찰자들이었던 것으로 여겨진다. (1966년)

16

로댕과 성의 지배

"사람들은 내가 지나치게 여자 생각을 많이 한다고 말합니다"라고 로댕은 윌리엄 로턴스타인에게 말했다. 잠시 이야기가 끊긴다. "하지만 따지고 보면, 생각해 봐야 할 것 중에 그것보다 더 중요한 것이 또 뭐가 있죠?"

올해는 그의 50주기이다. 그래서 그 기념제를 위한 서적이나 잡지의 특집 기사에 싣기 위한 로댕의 조각작품 도판(圖版) 수십만 장이 특별히 인쇄되었다. 이러한 기념제라는 의식은 소비시장의 논리를 위해서는 끊임없이 확장되어야 할 필요가 있는 것인 '문화 엘리트 계층'에 고통 없이, 그리고 피상적으로 알 기회를 주는 수단이다. 그것은 역사——이해와는 별개의 것으로서의——를 소비하는 한 방식인 것이다.

오늘날 거장들로 취급되는 19세기 후반의 예술가들 중에서 유일하게 전세계적으로 존중되며, 그가 작품 활동을 하고 있었던 동안에 정식으로 유명하다고 인정되었던 이는 로댕뿐이다. 그는 전통주의자였다. "진보라는 생각은 사회에서 통용되는 형식적인 구호 중 최악의 형태를 가진 것이다"라고 그는 말했다. 그리 대단치 않은 파리의 소시민 계급 가문 출신인 그는 거장으로 인정받는 예술가가 되었다. 성공의 절정기에 그는 대리석 덩어리들을 다듬기 위해 10명의 다른 조각가들을 고용했던 것으로도 유명하다. 1900년 이래로 줄곧 그의 알려진 연간 수입은 대략 20만 프랑이었는데, 사실은 그보다 어쩌면 상당히 더 많은 액수였을 수도 있다.

그의 작품 대부분의 이형들을 구경할 수 있는 장소인 파리의 로댕미술관 오텔 드 비롱을 한 번 방문하는 것은 기괴한 경험이 된다. 이 저택 안에는 수백 점의 인물상들이 거주하고 있는데, 그것은 마치 조각상들의 수용소 혹은 조각상들에게 강제노역을 시키고 있는 작업장과도 같다. 만약 당신이 하나의 인물상에 접근하여, 이를테면 당신의 눈으로 그것에게 질문을 하게 되면, 당신은 부수적인 관심거리(손이나 입의 세부, 조각상의 제목에 함축되어 있는 사상 등과 같은)를 많이 발견해낼 수도 있다. 하지만 발자크 기념상의 시작품(試作品)들과, 그보다 20년 앞서 만들어진 것으로 발자크에 대한 일종의 예언적 시작품인 〈걷는 남자〉를 제외하면, 버팀 없이 홀로 서 있는 조각품 제작의 제1원칙에 따랐을 때 두드러져 보이거나 눈길을 끄는 단 하나의 작품도 존재하지 않는다. 말하자면 그것 주위의 공간을 지배하는 단 하나의 인물상도 없다는 뜻이다.

그것들 모두는 자체의 윤곽선 안에 갇혀 버린 포로들이다. 우리가 받게 되는 효과는 누적되면서 증가하는 그러한 것이다. 우리는 이들 인물상들이 엄청난 압력 아래에서 존재하고 있다는 것을 알아차리게 된다. 눈에 보이지 않는 압력이 바깥쪽으로 향하는 모든 가능한 추진력을 제지하고 축소시켜 손가락 끝에 대한 것과 같은 일부 적은 표면을 가진 결과물들로 만들어내는 것이다. 로댕은 "조각이라는 것은 아주 단순히 말하면 억압과 융기의 예술이다. 그것으로부터 벗어나는 일은 절대로 없다"라고 주장했다. 확실히 오텔 드 비롱 안에 그것으로부터 벗어나 있는 것은 전혀 없다. 그것은 마치 그 인물상들이 그것들을 구성하고 있는 재료 안을 향해 강제로 밀려 들어가고 있는 것과도 같은 것으로서, 만약 그와 동일한 압력이 더욱 증가하면 그 삼차원의 조각품은 얕은 돋을새김(bas-relief)이 되어 버릴 것이며, 거기서 한층 더 압력이 증가하면 그 얕은 돋을새김은 그저 벽에 눌러 찍은 자국처럼 되어 버릴 것이다. 〈지옥문〉은 이러한 압력에 대한 거대하고 엄청나게 복잡한 증거이며, 표현인 것이다. 지옥은 이러한 인물상들을 문 안쪽을 향해 다시 밀어넣는 힘이다. 그 장면을 굽어보고 있는 〈생각하는 사람〉〔이 작품은 원래 〈지옥문〉의 한 부분을 이루고 있는 것이다〕은 바깥쪽을 향하는 모든 접촉에 몸을 응송그리고 있는데, 그는 그에게 닿는 공기로부터도 몸을 움츠리고 있다.

생전에 로댕은 속물적인 비평가들로부터 자신의 인물상들을 '불구로 만든 것' 때문에──팔이 잘려나갔거나, 목이 없는 몸통 등과 같은── 공격을 받았었다. 이러한 공격은 멍청하고 겨냥이 빗나간 것이긴 했지만, 전적으로 근거가 없는 것은 아니었다. 로댕의 인물상들 대부분은 독자적인 조각품들이 당연히 그래야만 하는 것보다 뭔가가 모자라게 축소되었는데, 그것은 그것들이 그러한 식의 억압을 당해 왔다는 것을 의미한다.

그러한 점은 그가 모델에서 눈을 떼지 않고 여성 또는 무희의 윤곽선을 그리고는, 나중에 거기에 수채화 물감을 엷게 칠한 것인 그의 유명한 나체 소묘의 경우에 있어서도 마찬가지이다. 그 소묘작품들은 비록 두드러져 보이는 때도 있긴 하지만, 눌러 놓은 나뭇잎이나 꽃잎에 비견될 수조차 없는 그러한 것이다.

그의 인물상들(〈발자크〉는 언제나 예외이지만)이 그것들의 주위 환경과, 그 어느것이 되었건 공간적인 긴장감을 창조해내는 것에 이처럼 실패한 것을 그의 동시대인들이 알아차리지 못하고 넘어가게 되었는데, 그 까닭은 그들이 그 조각작품들 대부분에 분명하게 나타나 있는 성적인 의미에 의해 더욱 뚜렷해진 그 작품들의 문학적 해석에 마음을 빼앗기고 있었기 때문이다. 로댕에 대한 되살아난 관심(지금부터 대략 15년에서 20년 전에 시작된 것인)이 조각작품의 표면에 대한 거장다운 '그의 솜씨'에 집중되었기 때문에 나중에 와서 그러한 것은 무시되었다. 그는 조각에 있어서의 '인상주의자'로 분류되었다. 그럼에도 불구하고 로댕의 인물상들에 가해지는 엄청난 압력의 존재라는 이러한 실패한 부분이 작품의 진정한(비록 부정적인 것이긴 하지만) 내용에 대한 실마리를 제공하게 된다.

납작한 가슴과 뼈와 가죽이 서로 달라붙은 야윈 노파의 인물상인 〈한때는 아름다웠던 투구 제작자의 아내〉라는 작품은 예시적으로 선택된 주제를 나타낸다. 어쩌면 로댕은 어렴풋이 자신의 성향을 알아차리고 있었을 수도 있다.

흔히 한무리의 군상, 혹은 하나의 인물상이 취하고 있는 몸짓은 공공연히 압축하는 어떤 힘과 관계된 것이다. 서로 포옹하고 있는 한 쌍의 남녀. (〈입맞춤〉이라는 작품으로, 서로 안쪽으로 끌어당기고 있는 남자의 손과 여자의 팔을 제외한 모든 것은 힘이 들어가 있지 않다.) 다른 한 쌍의 남녀는 서로 포개어 쓰러져 있다. 인물상들은 대지를 껴안고, 땅바닥에 쓰러져 기절해 있다. 쓰러진 여상주(女像柱; 고대 그리스 건축물에서 건물을 지탱하는 기둥으로 사용된 여자 모습의 조각상)는 그녀를 짓누르던 돌덩이를 여전히 머리에 이고 있다. 여자들은 마치 구석으로 눌려 들어가 숨는 것처럼 웅크리고 있다.

대리석 조각품의 대부분에 있어서, 인물상들이나 두상들은 마치 깎아내지 않은 돌덩이로부터 겨우 절반 정도만 모습을 드러내고 있는 것처럼 보이도록 되어 있지만, 사실 그것들은 마치 그 돌덩이 안으로 밀려 들어가 그것과 융합되고 있는 것처럼 보인다. 만약 이 함축된 과정이 계속되기로 돼 있다면, 그것들은 독립된 것으로 모습을 드러내거나 자유롭게 놓여나지 못하고 사라져 버리게 될 것이다.

인물상의 몸짓이 그것에 가해지고 있는 압력을 외견상 실제와 다른 것처럼 속여 나타나게 하고 있을 때조차도 —— 무희들을 묘사한 보다 작은 크기의 몇몇 청동 조각품들의 경우에 있어서처럼 —— 우리는 그 인물상이 여전히 형상을 빚어내고 있는 조각가의 손이 마음대로 그 형상을 바꿀 수 있는 피조물이며, 자유롭게 놓여나지 못한 존재라고 느끼게 된다. 이러한 손이 로댕을 매혹시켰던 것이다. 그는 그 손이 완성되지 않은 인물상과 한 덩어리의 흙을 쥐고 있는 것으로 묘사하고는 그것을 〈신의 손〉이라고 불렀다.

로댕은 자신에 대하여 이렇게 설명한다.

그 어떤 훌륭한 조각가도 생명의 신비에 대하여 깊이 생각함이 없이는 인간의 모습을 입체감 있게 나타낼 수 없는 것이며, 덧없는 변화 속에 있는 이런저런 개별적 인간의 모습은 그에게 단지 내재되어 있는 전형만을 상기시켜 줄 뿐이어서, 그는 영구히 피조물에서 창조자로 인도되게 된다…… 그 점이 왜 내 인물상들의 대부분이 여전히 대리석 속에 갇혀 있는 상태로 손 하나, 발 하나만을 갖고 있는지의 이유이다. 생명이란 편재(遍在)하는 것이지만, 그것이 완전하게 표현되거나 그러한 개별적 인간이 완벽한 자유에 이르게 된다는 것은 실로 드문 일이다.

(이사도라 덩컨, 《나의 인생》, 런던, 1969)

하지만 만약 그의 인물상들이 겪게 되는 압축이 일종의 범신론적인 자연과의 융합의 표현으로 설명되어야 하는 것이라면, 왜 그것의 효과는 조각과 관련된 측면에서 그토록 비참한 것이 되는가?

로댕은 비범할 정도의 조각가로서의 재능과 기교를 지니고 있었다. 그의 작품이 일관된, 그리고 근본적인 약점을 지니고 있다는 점을 감안한다 하더라도, 우리는 그가 가지고 있었던 견해의 구조에 대해서보다는 그가 지니고 있던 성격의 구조에 대하여 면밀하게 검토해야만 한다.

비록 그가 세상을 떠난 이래로, 그의 인생과 작품(수백 점의 소묘를 포함하여)에 대한 어떤 측면들은 비밀에 싸여 있었지만, 로댕의 지칠 줄 모르는 성욕은 그의 생전에도 잘 알려져 있었던 것이다. 로댕의 조각작품에 대한 글을 썼던 모든 비평가들은 그의 작품이 가지고 있는 감각적인, 또는 성과 관련된 특징에 대하여 논평을 해왔지만, 그들 중 대부분은 이러한 성과 관련된 측면을 단순히 하나의 구성 요소로서만 다루고 있다. 내게는 그것이 —— 단순히 프로이트적인 성의 승화라는 의미에서가 아닌 —— 그의 예술에서 가장 으뜸가는 동기였던 것으로 보인다.

이사도라 덩컨은 예의 자서전에서 로댕이 어떻게 자신을 유혹하려 들었는지를 기술하고 있다. 결국 —— 그리고 나중에 후회하게 되었던 일로서 —— 그녀는 그 유혹을 받아들이지 않았지만 말이다.

로댕은 짧게 깎은 머리에 풍성한 수염, 작달막한 키에 떡벌어진 어깨를 가진 힘이 넘치는 사람이었다…… 때로 그는 자신이 만든 조각상들의 이름들을 중얼거리기도 했지만, 우리는 그러한 이름이 그에게 별반 의미를 지니고 있지 못한 것이라고 느꼈다. 그는 자신의 두 손으로 그것들을 훑듯이 더듬거나 어루만졌다. 그의 손 밑에서 대리석이 용해된 납과 같이 흘러내리는 것처럼 보인다고 생각했던 것을 기억하고 있다. 마침내 그는 적은 양의 점토를 떼어내어 그것을 두 손바닥 사이에 놓고 눌렀다. 그가 그렇게 하고 있는 동안 그의 숨결이 거칠어졌다…… 잠깐 사이에 그는 여자의 젖가슴 모양을 빚어냈다…… 그때 나는 그에게 내 새로운 춤 이론을 설명하기 위해 멈춰섰지만, 곧 그가 내 이야기를 듣고 있지 않다는 것을 깨달았다. 그는 내리깐 눈으로 나를 뚫어지게 바라보았는데, 그의 두 눈은 이글이글 불타는 것 같았으며, 다음 순간 그는 자신의 작품을 앞에 두고 있을 때와 똑같은 표정을 지은 채 나를 향해 다가왔다. 그는 내 엉덩이와 드러난 두 다리, 그리고 발을 두 손으로 더듬듯 훑어 내려갔다. 그는 내 몸 전체를 마치 그것이 점토라도 되는 것처럼 반죽하듯 주무르기 시작했는데, 그렇게 하는 동안 그에게서는 나를 태우고 녹일 것 같은 열기가 발산되었다. 나의 모든 욕망은 그에게 내 존재 전체를 그의 유혹에 내맡기는 것이었다…….

로댕의 여성 편력이 성공적일 수 있었던 것은, 그가 조각가로서 성공한 인물로 맨 처음 부상하기 시작했을 때(약 40세의 나이였을 때)로 여겨진다. 그의 풍채가——그리고 그의 명성이——이사도라 덩컨이 그것을 간접적으로 기술하고 있기 때문에, 그토록 적절하게 묘사될 수 있었던 하나의 약속을 제공하게 되었던 것은 바로 그때였다. 여자들에 대한 그의 약속은 그녀들의 모습을 빚어내겠다는 것이었으며, 그녀들은 그의 손 안에서 점토가 될 것이었다. 그녀들의 그에 대한 관계는 상징적으로 그와 조각품과의 관계에 비유될 수 있을 그러한 것이었다.

피그말리온이 집으로 돌아왔을 때, 그는 자신이 사랑하는 소녀상에게로 곧장 가서 침상에 비스듬히 기댄 채 소녀상에 입을 맞추었다. 소녀상은 따스한 것처럼 여겨졌고, 그는 다시 자신의 입술을 그녀의 입술에 포개고는 자신의 손으로 그녀의 가슴을 건드렸다——그의 손길에 그 상아 조각상은 단단함을 잃고, 점점 더 부드러워졌으며, 그의 손가락들은 그 유연한 표면에 자국을 남겼는데, 그것은 마치 히메투스 산의 밀랍이 햇볕에 녹아, 사람들의 손가락에 의해 여러 가지 다른 형태로 빚어지고 사용됨으로써 용도에 적합한 것으로 되어가는 것과도 같았다.

(오비디우스, 《변형담》, 제10편)

우리가 뭐라고 부르건 피그말리온의 약속은 아마도 대다수 여성들에 대하여 남성이 느끼는 매력에 있어서의 일반적인 요소일 수도 있다. 조각가와 그의 점토에 대하여 특정한, 그리고 실제적인 지시 대상이 가까이 있을 때, 그것이 보다 더 의식적으로 인지될 수 있는 것이기 때문에 그 효과는 아주 더 강렬해지는 것이다.

로댕의 경우에 있어서 주목할 만한 것은 그 스스로가 피그말리온의 약속이 매력적인 것이라는 사실을 발견한 것으로 보인다는 점이다. 나는 그가 이사도라 덩컨 앞에서 점토 덩어리를 가지고 장난을 친 것이 단순히 그녀를 유혹하기 위한 책략이었는지 그 여부에 대하여 미심쩍게 생각하는데, 점토와 살갗 사이의 양면 가치 또한 그에게 호소력을 지니는 것이었을 수도 있다. 이것이 그가 메디치가의 비너스에 대하여 묘사했던 방식이다.

훌륭하지 않은가? 그토록 많은 세부 묘사를 발견해내리라고 기대하지는 않았었다는 점을 고백하라. 몸통과 허벅다리를 이어 주고 있는 움푹 들어간 부분에 수없이 많은 기복들을 좀 보라…… 엉덩이 부분의 육감적인 모든 곡선들에 주목해 보라…… 그리고 이제, 여기 양옆구리를 따라 나 있는 홀딱 반할 만한 옴폭옴폭 들어간 부분들을…… 그것은 진정 살갗이다…… 당신은 그것이 사랑스러운 어루만짐에 의해 빚어낸 것이라고 생각할 것이다! 당신이 그 몸체를 만져 보게 될 때, 당신은 그것이 따뜻하다는 것을 알게 될 것이라고 기대하기까지 할 수도 있다.

만약 내가 옳다면, 이것은 그것에 의해 암시되는 원래의 신화와 성의 원형에 대한 일종의 반전에 해당하는 것이다. 원래의 신화에 나오는 피그말리온은 그 자신이 사랑에 빠지게 되는 조각상 하나를 창조해낸다. 그는 그녀가 자신이 그 안에 조각해 넣은 상아로부터 놓여날 수 있게 되도록, 그녀가 독자적인 존재가 될 수 있도록, 그 자신이 그녀를 창조자로서가 아닌 동등한 존재로서 만나게 될 수 있도록, 그녀가 생명을 가진 존재로 살아날 수 있게 해달라고 기도한다. 반대로 로댕은 살아 있는 존재와 피조물 사이의 양면 가치가 영구히 지속되기를 원한다. 그는 여자들에 대한 그의 존재가 자신의 조각작품에 대한 관계와 같은 것이 되어야만 한다고 느끼고 있다. 그는 조각작품에 대한 그의 존재가 여자들에 대한 관계와 같은 것이 되기를 원한다.

그에 대한 충실한 전기작가인 주디스 클라델은 로댕이 모델을 써서 작업을 하면서, 짤막짤막한 기록을 해두는 것에 대하여 기술하고 있다.

그는 드러누운 인물을 향해 바짝 가까이 몸을 구부리고는, 행여 자신의 목소리가 그 인물이 가지고 있는 사랑스러움을 교란시키지나 않을까 두려워하기라도 하듯 속삭였다. "입 모양을 마치 플루트를 연주하고 있었던 것처럼 해보도록. 다시! 다시!"

그런 다음 그는 다음과 같이 적었다. "관능적 쾌락을 구하는 듯 뾰족 튀어나온 입술이 육감적으로 사람을 감동시키는 입…… 자, 여기 향기를 머금은 숨결이 마치 벌들이 벌통에 휙휙 드나드는 것처럼 내뿜어지고, 들이쉬어진다……."

그가 방해받지 않고 자신의 재능을 발휘하는 것을 즐길 수 있을 때인, 이러한 깊은 평온함의 시간 동안 그는 얼마나 행복해하는가! 그것은 끝이 없는 것인 까닭에 지고의 환희인 것이다.

"인간이라는 꽃에 대한 나의 끊임없는 연구는 얼마나 큰 기쁨인가!"

"내가 가진 이 직업에서 나는 사랑할 수 있고, 또한 내 사랑에 대하여 말할 수 있으니 얼마나 행운인가!"

(《의기양양한 사티로스》에서 데니스 서턴이 인용한 부분, 《전원생활》, 1966)

이제 우리는 왜 그의 인물상들이 그것들 주위의 공간을 요구하거나 지배할 수 없는 것인지에 대하여 이해할 수 있다. 그것들은 지배자로서의 로댕이 가지고 있는 힘에 의하여 실제 눈에 보이는 형상으로 압축되고, 갇혀 있으며, 떠밀려 들어가는 것이다. 객관적으로 말해서 이들 작품들은 그 자신의 자유와 상상을 표현해낸 것이다. 하지만 점토와 살갗이라는 것이 그토록 양면 가치를 지니는 것이고, 그의 정신 속에서 운명적으로 관련되어 있는 것이기 때문에, 그는 그것들이 마치 그 자신의 권위와 힘에 도전하고 있기라도 한 듯이 그것들을 다루도록 강요받고 있는 것이다.

그 점이 바로 그가 절대로 대리석으로는 작업을 하지 않고 오로지 점토로만 작업을 한 다음, 그것을 자신이 고용한 다른 조각가들로 하여금 좀 더 가공하기 어려운 소재에 조각을 하도록 넘겨주었던 이유이다. 이것이 그의 언급에 대한 유일하게 적절한 해석이다. "신이 이 세상을 창조할 때 마음속에 품고 있었던 첫번째의 것은 모형 제작이었다." 이것이 왜 그가 뫼동에 있는 작업실에, 새로 창조된 몸통에 덧붙일 수 있을지 어떨지를 살펴보며 놀기를 좋아했던 모형으로 제작된 손·다리·발·머리·팔 등을 쌓아둔 일종의 영안실과도 같은 것을 두는 것이 필요하다고 생각하게 되었는가 하는 이유이다.

왜 〈발자크〉는 예외인가? 앞서 우리가 행했던 추론은 이미 대답을 암시한다. 이것은 이 세상을 활보했던 엄청난 힘을 지닌 인물의 조각상이다. 로댕은 그것을 자신의 걸작품으로 여겼다. 로댕에 관한 글을 썼던 모든 논자들은 또한 그가 자신을 발자크와 동일시했다는 점에 동의한다. 그 작품에 대한 나체 시작품들 중 하나에는 성에 관련된 의미가 아주 분명하게 드러나 있는 것으로서, 오른손으로 발기된 성기를 꽉 쥐고 있는 것이다. 이것은 남성의 힘에 대한 기념물이다. 프랭크 해리스는 뒤에 만들어진 옷이 입혀진 이형(異形)에 대해 논하였는데, 그가 말한 내용은 완성된 작품에 적용될 수도 있는 것이다. "소매가 비어 있는 구식의 수도사용의 길고 헐거운 겉옷 아래에서, 그 남자는 자신의 몸을 똑바로 세우고 있는데, 두 손으로는 자신의 남성을 단단히 움켜쥔 채 머리를 뒤로 젖히고 있다." 이 작품은 로댕 자신의 성적인 힘을 아주 직접적으로 확인해 주는 것이어서, 언젠가 한 번은 그것이 자신을 지배하도록 놔둘 수가 있을 정도였다. 아니 다른 말로 표현해 보면, 그가 〈발자크〉를 작업하고 있을 때 어쩌면 그의 일생에서 단 한 차례, 점토가 그에게는 남성적인 것으로 여겨졌던 것이다.

로댕의 예술에 그토록 많은 흠집을 내는 것이며, 말하자면 그것이 가지고 있는 가장 심원하며, 그럼에도 불구하고 부정적인 내용물이 되고 있는 모순은 여러 가지 면에 있어서 개인적인 것이었음이 분명하다. 하지만 그것은 또한 한 가지 역사적 상황의 전형이 되는 것이기도 했다. 만약 충분한 깊이에서 분석이 된다면, 그 어떤 것도 로댕의 조각작품만큼 19세기 후반의 부르주아 계급의 성에 관한 도덕성의 본질을 생생하게 드러내 주는 것은 없다.

한편으로는 강한 성적 욕구를 만들어내는 경향이 있는 것인 위선과 죄의식은——비록 그것이 명목상으로는 만족될 수 있는 것이라 할지라도——열에 들떠 있거나, 주마등을 보고 있는 것과 같은 것이며, 다른 한편으로는 여성(재산으로서의)의 탈출에 대한 두려움과 그들에 대한 끊임없는 통제의 필요성이 존재한다.

로댕은 한편으로는 이 세상에서 생각해 봐야 하는 가장 중요한 존재가 여성이라고 여기면서, 다른 한편으로는 "사랑에서 가장 중요한 것은 바로 행동으로 옮기는 것"이라고 간단히 말해 버린다. (1967년)

17

로맹 로르케

　로맹 로르케는 약 50년 전 리옹에서 출생했다. 전쟁이 끝난 직후 그녀는 파리에 머물고 있었으며, 거기서 브랑쿠시와 자코메티 그리고 에티엔 마르탱을 알게 되었는데, 그들은 각기 그녀를 화가로 인정하고 격려했다. 20년도 더 전 그녀는 비교적 고립된 상태로 시골에서 생활하였고, 작업을 위해 파리를 떠났다.

　그곳에서 그녀는 조각품들(carvings)을 많이 만들어 왔다. 내가 예술로서의 조각품들(sculptures)이라는 말 대신에 단순히 조각품들(carvings)이라는 말을 사용하는 것은, 이 말이 오늘날의 예술 세계에 약간 어렵사리 들어맞는 것이기 때문이다. 그녀는 자신의 작품을, 그 어떤 종류가 되었건 오늘날의 예술적·문화적 맥락 속에 놓아 보려는 시도를 좀처럼 하지 않았다. 내가 생각하기에 이러한 결정에는 그 어떤 회피적인 측면도 존재하지 않는다. 그녀는 단지 국외자로서 남아 있는 쪽을 택하였던 것일 뿐이다.

　그리고 내가 그녀의 조각품들 대부분을 보았던 것 또한 바깥에서 —— 일반적인 의미와 정확한 의미 두 가지 모두에 있어서 —— 이다. 그것들은 그녀가 살고 있는 농가 주변의 산허리에 있었으며, 어떤 것들은 나무 아래 땅바닥에 누워 있기도 하고, 어떤 것들은 나무 아래 자라난 키 작은 덤불에 가려져 거의 보이지 않는다. 그것들의 높이는 30에서 90센티미터 사이로 다양하다. 때로 풀줄기나 나무뿌리들이 그 조각품들을 관통하여 자라고 있다. 그것들은 전시되어 있는 것이 아니다.

대부분의 인공이 가해진 대상물들은 그것들 자체가 제작된 사건을 거슬러 올라가 지시한다. 그것들의 존재는 과거시제의 사용에 의존하고 있는 것이다. '이 집은 돌로 지어진 것이다.' 이러한 조각품들은 거의 그것들 자체가 제작된 것에 대하여 거슬러 올라가 지시하거나 하는 법이 없다. 그것들은 완성된 것과 완성되지 않은 것, 그 어느쪽에도 속하지 않는 것처럼 보인다. 나무나 강처럼 그것들은 연속되어 있는 현재 속에 존재하는 것으로 여겨진다. 외견상 나타나는 그것들에 대한 역사성의 부재는 그것들을 변함이 없는 것처럼 보이게 만든다.

추론적으로 나는 그것들이 다른 맥락 속에 놓여 있는 것으로 상상하려고 노력해 왔다. 미술관의 전시실이나 도시의 거리, 또는 아파트안과 같은 곳 말이다. 그것들은 그것들 자체가 제작된 것에 대하여 그처럼 거의 주장하는 바가 없는 것이기 때문에 자연 속에서 찾아볼수 있는 것처럼 보이게 될 것이다. 만약 그것들이 인간의 손으로 만들어진 것으로 여겨졌다면, 그것들은 아주 오랜 과거, 또는 먼 미래둘 중 하나에 속하는 어떤 다른 시대에 속하는 것으로 여겨지게 될것이다.

흙바닥 위나 과일나무 아래에서조차도 그것들은 우리가 익숙해져

조각, 로맹 로르케, ⓒ스벤 블룸베르크

있는 자연과 예술 사이의 경계선에 도전한다. 그것들은 우리로 하여
금 그것들이 그러한 경계선 너머 저편에 존재하는 것으로 생각하도
록 우리를 속인다. 어쩌면 그것들은 예술이 자연에 대하여 그것이 가
지고 있는 마술적인 기능을 포기했을 때 비어 있는 채로 남겨둔 영역
을 차지하고 있는 것일 수도 있다. 이 조각품들 중 일부는 단지 세 면
만이 완전하게 조각이 되어 있고, 네번째 면에는 아무것도 새겨지지
않은 채 남겨져 있다. 이는 이것을 조각한 조각가의 생각으로는, 그
것들을 벽에 기대어 세워 놓기 위한 것이었음을 암시하는 것일 수도
있다. 하지만 나는 그 점을 미심쩍게 생각한다. 그 네번째 면이 조각
되지 않은 채로 남겨진 것은, 그 조각품이 겨우 절반만 나타난 것이
되는 자연에 '소속되어 있는' 채로 남아 있을 수 있게 하기 위함이라
는 것이 한층 더 있음직한 일이라고 생각한다.

　조각품들은 각기 그것을 보는 사람을 향하여 뭔가를 제시한다. 하
지만 그것들이 어떤 구체적인 형태를 표현하고 있는 것은 아니다. 그
것들은 그 어떤 것도 묘사하고 있지 않다. 그렇다고 해서 또한 추상
적인 작품도 아니다. 이 조각가는 자연에서 어떤 형태들을 캐내어 그
것들을 상징으로 제시하기 위하여, 그것들을 정화시키고 세련되게 만
들려는 시도를 하지 않았던 것이다. 로르케의 작품은 고전적 장식이
나, 아르프·미로·막스 빌 또는 헨리 무어와 같은 현대 조각가들의
작품과 공통점을 이루는 것을 전혀 가지고 있지 않다.

　이들 조각품들은 무엇을 제시하고 있는가?

　자연 속에서 공간이라는 것은 외부로부터 조화를 이루는 어떤 것
이 아니며, 그것은 안으로부터 탄생한 존재의 조건인 것이다. 그것은

자라나서 어떤 것으로 된, 또는 어떤 것으로 될 그러한 것이다. 자연에서의 공간은 씨앗이 그 안에 담고 있는 어떤 것과도 같은 것이다. 균형미라는 것은 성장의 공간적 법칙, 즉 공간 유지의 법칙인 것이다. 다시 말하면, 그것의 관례는 외부로부터 강요되는 것이 아니라 내부로부터 작용하는 것이다. 이 조각품들이 자연으로부터 제시하는 것은 그러한 공간과 균형미인 것이다. 그것들의 형태는 나무에 달린 열매나 잎사귀들과 마찬가지의 집합 법칙을 따른다. 그것들은 연속성—— 논리적 연속이라는 연속성이 아닌 성장의 연속성——을 약속해 줄 수 있는 그러한 방식으로 집합한다.

각각의 조각품은 연합의, 회합의, 사건의 '연쇄'이며, 그것들의 합계가 단일한 사건이 되도록 서로 '주고' '받게' 된다. 물론 여기까지는 그 어떤 성공적인 조각작품에 대해서도 마찬가지이다. 우리는 미켈란젤로의 〈모세상〉에 대해서도 똑같이 말할 수 있을 것이다. 하지만 이들 조각품들의 경우, 그것들이 더해져서 이루게 되는 단일한 사건은 그것들 자체를 넘어서 그 아래에 있는 풀에서부터 멀리 떨어져 있는 산들에 이르는 전체 풍경을 포함할 수 있도록 확장된다.

그러한 산들에는 헤아릴 수 없이 많은 조각되지 않은 바위와 돌이 있다. 나는 그것들 중 일부를 면밀히 살펴봤는데, 그것은 그것들에 나의 주의를 집중시킴으로써 그것들이 조각된 것들과 마찬가지의 방식으로 작용할 수 있는지 그 여부를 알고자 해서였다. 그것들은 그 자체에 고착된 불활성의 것으로 남아 있다. 그것들은 어떤 것을 제시하기는커녕 그것들 스스로의 존재가 가지고 있는 도무지 일어날 것 같지 않은 완성된 상태 속으로 점점 더 깊게 후퇴한다. 그들의 존재는 단지 그것 자체의 의문점에 대해서만 대답을 하는 것이다.

대조적으로 이 조각품들은 통일성을 연상시킨다. 그것들은 수메르의 조각품과 어떤 공통점을 가지고 있다. 그러한 아주 오랜 옛날의 미술에 있어서도 부분들의 집합 방식은 또한 물고기나 새우의 알, 솔방울과 같은 열매, 과일, 인간의 장기, 동물, 또는 인간, 꽃, 나무뿌리 등처럼 자연에서 실체를 가진 형태들이 밀집해 있는 것과 닮아 있다. 은유는 세계의 물질적 통일성 속에 여전히 깊숙이 감춰져 있었다. 예를 들면 얼굴에 있는 입은 땅에 나 있는 구멍에 대한 변형이었으며, 나뭇잎은 손에 대한 변형이었던 것이다. 변신이라는 것은 지속적인 가능성으로 여겨졌으며, 조각작품은 그것으로부터 모든 것들이 만들어진 공통되는 재료에 대한 찬양이었다.

노동의 분화가 증가되면서, 예술도 다른 모든 학문들의 경우와 마찬가지로 더욱더 뚜렷하게 차이를 지니는 것이 되어가기 시작했다. 이상화라는 것은 예술 분화의 한 형태였다. 조각가들은 완벽한 입, 즉 완벽하고 유일하게 그 자체인 입을 조각해내기 위해 서로가 경쟁을 했다. 그들이 성공을 거두면 거둘수록 입과 땅에 나 있는 구멍 사이의 차이는 더 커지게 되었다. 모든 것은 그것의 전형적인 형태들로 나뉘게 되었다. 모든 차이와 거리는 측정할 수 있는 것이 되었다. 그리고 비어 있는 공간이 탄생했다. 4세기 동안 대부분의 유럽 지역 조각이라는 드라마는 이러한 비어 있는 공간에 대한 정면 도전으로부터 창조되어 온 것이다. 하지만 이 조각품들에 대해서는 비어 있는 공간과 같은 것은 전혀 존재하지 않는다. 그것들을 둘러싸고 있는 공간을 포함하는 하나의 체계 내의 공간만이 존재하는 것이다. 프랑수아 자코브는 다음과 같이 말하였다.

　집합의 힘, 점차 더 복잡한 구조를 산출해내는 것의 힘, 복제해내는 것의 힘조차도 물질을 구성하는 요소들에 속해 있는 것이다. 소립자에서 인간에 이르기까지 온전하게 연속되어 있는 통합들, 온전하게 연속되어 있는 수준들, 온전하게 연속되어 있는 불연속성들이 존재한다. 하지만 대상물의 구성에 있어서나 그것들 안에서 일어나는 반응에 있어서, 그 어느쪽에서도 갈라진 부분이 존재하지 않는다. 즉 '본질'에 있어서는 변화가 없는 것이다.

이들 조각품들에 대하여 알 수 있게 해주는 경험은 또한 우리들 스스로의 몸이 겪는 경험이기도 하다. 그것들은 거울처럼 작용한다. 외양을 비춤으로써 내면을 부인하는 거울이 아니라 다른 사람의 눈이라는 거울인 것이다. 우리를 비추고 있는 그것들에서, 우리는 우리들 자신의 모습이 아니라 우리의 물리적 존재에 대한 인식을 발견한다. 예외적으로 계시의 순간에 우리는 나무며 옥수수밭·강을 면전에 대하면서 인지된다는 비슷한 경험을 하게 될 수 있다. 이 조각품들은 자연으로부터 이러한 경험을 할 수 있는 잠재된 가능성을 약간 제공하게 된다. 하지만 그것들이 제시할 수 있는 것은 거기까지일 뿐 그 이상은 아니다. 그것들은 확신과 극도의 억제를 결합시키고 있다. 왜 그것들은 그토록 침묵하고 있는 것일까? 아니 동일한 물음을 다른 방식으로 물어본다면, 왜 그것들은 산허리에 반쯤 버려진 것 같은 상태로 있는 것일까?

자연에 대한 면밀한 관찰에 기초하고 있는 모든 예술에서는 궁극적으로 자연이 관찰되는 방식에 변화가 생겨나게 된다. 그것은 자연을 보는 이미 확립된 어떤 방식을 보다 강하게 확증하거나, 아니면 새로운 방식을 제안하거나 하게 된다. 최근까지는 문화적 과정 전체가 관련되어 있었으며, 예술가는 자연을 관찰했고, 작품은 그의 시대가 가지고 있는 문화 속에서 자리를 차지하고 있었으며, 그 문화는 인간과 자연 사이를 중재했던 것이다. 후기 산업사회에서 이러한 일은 더이상 일어나지 않는다. 그들의 문화는 자연과 평행선을 이루면서 진행되고, 자연으로부터 완전히 고립되어 있다. 그 문화 안으로 들어오는 것은 어떤 것이 되었건, 그것이 자연에 대하여 가지고 있는 관계를 단절해야만 한다. 자연 경치(풍경)조차도 소비되는 상품으로 전락해 왔던 것이다.

　한때 자연이 제공해 주었던 연속성이라는 느낌은 이제 정보 전달이나 교환——광고, 텔레비전, 신문, 음반, 라디오, 상점의 진열장, 고속도로, 패키지 휴일 여행, 화폐 등과 같은——수단에 의해 제공된다. 이들 자연과의 연속성을 가로막는 대재앙——개인적인 것과 전체적인 것 둘 중 어느쪽이건——은——예술을 포함하여——어떤 재료가 되었건 전달될 수 있고, 동일한 성질을 가진 것으로 만들수 있는 무심한 추세를 형성하게 된다.

　이들 조각품들에 함축되어 있는 현재의 예술적 관례에 대한 이러한 거부는, 따라서 문화적인 것이 아닌 기능적인 것이다. 그러한 구별은 중요한 것이다. 예술에 대한 문화적 거부——반(反)예술운동, 뒤뷔페의 그것과 같은 세련된 원초주의(primitivism; 선사 시대나 소위 문명과 단절되어 있는 부족의 원시예술, 또는 문예부흥기의 소박함을 존중하는 입장), 자기 파괴적 예술 등의——는 그들이 거부하는 예술에 의존하고 있는 것이며, 따라서 미술관이나 예술적 관례 안으로 다시 끌어들여지게 된다. 뒤샹은 우상파괴자가 아니라 예술에 대한 새로운 종류의 관리자였던 것이다.

이 조각품이 거부하고 있는 것은 기능적인 것이 되는데, 그것들이 그 안에서 영향을 끼치게 되는 문화라는 것이 사회와 자연 사이에서 중재할 능력이 없는 것이기 때문이다. 따라서 그것들은 이것을, 그것들 스스로 해내려는 시도를 하도록 강요되고 있는 것이다. 그들은 자연에 대한 아주 면밀한 관찰에서 시작하여, 그 다음 그들은 혼자의 힘으로 이러한 관찰과 이러한 통찰을 다시 자연을 표현하고 있는 것으로 만들려는 시도를 하게 된다. 이전에는 이처럼 대상을 다시 표현해내는 것이 점진적이고 간접적이며, 사회적으로 중재가 되는 과정이었을 것이다. 여기서 그것은 직접적이고 단순하며 물리적인 것이 되는데, 까닭은 그 조각품들이 거의 자연과의 관계를 단절시켜 오지 못했기 때문이다. 그것들은 우리 시대의 예술적 구분을 거부하고 있는 것이다.

때로 한 개인이 가지고 있는 상상력을 통해 보게 되는 장면은 존재하는 문화의 사회적 형태——예술의 사회적 형식을 포함하여——를 능가할 수 있는 것이 되기도 한다. 이러한 상황이 벌어지게 되면, 존재하는 그 상상력에 의하여 산출된 작품들은 개인적으로뿐만이 아니라 또한 역사적으로도 고립되게 된다.

나비 한 마리가 그 조각품들 중 하나에 내려앉아 날개를 접어 그

돌에 박혀 있는 무한히 얇은 도끼의 날처럼 되었다가, 날개를 폈다 접었다 한 다음 날아가 버린다.

마르크스의 글에 똑같은 고립 속에 있는 한 단락이 존재한다.

자연의 인간적 본질은 오직 사회적 인간을 위해서만 처음부터 존재하는데, 왜냐하면 오직 여기에서만 자연은 인간 자신의 인간적 존재의 기초로서 존재하기 때문이다. 오직 여기에서만 그에게 그의 자연적 존재인 어떤 것이 그의 인간적 존재가 되며, 자연은 그를 위한 인간이 된다. 이처럼 사회는 자연과 인간이라는 존재의 통일체──자연의 진정한 부활──가 되며, 인간의 자연주의와 자연의 인간 중심주의 두 가지 모두가 실현되는 것이다.

(카를 마르크스, 《경제학─철학 초고》) (1974년)

18

벌 판

인생이란 탁 트인 벌판을 걸어 건너는 것과 같은 것이 아니다.

(러시아 속담)

　노란색을 순수한 녹색으로 변하게 만들어 온 푸른 하늘로 도배가 된 것 같고, 그 위에 난 풀들은 아직 키가 크게 자라지 않았으며, 쉽게 찾아가 볼 수 있는 거리에 있는, 높직하게 자리잡은 평탄한 한 떼기의 녹색 벌판, 이 세상의 분지에 담겨져 있는 것들 표면의 색채, 딸려 있는 들판, 하늘과 바다 사이에 있는 높직하고 평탄한 대지(臺地), 정면에는 인화해낸 것 같은 나무들의 장막이 쳐져 있고, 그것의 양쪽 가장자리들은 푸슬푸슬하며, 그것의 귀퉁이들은 모난 곳이 없고, 열기로써 태양에 응답하며, 이따금씩 그것을 통하여 뻐꾸기 소리를 들을 수 있는 벽면의 선반과 같은 곳, 그녀가 자신의 보이지도 않고 만져질 수도 없는 기쁨의 단지를 간직해 놓고 있는 선반, 내가 언제나 알고 있었던 들판, 나는 그 어느 방향에서건 당신이 멈춰 있는 곳 너머까지 볼 수 있을지 어떨지를 궁금하게 여기면서 한쪽 팔꿈치로 상체를 지탱한 채 비스듬히 누워 있다. 당신 주위를 철사처럼 두르고 있는 것이 지평선이다.

자장가를 들으면서 잠드는 기분이 어떠한 것이었는지를 기억해 보라. 만약 당신이 운이 좋다면, 그 기억은 어린 시절보다도 더 근래에 있었던 것일 수 있다. 반복되는 가사와 가락은 오솔길과도 같다. 이러한 오솔길은 고리처럼 빙빙 도는 것이며, 그렇게 해서 생겨나는 고리들은 사슬의 고리들처럼 서로 연결되어 있다. 당신이 이 오솔길을 따라 걸으면, 그것들에 의해 하나에서 또 다른 하나로 이어지면서 점점 더 멀리 가게 되는 원형의 길로 인도된다. 그 위에서 당신이 걷고 있으며, 그 위에 그러한 사슬고리 모양의 길이 놓여 있는 들판은 노래이다.

내 삶과 그것의 목적에 대한 설명을 그곳에서 찾기 위해 언제까지나 내 자신에게로 되돌아오는, 내 생각과 질문 속의 때로는 또한 포효하기도 하는 것인 고요함 속으로, 짙고 고요한 소음의 이러한 응축된 작은 중심 속으로, 근처의 뒤뜰에서 암탉의 꼬꼬댁거리는 소리가 들려왔으며, 그 꼬꼬댁거리는 소리가 나는 바로 그 순간, 흰 구름이 떠 있는 푸른 하늘 아래에서 그것의 뚜렷하게 날카로운 모서리를 가진 존재는, 내 마음속에서 자유에 대한 강렬한 자각을 하도록 만들었다. 내가 볼 수조차 없는, 그 암탉이 내는 소음은 들판 자체가 실감할 수 있는 존재가 되기 위하여 최초의 사건이 일어나기를 그때까지 기다려 온 들판에서 하나의 사건(개 한 마리가 뛰어가고 있거나, 또는 아티초크 한 송이가 꽃을 피우고 있거나 하는 것처럼)이었다. 나는 그 들판에서 모든 소리들, 모든 음악들을 들을 수 있다는 것을 알고 있었다.

시내 중심지에서 내가 사는 위성도시로 돌아오는 길은 교통량이 아주 많은 간선도로와 철도 건널목 하나를 건너야 하는 샛길, 두 가지이다. 만약 건널목에서 열차가 통과하기를 기다려야 되는 일만 없다면 샛길이 더 빠르다. 봄과 초여름 동안 나는 변함없이 샛길을 택하는데, 나 자신은 열차 통과로 인해 건널목이 막혀 있기를 바라고 있음을 알게 된다. 선로와 그 샛길 사이의 모서리에 해당하는 부분에는 나머지 양쪽 면들이 나무에 둘러싸여 있는 들판이 자리잡고 있다. 그 들판에는 풀이 높게 자라 있으며, 저녁이 되어 태양이 낮게 걸려 있게 되면 풀이 지니고 있는 초록빛은——만약 밤에 한 단의 파슬리에 강한 전등 불빛을 비췄을 때 생겨날 수도 있는 현상처럼——그 색채의 옅고 짙은 결들로 나뉘게 된다. 찌르레기들이 풀숲에 숨었다가는 날아오른다. 그것들의 오고감은 열차에 의해 전혀 영향을 받지 않는다.

이 들판은 내게 상당한 기쁨을 준다. 그렇다면 왜 나는 차단기가 내려진 건널목으로 인해 그곳에 멈춰서 있게 되는 것에 의지하는 대신에 때로 그곳을 산책하지——그곳은 내 아파트에서 아주 가깝다——않는 것일까? 그것은 우연성의 중첩에 대한 문제이다. 그 들판에서 일어나는 사건들——날면서 서로를 뒤쫓아다니는 두 마리의 새들, 한 덩이의 구름이 지나가면서 햇볕을 가려 초록빛의 색조를 변화시키거나 하는 등의——은 특별한 의미를 획득하게 되는데, 이유는 그것들이 내가 기다리고 있어야만 하는 1,2분 동안에 일어나는 것이기 때문이다. 그것은 마치 그 몇 분의 시간이 그 들판의 공간적 영역에 정확하게 들어맞는 어떤 시간적 영역을 채워 주는 것과도 같다. 시간과 공간이 결합되는 것이다.

내가 한두 가지의 시험적인 접근법에 의해 묘사하려고 시도하고 있는 그 경험은 아주 정확한 것이며, 즉각적으로 인지해낼 수 있는 그러한 것이다. 하지만 그것은 어쩌면 언어로 표현될 수 있는 것 이전의 지각과 느낌이라는 수준에 존재하고 있는 것이며, 그런 까닭에 그것을 글로 표현해내기가 아주 어려운 것이다.

의심할 여지없이 이 경험은 정신분석학적 용어를 사용해야 설명이 될 수 있는, 유년시대에 시작된 정신적인 내력을 가지고 있는 것임이 분명하다. 하지만 그러한 설명은 그 경험을 개괄해 주는 것이 되지 못하는 것으로, 그저 그것을 체계화할 수 있는 것일 뿐이다. 이런저런 형태로 되어 있는 그 경험은 평범한 것이라고 나는 믿고 있다. 단지 그것이 이름이 없는 것이라는 이유에서 나는 좀처럼 그것을 언급하지 않게 되었던 것이다.

이제 나는 이 경험이 그것이 가지고 있는 가장 이상적인 방식으로 그 윤곽을 나타내도록 묘사해 보겠다. 그것에 대하여 말할 수 있는 것으로 가장 단순한 것은 무엇인가? 그 경험은 들판과 관련된 것이다. 반드시 동일한 것이어야 할 필요는 없다. 만약 어떤 특정한 방식으로 지각된 것이었다면, 그 어떤 들판이건 그것을 제공해 줄 수 있을지도 모른다. 하지만 이상적인 들판, 즉 그러한 경험을 생성시켜 줄 가능성이 가장 많은 들판은 다음과 같은 것이다.

1) 풀밭으로 되어 있는 들판. 왜 그런가? 그곳은 —— 비록 반드시 질서정연한 것은 아닐지라도 —— 눈에 보이는 경계선을 지니고 있는 영역임이 분명하며, 그것은 그것의 한계가 단지 당신의 두 눈의 자연적 초점에 의해 결정되는 한정되지 않은 자연의 한 구획이 될 순

없는 것이다. 하지만 그 영역 안에 최소한도의 질서, 최소한도의 계획된 사건들이 존재해야만 하는 것이다. 농작물이나 반듯하게 줄지어 심어 놓은 과일나무가 있는 곳은 그 어느쪽도 이상적인 곳이 되지 못한다.

2) 탁자 위에서처럼 위쪽이나 바로 밑, 어느쪽에서건 보았을 때 언덕의 경사가 그 들판을 당신을 향하여 기울이고 있는 것처럼 보이는 ——악보 받침대에 놓여 있는 악보처럼—— 산허리의 들판. 마찬가지로 그것은 왜 그런가? 그렇게 되면 원근법이 주는 효과가 최소한도로 줄어들며, 멀리 있는 것과 가까이 있는 것 사이의 관계는 동일한 것이 되기 때문이다.

3) 겨울을 맞은 들판이 아닐 것. 겨울은 어떤 사건이 일어날 가능성의 범위가 감소하는 때인 휴식의 계절이다.

4) 사방이 산울타리의 장벽으로 둘러쳐져 있지 않은 들판. 따라서 영국의 들판(생울타리가 둘러쳐져 있는 경우가 흔한)보다는 유럽 대륙의 들판이 이상적인 것이 된다. 그 안으로 들어가는 문만이 한두 개 달려 있는 완전하게 생울타리로 둘러쳐진 들판은, 퇴장하거나 등장할 가능성이 있는 동물(새들을 제외하면)의 수를 제한하게 된다.

두 가지 점이 위의 규칙이 시사하는 바가 될 수 있을지도 모른다. 이상적인 들판은 외견상 (a) 그림 ——뚜렷한 가장자리 선들, 접근하기 쉬운 거리 등처럼—— 이나, (b) 원형무대에서 상연되는 연극——최대한도의 퇴장 및 등장 가능성을 지닌 사건들에 대한 부수적인 개방성——과 공통적인 것인 어떤 특질을 지니고 있게 된다.

하지만 나는 이러한 시사점들은 오해를 낳게 하는 것이라고 여기는데, 까닭은 그것들이 만약 그 어느것이 되었건 문제가 되고 있는 경험과 어떤 관계라도 있다면, 그것들은 그것에 선행하는 것이라기보다는 단지 그것을 거슬러 올라가 표현해낼 수 있을 뿐인 어떤 문화적 맥락을 불러내게 되기 때문이다.

이제 제안된 이상적인 들판이 주어졌다고 한다면, 그러한 경험의 추가적인 구성 요소가 되는 것은 무엇인가? 어려움이 시작되는 것은 바로 이 부분에서이다. 비록 들판 안에서 벌어진 하나의 사건을 알아차리기 전까지는 당신이 들판에 주의를 기울이는 일은 좀처럼 일어나지 않는 것이긴 하지만, 당신은 들판 앞에 서 있다. 대개는 거기서 벌어지는 사건이 당신의 주의를 들판으로 이끌게 되는 것이며, 거의 동시에 그 들판에 대한 당신 자신의 자각은 이어서 그 사건에 특별한 의미를 부여하게 되는 것이다.

최초의 사건——모든 사건은 어떤 과정의 일부이므로——은 언제나 다른 사건으로 이어지거나, 아니 보다 정확히 말하면 언제나 당신을 그 벌판에서 일어나고 있는 다른 사건들을 관찰하도록 유도하게 되는 것이다. 그 최초의 사건은, 그것이 그 자체로 지나치게 극적인 것이 아닌 한 거의 어떤 것이건 될 수 있다.

만약 당신이 한 남자가 비명을 내지르고 쓰러지는 것을 보게 된다면, 그 사건에 함축된 의미는 즉각적으로 그 들판이 가지고 있는 자족적인 면을 깨뜨리게 된다. 밖에 있던 당신은 그 안으로 뛰어 들어가게 될 것이다. 당신은 그를 그 안에서 데리고 나오려 들 것이다. 비록 신체적인 행위가 전혀 요구되지 않을지라도, 그 어느것이건 지나치게 극적인 사건은 마찬가지의 불리한 점을 갖게 될 것이다.

벌판, ⓒ장 모르

만약 당신이 벼락에 맞아 쓰러지는 나무를 보게 되었다면, 그 사건이 가지고 있는 극적인 힘은 불가피하게 당신으로 하여금 그 순간에는, 그것을 당신 앞에 펼쳐져 있는 들판보다 더 크다고 여기게 만드는 측면에서 해석해내도록 유도하게 될 것이다. 따라서 최초의 사건은 지나치게 극적인 것은 되지 말아야 하지만, 그것만 아니라면 그것은 다음의 예들처럼 거의 어떤 것이건 상관이 없게 된다.

풀을 뜯고 있는 말 두 마리.

점점 좁아지는 원형의 오솔길을 달려가고 있는 개 한 마리.

버섯을 찾고 있는 노파.

상공에서 떠돌고 있는 매 한 마리.

덤불에서 덤불로 서로를 쫓고 있는 콩새들.

어정거리고 있는 닭들.

이야기하고 있는 두 남자들.

한쪽 귀퉁이에서 복판을 향해 아주 느릿느릿 이동하고 있는 한 무리의 양들.

소리쳐 부르는 목소리.

걷고 있는 아이.

최초의 사건은 당신으로 하여금 그 최초의 사건의 결과일 수도 있는, 또는 그 동일한 들판에서 발생하고 있다는 것만을 제외한다면 그것과는 전적으로 관계가 없는 것일 수도 있는 후속 사건들을 인지하도록 이끌게 된다. 당신의 주의를 고정시키게 되는 그 최초의 사건은 그것에 뒤이어 일어나는 사건보다 좀 더 분명한 경우가 흔하다. 개를 인지했기 때문에 당신은 나비도 인지하게 된다. 말들을 인지했기 때문에 당신은 딱따구리 소리를 듣게 되고, 다음으로 그것이 들판 귀퉁이를 가로질러 날아가는 것도 보게 되는 것이다. 당신은 아이가 걷는 것을 지켜보고, 그 아이가 들판을 떠나 거기에 아무도 없고, 아무런 사건도 일어나지 않게 되었을 때, 당신은 담 꼭대기에서 그 들판 안으로 고양이 한 마리가 뛰어내리는 것을 인지한다.

지금까지 당신은 그 경험 내부에 있다. 하지만 이것이 이야기 속에 등장하는 시간, 그리고 그러한 경험의 본질을 함축하고 있다고 말하는 것은 그것이 그러한 시간을 벗어난 곳에서 일어난다는 것이다. 그경험은 당신의 인생에 대한 이야기 —— 당신 의식의 이런저런 수준에서 스스로에게 끊임없이 되풀이하여 말하고 발전시키고 있는 이야기인 —— 의 일부가 되지는 않는다. 반대로 이 이야기는 도중에 방해를 받게 된다. 공간에 있어서 그 들판의 눈에 보이는 확장은 당신자신이 살아온 시간에 대한 자각을 내몰아 버리게 된다. 어떤 정확한기제에 의하여 그것은 이것을 하게 되는가?

당신은 그 들판에서 본 적이 있으며, 여전히 보고 있는 사건들에대하여 말한다. 들판은 단순히 그 사건들을 둘러싸고 있는 테두리가될 뿐만 아니라, 또한 그것들을 그 속에 포함하고 있는 것이다. 들판의 존재는 그 사건들이 결과적으로 나타나게 되었던 방식으로 발생하는 것, 그리고 다른 사건들이 여전히 일어나고 있는 방식에 대한전제 조건인 것이다. 모든 사건들은, 그것들이 다른 사건들에 대하여가지고 있는 관계 덕분에 정의될 수 있는 사건들로서 존재한다. 당신은 본 적이 있는 사건들에 대하여 주로(반드시 독점적으로 그러한 것은아니지만) 그것들을 들판에서의 사건들과 연관지음으로써 정의를 내려왔는데, 그 사건들은 동시에 그 안에서 일어나고 있는 사건들에 대한 사실상의, 그리고 상징적인 근거가 되는 것이다.

당신은 내가 이제 갑작스럽게 '사건'이라는 말의 용법을 바꿨다는점에 대하여 불만을 표시할 수도 있을 것이다. 처음에 나는 들판을 사건이 일어나기를 기다리고 있는 공간으로 언급했고, 이제는 그것을 사건 그 자체로 언급하고 있기 때문이다. 하시만 이러한 모순은 외견상 비논리적인 것으로 보이는 경험의 본질과 정확하게 유사성을 지니는 것이다. 갑자기 제3자적인 관찰의 경험이 그것의 중심에서 시작되어, 즉시 당신 자신의 것으로 인정할 수 있는 행복함을 탄생시키게 된다.

당신이 앞에 두고 서 있는 그 들판은 당신 자신의 삶과 동일한 비례를 가진 것으로 여겨진다. (1971년)

東文選 文藝新書 399

본다는 것의 의미 (개정판)

초판 발행 2000년 4월 30일
개정 1쇄 2020년 3월 15일

지은이 존 버거
옮긴이 박범수
펴낸곳 **東文選**
제10−64호, 1978년 12월 16일 등록
서울 종로구 인사동길 40
전화 02−737−2795
팩스 02−733−4901
이메일 dmspub@hanmail.net

ISBN 978−89−8038−939−1 94000
ISBN 978−89−8038−000−8 (세트)

정가 22,000원

【東文選 文藝新書】

1 저주받은 詩人들	A. 뻬이르 / 최수철 · 김종호	개정 근간
2 민속문화론서설	沈雨晟	40,000원
3 인형극의 기술	A. 훼도토프 / 沈雨晟	8,000원
4 전위연극론	J. 로스 에반스 / 沈雨晟	12,000원
5 남사당패연구	沈雨晟	19,000원
6 현대영미희곡선(전4권)	N. 코워드 外 / 李辰洙	절판
7 행위예술	L. 골드버그 / 沈雨晟	절판
8 문예미학	蔡 儀 / 姜慶鎬	절판
9 神의 起源	何 新 / 洪 熹	16,000원
10 중국예술정신	徐復觀 / 權德周 外	24,000원
11 中國古代書史	錢存訓 / 金允子	14,000원
12 이미지—시각과 미디어	J. 버거 / 편집부	15,000원
13 연극의 역사	P. 하트놀 / 沈雨晟	절판
14 詩 論	朱光潛 / 鄭相泓	22,000원
15 탄트라	A. 무케르지 / 金龜山	16,000원
16 조선민족무용기본	최승희	15,000원
17 몽고문화사	D. 마이달 / 金龜山	8,000원
18 신화 미술 제사	張光直 / 李 徹	절판
19 아시아 무용의 인류학	宮尾慈良 / 沈雨晟	20,000원
20 아시아 민족음악순례	藤井知昭 / 沈雨晟	5,000원
21 華夏美學	李澤厚 / 權 瑚	20,000원
22 道	張立文 / 權 瑚	18,000원
23 朝鮮의 占卜과 豫言	村山智順 / 金禧慶	28,000원
24 원시미술	L. 아담 / 金仁煥	16,000원
25 朝鮮民俗誌	秋葉隆 / 沈雨晟	12,000원
26 타자로서 자기 자신	P. 리쾨르 / 김웅권	29,000원
27 原始佛敎	中村元 / 鄭泰爀	8,000원
28 朝鮮女俗考	李能和 / 金尙憶	30,000원
29 朝鮮解語花史(조선기생사)	李能和 / 李在崑	25,000원
30 조선창극사	鄭魯湜	17,000원
31 동양회화미학	崔炳植	19,000원
32 性과 결혼의 민족학	和田正平 / 沈雨晟	9,000원
33 農漁俗談辭典	宋在璇	12,000원
34 朝鮮의 鬼神	村山智順 / 金禧慶	28,000원
35 道敎와 中國文化	葛兆光 / 沈揆昊	15,000원
36 禪宗과 中國文化	葛兆光 / 鄭相泓 · 任炳權	8,000원
37 오페라의 역사	L. 오레이 / 류연희	절판
38 인도종교미술	A. 무케르지 / 崔炳植	14,000원
39 힌두교의 그림언어	안넬리제 外 / 全在星	22,000원
40 중국고대사회	許進雄 / 洪 熹	30,000원
41 중국문화개론	李宗桂 / 李宰碩	23,000원
42 龍鳳文化源流	王大有 / 林東錫	25,000원
43 甲骨學通論	王宇信 / 李宰碩	40,000원
44 朝鮮巫俗考	李能和 / 李在崑	20,000원

45	미술과 페미니즘	N. 부루드 外 / 扈承喜	9,000원
46	아프리카미술	P. 윌레뜨 / 崔炳植	절판
47	美의 歷程	李澤厚 / 尹壽榮	28,000원
48	曼茶羅의 神들	立川武藏 / 金龜山	19,000원
49	朝鮮歲時記	洪錫謨 外/李錫浩	30,000원
50	하 상	蘇曉康 外 / 洪 熹	절판
51	武藝圖譜通志 實技解題	正祖 / 沈雨晟 · 金光錫	15,000원
52	古文字學첫걸음	李學勤 / 河永三	14,000원
53	體育美學	胡小明 / 閔永淑	18,000원
54	아시아 美術의 再發見	崔炳植	9,000원
55	曆과 占의 科學	永田久 / 沈雨晟	14,000원
56	中國小學史	胡奇光 / 李宰碩	20,000원
57	中國甲骨學史	吳浩坤 外 / 梁東淑	35,000원
58	꿈의 철학	劉文英 / 河永三	22,000원
59	女神들의 인도	立川武藏 / 金龜山	19,000원
60	性의 역사	J. L. 플랑드렝 / 편집부	18,000원
61	쉬르섹슈얼리티	W. 챠드윅 / 편집부	10,000원
62	여성속담사전	宋在璇	18,000원
63	박재서희곡선	朴栽緖	10,000원
64	東北民族源流	孫進己 / 林東錫	13,000원
65	朝鮮巫俗의 硏究(상하)	赤松智城 · 秋葉隆 / 沈雨晟	28,000원
66	中國文學 속의 孤獨感	斯波六郎 / 尹壽榮	8,000원
67	한국사회주의 연극운동사	李康列	8,000원
68	스포츠인류학	K. 블랑챠드 外 / 박기동 外	12,000원
69	리조복식도감	리팔찬	20,000원
70	娼 婦	A. 꼬르벵 / 李宗旼	22,000원
71	조선민요연구	高晶玉	30,000원
72	楚文化史	張正明 / 南宗鎭	26,000원
73	시간, 욕망, 그리고 공포	A. 코르뱅 / 변기찬	18,000원
74	本國劍	金光錫	40,000원
75	노트와 반노트	E. 이오네스코 / 박형섭	20,000원
76	朝鮮美術史硏究	尹喜淳	7,000원
77	拳法要訣	金光錫	30,000원
78	艸衣選集	艸衣意恂 / 林鍾旭	20,000원
79	漢語音韻學講義	董少文 / 林東錫	10,000원
80	이오네스코 연극미학	C. 위베르 / 박형섭	9,000원
81	중국문자훈고학사전	全廣鎭 편역	23,000원
82	상말속담사전	宋在璇	10,000원
83	書法論叢	沈尹默 / 郭魯鳳	16,000원
84	침실의 문화사	P. 디비 / 편집부	9,000원
85	禮의 精神	柳 肅 / 洪 熹	20,000원
86	조선공예개관	沈雨晟 편역	30,000원
87	性愛의 社會史	J. 솔레 / 李宗旼	18,000원
88	러시아 미술사	A, I, 조토프 / 이건수	26,000원
89	中國書藝論文選	郭魯鳳 選譯	25,000원

90	朝鮮美術史	關野貞 / 沈雨晟	30,000원
91	美術版 탄트라	P. 로슨 / 편집부	8,000원
92	군달리니	A. 무케르지 / 편집부	9,000원
93	카마수트라	바짜야나 / 鄭泰爀	18,000원
94	중국언어학총론	J. 노먼 / 全廣鎭	28,000원
95	運氣學說	任應秋 / 李宰碩	15,000원
96	동물속담사전	宋在璇	20,000원
97	자본주의의 아비투스	P. 부르디외 / 최종철	10,000원
98	宗敎學入門	F. 막스 뮐러 / 金龜山	10,000원
99	변 화	P. 바츨라빅크 外 / 박인철	10,000원
100	우리나라 민속놀이	沈雨晟	15,000원
101	歌訣(중국역대명언경구집)	李宰碩 편역	20,000원
102	아니마와 아니무스	A. 융 / 박해순	8,000원
103	나, 너, 우리	L. 이리가라이 / 박정오	12,000원
104	베케트연극론	M. 푸크레 / 박형섭	8,000원
105	포르노그래피	A. 드워킨 / 유혜련	12,000원
106	셸 링	M. 하이데거 / 최상욱	12,000원
107	프랑수아 비용	宋勉	18,000원
108	중국서예 80제	郭魯鳳 편역	16,000원
109	性과 미디어	W. B. 키 / 박해순	12,000원
110	中國正史朝鮮列國傳(전2권)	金聲九 편역	120,000원
111	질병의 기원	T. 매큐언 / 서 일 · 박종연	12,000원
112	과학과 젠더	E. F. 켈러 / 민경숙 · 이현주	10,000원
113	물질문명 · 경제 · 자본주의	F. 브로델 / 이문숙 外	절판
114	이탈리아인 태고의 지혜	G. 비코 / 李源斗	8,000원
115	中國武俠史	陳山 / 姜鳳求	18,000원
116	공포의 권력	J. 크리스테바 / 서민원	23,000원
117	주색잡기속담사전	宋在璇	15,000원
118	죽음 앞에 선 인간(상하)	P. 아리에스 / 劉仙子	각권 15,000원
119	철학에 대하여	L. 알튀세르 / 서관모 · 백승욱	12,000원
120	다른 곳	J. 데리다 / 김다은 · 이혜지	10,000원
121	문학비평방법론	D. 베르제 外 / 민혜숙	12,000원
122	자기의 테크놀로지	M. 푸코 / 이희원	16,000원
123	새로운 학문	G. 비코 / 李源斗	22,000원
124	천재와 광기	P. 브르노 / 김웅권	13,000원
125	중국은사문화	馬華 · 陳正宏 / 강경범 · 천현경	12,000원
126	푸코와 페미니즘	C. 라마자노글루 外 / 최 영 外	16,000원
127	역사주의	P. 해밀턴 / 임옥희	12,000원
128	中國書藝美學	宋民 / 郭魯鳳	16,000원
129	죽음의 역사	P. 아리에스 / 이종민	18,000원
130	돈속담사전	宋在璇 편	15,000원
131	동양극장과 연극인들	김영무	15,000원
132	生育神과 性巫術	宋兆麟 / 洪熹	20,000원
133	미학의 핵심	M. M. 이턴 / 유호전	20,000원
134	전사와 농민	J. 뒤비 / 최생열	18,000원

135	여성의 상태	N. 에니크 / 서민원	22,000원
136	중세의 지식인들	J. 르 고프 / 최애리	18,000원
137	구조주의의 역사(전4권)	F. 도스 / 김웅권 外	I~IV 15~18,000원
138	글쓰기의 문제해결전략	L. 플라워 / 원진숙 · 황정현	20,000원
139	음식속담사전	宋在璇 편	16,000원
140	고전수필개론	權 瑚	16,000원
141	예술의 규칙	P. 부르디외 / 하태환	23,000원
142	《사회를 보호해야 한다》	M. 푸코 / 박정자	20,000원
143	페미니즘사전	L. 터틀 / 호승희 · 유혜련	26,000원
144	여성심벌사전	B. G. 워커 / 정소영	근간
145	모데르니테 모데르니테	H. 메쇼닉 / 김다은	20,000원
146	눈물의 역사	A. 벵상뷔포 / 이자경	18,000원
147	모더니티입문	H. 르페브르 / 이종민	24,000원
148	재생산	P. 부르디외 / 이상호	23,000원
149	종교철학의 핵심	W. J. 웨인라이트 / 김희수	18,000원
150	기호와 몽상	A. 시몽 / 박형섭	22,000원
151	융분석비평사전	A. 새뮤얼 外 / 민혜숙	16,000원
152	운보 김기창 예술론 연구	최병식	14,000원
153	시적 언어의 혁명	J. 크리스테바 / 김인환	20,000원
154	예술의 위기	Y. 미쇼 / 하태환	15,000원
155	프랑스사회사	G. 뒤프 / 박 단	16,000원
156	중국문예심리학사	劉偉林 / 沈揆昊	30,000원
157	무지카 프라티카	M. 캐넌 / 김혜중	25,000원
158	불교산책	鄭泰爀	20,000원
159	인간과 죽음	E. 모랭 / 김명숙	23,000원
160	地中海	F. 브로델 / 李宗旼	근간
161	漢語文字學史	黃德實 · 陳秉新 / 河永三	24,000원
162	글쓰기와 차이	J. 데리다 / 남수인	28,000원
163	朝鮮神事誌	李能和 / 李在崑	28,000원
164	영국제국주의	S. C. 스미스 / 이태숙 · 김종원	16,000원
165	영화서술학	A. 고드로 · F. 조스트 / 송지연	17,000원
166	美學辭典	사사키 겡이치 / 민주식	22,000원
167	하나이지 않은 성	L. 이리가라이 / 이은민	18,000원
168	中國歷代書論	郭魯鳳 譯註	25,000원
169	요가수트라	鄭泰爀	15,000원
170	비정상인들	M. 푸코 / 박정자	25,000원
171	미친 진실	J. 크리스테바 外 / 서민원	25,000원
172	玉樞經 研究	具重會	19,000원
173	세계의 비참(전3권)	P. 부르디외 外 / 김주경	각권 26,000원
174	수묵의 사상과 역사	崔炳植	24,000원
175	파스칼적 명상	P. 부르디외 / 김웅권	22,000원
176	지방의 계몽주의	D. 로슈 / 주명철	30,000원
177	이혼의 역사	R. 필립스 / 박범수	25,000원
178	사랑의 담상	R. 바르트 / 김희영	20,000원
179	中國書藝理論體系	熊秉明 / 郭魯鳳	23,000원

180 미술시장과 경영 　崔炳植 　16,000원
181 카프카 　G. 들뢰즈 · F. 가타리 / 이진경 　18,000원
182 이미지의 힘 　A. 쿤 / 이형식 　13,000원
183 공간의 시학 　G. 바슐라르 / 곽광수 　23,000원
184 랑데부 　J. 버거 / 임옥희 · 이은경 　18,000원
185 푸코와 문학 　S. 듀링 / 오경심 · 홍유미 　26,000원
186 각색, 연극에서 영화로 　A. 엘보 / 이선형 　16,000원
187 폭력과 여성들 　C. 도펭 外 / 이은민 　18,000원
188 하드 바디 　S. 제퍼드 / 이형식 　18,000원
189 영화의 환상성 　J. -L. 뢰트라 / 김경온 · 오일환 　18,000원
190 번역과 제국 　D. 로빈슨 / 정혜욱 　16,000원
191 그라마톨로지에 대하여 　J. 데리다 / 김웅권 　35,000원
192 보건 유토피아 　R. 브로만 外 / 서민원 　20,000원
193 현대의 신화 　R. 바르트 / 이화여대기호학연구소 　20,000원
194 회화백문백답 　湯兆基 / 郭魯鳳 　20,000원
195 고서화감정개론 　徐邦達 / 郭魯鳳 　30,000원
196 상상의 박물관 　A. 말로 / 김웅권 　26,000원
197 부빈의 일요일 　J. 뒤비 / 최생열 　22,000원
198 아인슈타인의 최대 실수 　D. 골드스미스 / 박범수 　16,000원
199 유인원, 사이보그, 그리고 여자 　D. 해러웨이 / 민경숙 　25,000원
200 공동 생활 속의 개인주의 　F. 드 생글리 / 최은영 　20,000원
201 기식자 　M. 세르 / 김웅권 　24,000원
202 연극미학 　J. 셰레 外 / 홍지화 　24,000원
203 철학자들의 신 　W. 바이셰델 / 최상욱 　34,000원
204 고대 세계의 정치 　모제스 I. 핀레이 / 최생열 　16,000원
205 프란츠 카프카의 고독 　M. 로베르 / 이창실 　18,000원
206 문화 학습 　J. 자일스 · T. 미들턴 / 장성희 　24,000원
207 호모 아카데미쿠스 　P. 부르디외 / 임기대 　29,000원
208 朝鮮槍棒教程 　金光錫 　40,000원
209 자유의 순간 　P. M. 코헨 / 최하영 　16,000원
210 밀교의 세계 　鄭泰爀 　16,000원
211 토탈 스크린 　J. 보드리야르 / 배영달 　19,000원
212 영화와 문학의 서술학 　F. 바누아 / 송지연 　22,000원
213 텍스트의 즐거움 　R. 바르트 / 김희영 　15,000원
214 영화의 직업들 　B. 라트롱슈 / 김경온 · 오일환 　16,000원
215 소설과 신화 　이용주 　15,000원
216 문화와 계급 　홍성민 外 　18,000원
217 작은 사건들 　R. 바르트 / 김주경 　14,000원
218 연극분석입문 　J. -P. 링가르 / 박형섭 　18,000원
219 푸코 　G. 들뢰즈 / 허 경 　17,000원
220 우리나라 도자기와 가마터 　宋在璇 　30,000원
221 보이는 것과 보이지 않는 것 　M. 퐁티 / 남수인 · 최의영 　30,000원
222 메두사의 웃음 / 출구 　H. 식수 / 박혜영 　19,000원
223 담화 속의 논증 　R. 아모시 / 장인봉 　20,000원
224 포켓의 형태 　J. 버거 / 이영주 　16,000원